오늘도
망설이다

하루가

다 갔다

Overcoming Anticipatory Anxiety
: A CBT Guide for Moving past Chronic Indecisiveness, Avoidance, and Catastrophic
Thinking by Sally M. Winston and Martin N. Seif.
Copyright © 2022 by Sally M. Winston and Martin N. Seif
New Harbinger Publications, Inc.
5674 Shattuck Avenue
Oakland, CA 94609
www.newharbinger.com
All rights reserved.

Korean language edition © 2023 by Prunsoop Publishing Co., Ltd.
Korean translation rights arranged with New Harbinger Publications, Inc.
through Yu Ri Jang Literary Agency, Seoul.

Overcoming
Anticipatory Anxiety

오늘도
망설이다

하루가

다 갔다

샐리 M. 윈스턴 · 마틴 N. 세이프 지음

박이봄 옮김

시심

어떤 행사나 일이 있기 며칠이나 몇 주일 전부터 무언가 굉장히 안 좋은 일이 생길 것이라는 두려움을 자주 경험하는가? 그래서 행사에 가기로 마음먹지 못하고 계속 미적거리거나, 빠져나갈 방법이나 변명, 못 가는 이유를 설명하기 위해 준비하는가? 그러다가 걱정으로 아픈 적이 있었는가?

어쩌면 그 일은 사교 행사이거나, 사람들 앞에서 발표를 하는 일이거나, 병원 진료 예약일 것이다. 어쩌면 자신의 결혼식이거나, 오랜 친구를 만나는 일, 여행처럼 사람들이 보통은 기대하는 일일 수도 있다. 또는 어딘가로 가기 위해 운전하는 일, 손자 손녀를 돌보는 일, 세금을 정산하는 일과 같이 여태껏 수없이 해왔지만 여전히 자신 없는 일일 수도 있다. 이러한 상황에서 다른 사람들이 자신과 함께 있어주고 도와주기를 바라거나 '만약'의 경우를 위해 대기해주기를 바라는가? 크고 작은 미래의 일들을 앞두고 즐겁고 신이 나는 대신 이번에도 불안한 감정을 경험할 것이라고 예상하고 체념하는가? 소심하고 겁이 많아 원하는 경험을 할 기회를 자꾸 놓치는 자신이 못 견디게 싫은가? 아니면 늘 안전한 대안을 마련하려 애쓰고 자신감 없는 자신을 비판하는가?

만약 이러한 상황이 익숙하다면 당신은 예기불안에 시달리고 있는 것이다. '예기불안anticipatory anxiety'이란 스스로를 불안하거나 불편하게 만들 것이라고 예상되는 사건과 상황들을 예측하면서 경험하는 불안을 의미한다. 많은 경우 예기불안은 과거에 이미 경험한 불안 때문에 일어난다. 예를 들어 폐소공포증claustrophobia 이 있는 사람이 오늘 하루가 저물기 전에 엘리베이터를 타야 해서 걱정이라면 그것이 바로 예기불안이다. 오염에 대한 공포가 있는 사람이 내일 더러운 좌석에 앉아야 하는 일을 걱정하는 경우도 예기불안이다. 그리고 사람들 앞에서 발표하는 일을 두려워하는 사람이 너무도 불안한 나머지 다음 주에 있을 발표를 망치면 어떻게 하나 걱정한다면 이 역시 또 다른 예기불안의 예다.

'예기불안'이라는 용어를 들어본 적이 없는 사람이라 할지라도 이를 경험하는 상태라면 일상에서 지속적으로 영향을 받고 있을 가

＊　엘리베이터, 잠겨 있는 방, 비행기 등 출구가 없이 닫혀 있거나 좁은 공간에 있을 때 극도의 공포를 느끼는 증상.

능성이 크다. 예기불안은 아주 미묘해서 알아차리기 어려운 혐오감이나 회피부터 끔찍한 공포까지, 모든 어려움을 만들어내는 원동력이다. 아마 당신은 예기불안이 자신과 사랑하는 사람들의 삶에 미치는 영향을 본 적이 있을지도 모른다. 예기불안은 기회를 놓치게 하고, 어떤 일에도 전념하지 못하고 주저하는 모습으로 주변 사람들을 좌절하게 만들고, 도전을 거부함으로써 스스로에게 실망감을 안겨준다. 또한 예기불안은 우리가 걱정하고, 뒷걸음질 치고, 빠져나갈 구멍이나 대안을 찾게 만든다. 예기불안은 그 자체로 공식적인 진단명은 아니지만, 거의 모든 불안 문제와 관련이 있다. 그 영향력은 막대해서 우리의 삶을 퍽퍽하게 만들고 자유로움, 즉흥성, 기쁨 등을 빼앗아갈 수 있다.

그러나 여기서 끝이 아니다. 예기불안은 만성적인 망설임이라는 또 다른 문제를 일으킨다. 만성적인 망설임이란 여러 가지 크고 작은 결정을 내리지 못하고 마비 상태에 가까울 정도로 무능력한 모습을 보이는 것을 말한다. 예를 들면 다음과 같다. 몇 년 동안이나 어떤 물건을 사려고 했지만 정보를 찾아보기만 할 뿐 끝내 결정하지 못하고, 그것을 사야 하는 이유와 사지 말아야 할 이유를 수천 가지나 떠올린다. 결정해야 할 모든 일들이 크고 복잡한 시련처럼 느껴져서 어쩔 줄 모르다가 어느 순간 또 다시 결정을 미룬다. 인간관계나 일, 직업, 학교에 대한 어떤 선택을 해야 하지만, 이러지도 저러지도 못하고 망설이다 인생의 어떤 지점에서 더 앞으로 나아가지 못한다. 몇 년 동안이나 다른 집이나 도시로 이사하고 싶었지만 도무지 그렇게 할 수 없다. 좋은 기회를 놓치는 것도 싫고 스스로의 선택을 후회하는 일도 너무나 두렵다 보니 어떤 선택지도 버리기가 어려워 아무 행동도 취할 수 없다. 각각을 선택했을 때의 장점과 단점 목록을 작성해보지만 더 이상 아무 진전도 얻지 못한다. 심지어 자신이 어떻게 하고 싶은지 '알고' 있음에도 불구하고 그 일을 하지 못한다. 아니면 삶에서 앞으로 나아가지 못할 정도로 변화, 약속, 또는 미지의 일을 두려워한다.

이 책에는 현대 심리학의 근거기반 원리에 따르는 통찰과 제안들이 담겨 있다. 만약 앞에서 언급한 상태가 바로 당신의 모습을 묘사한다면, 우리의 통찰과 제안은 당신이 마음의 자유를 얻어 더욱 충만하고, 유연하고, 즐길 만한 인생을 살도록 도울 것이다. 예기불안을 극복하는 일은 상당한 노력이 필요하지만, 이는 적절한 방향으로 나아가기 위한 노력이다. 예기불안을 극복하는 출발점은 자신이 언제 불안 때문에 일을 미루거나 상황과 경험을 회피하는지 인식하는 일이다. 그 다음에는 자신의 기억이나 상상, 또는 안전, 안도감, 확실성에 대한 갈망이 어떻게 미래에 대한 그릇된 결론에 도달하도록 유도하는지 이해해야 한다.

아마도 이 책을 손에 든 당신은 이미 불안에 대한 다른 심리학 책을 읽어본 경험이 있을지 모른다. 또한 그런 책들을 읽으면서 긴장을 이완하고, 걱정을 없애고, 자신감 있게 의사 결정을 내리고, 비이성적인 생각을 이성적인 생각으로 대체하고, 두려움에 직면하기 위해 여러 가지 기법과 훈련을 시도했을지 모른다. 하지만 이 책은 불안을 다루는 기술을 익히는 방법이나 요령에 관한 책이 아니다. 이 책은 자신의 마음을 대하는 태도를 근본적으로 바꾸기 위해 필요한 지침을 담고 있다.

우리는 불안을 치료하는 전문가로서 지난 40여 년간 수천 명의 사람들을 도와 심각한 부적응을 일으키는 불안을 극복하게 했다. 우리의 목표는 독자들이 여태 시도해왔을 법한 여러 가지 기법에 새로운 목록을 더하는 것이 아니라, 사고방식을 바꾸도록 돕는 것이다. 사고방식을 전환하면 더 이상 상상력의 힘에 휘둘려 나쁜 일들이 일어날 것이라고 확신하지 않고, 삶에 제약을 받지 않을 수 있다. 그리고 미래에 일어날 일들에 대해 전전긍긍하는 대신 현재 일어나는 일들을 있는 그대로 이해하고, 자신 앞에 놓인 길이 서서히 펼쳐지는 것을 편안하게 바라볼 수 있다. 또한 사고방식의 전환은 통제하려는 욕심을 내려놓고 자신의 불안한 마음을 덜 심각하게 받아들이게 만든다. 그것은 내려놓음을 통해 자유로움을 얻는 것을 의미하기도 한다.

자기만의 상상력에 사로잡혀 어떤 상황을 피해야 한다고 느낄 때, 그런 두려움이 자신의 뇌와 신체가 잘못된 경보에 반응하는 방식임을 알아차리고 이해하기는 쉽지 않다. 그리고 이런 두려움이 들 때 새로운 대응 방식들을 시도하기 위해서는 용기가 필요하다. 하지만 오랫동안 고수해온 방식으로 성공적인 결과를 얻지 못했다면, 이제는 다른 접근 방법을 시도해야 한다. 이미 당신은 예기불안을 멈추고 억지로라도 앞으로 나아가기 위해 많은 노력을 기울여왔을 가능성이 높다. 이 책은 여태까지 시도했던 그런 노력들이 왜 좋은 결과를 거두지 못했는지, 그리고 어떤 방법이 더 효과가 있는지 보여준다. 이 책에 담긴 제안들을 따르면, 당신이 예상하는 것보다 훨씬 수월하게 예기불안을 극복하고 앞으로 나아갈 수 있을 것이다.

이 책의 활용법

우리는 독자들이 이 책을 서문부터 결론까지 순서대로 읽기를 염두하고 썼다. 한창 불안에 시달리고 있을 때는 나머지 내용들을 건너뛰고 곧장 '어떻게 해결해야 할지' 알려주는 부분으로 가고 싶은 유혹

이 분명 있다. 그러나 그러지 않기를 강력히 권한다. 전반부는 불안이 일어나는 근본적인 과정들을 설명하는데, 후반부에 제시되는 불안에서 회복되기 위한 방법들은 이런 과정과 메커니즘에 근거한다. 따라서 앞부분을 이해하지 못하면 후반부의 내용도 이해하기 어렵다. 또한 앞부분은 두려움에 직면하고자 더 열심히 노력하거나 의지를 가지고 억지로 결단력을 키우는 방법이 왜 전혀 통하지 않는지도 설명하기 때문에 뒷부분으로 넘어가기 전에 반드시 읽고 넘어가기를 권한다.

우선 1장과 2장에서는 예기불안과 만성적인 망설임을 소개한다. 3장에서는 불안이 일어나는 생물학적 원리와 그것이 환경적인 스트레스 요인들과 어떻게 상호작용하는지 이야기한다. 4장은 미묘한 회피와 분명한 회피, 중대한 문제에 대한 회피와 사소한 문제에 대한 회피, 의식적인 회피와 무의식적인 회피 등 회피를 주제로 풀어나간다. 그리고 회피가 예기불안과 만성적인 망설임을 유지하고 강화하는 이유를 살펴본다. 5장에서는 우리의 상상력이 어떻게 건강한 상식을 갖는 대신 파국적인 미래를 예측하고, 무언가를 선택하고 전념하는 일 모두에 문제가 생기게 만드는지 이야기한다. 6장에서는 만성적인 망설임을 불러일으키는 세 가지 주된 요인인 확실성에 대한 갈망, 후회에 대한 두려움, 완벽주의에 대해 살펴본다. 7장에서는 두려운 상상과 파국적인 사고를 넘어서 앞으로 나아가게 도와

줄 메타인지적 관점을 소개한다. 또한 불안에서 회복되는 과정의 핵심이라고 할 수 있는 사고방식의 근본적인 전환을 다룬다. 8장에서는 사고방식과 관점의 전환을 삶에서 실제로 일어나는 상황들에 어떻게 적용할 수 있는지 알려주고, 치유를 향한 내려놓음의 다섯 가지 원리를 의미하는 DANCE를 소개한다. 9장에서는 독자들이 자주 묻는 질문들에 답하고, 10장은 불안에서 회복되는 과정 동안 사람들이 보통 어떤 모습을 보이는지, 그리고 회복된 상태를 어떻게 유지할 수 있는지를 소개한다.

이 책은 예기불안과 만성적인 망설임으로 고통받는 이들의 필독서다. 당신은 생각과 느낌이 어떻게 두려운 일들을 회피하게 만들고, 이러지도 저러지도 못하는 생각의 마비 상태에 빠져 의사 결정을 내리지 못하게 하며, 현실적인 예측과 거짓 불안을 구별하기 어렵게 만드는지 배울 것이다. 그리고 예기불안이 느껴지려고 할 때 이를 위험 경고가 아니라 행동해야 한다는 신호로 받아들이는 법을 배울 것이다. 무엇보다도 이제 두려움을 직면하고, 크고 작은 결정을 내리고, 활력 있는 적극적인 삶을 살아갈 수 있을 것이다.

차례

1

예기불안

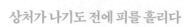

상처가 나기도 전에 피를 흘리다

우리가 흔히 겪는 불안의 증상으로는 공포증, 사회불안, 공황발작 같은 것들이 있다. 또한 강박적인 두려움이나 원치 않는 침투적 사고intrusive thought* 때문에 큰 고통을 겪는 사람도 많다. 불안은 신체 증상으로 다가오는 경우도 있고, 집요하게 계속되면서 절대 긴장의 끈을 놓지 못하게 하는 끝없는 걱정의 가두행렬일 때도 있다. 불안은 대개 미래에 대한 염려와 스스로의 성과, 안전 또는 행복에 대한 의심을 동반하며 일상의 여러 선택에 영향을 미치기도 한다. 말할 것도 없이, 불안은 자신이 원하는 대로 삶을 이끌어갈 자유를 제약한다.

불안은 수없이 다양한 모습과 형태를 보이지만 불안을 겪는 사

---

* 원치 않는데도 불구하고 사고의 흐름을 방해하며 끼어드는 비자발적인 사고. 특히 외상 후 스트레스 장애나 강박장애의 경우, 불쾌하고 고통스러운 주제의 침투적 사고를 경험하는 일이 흔하다.

람들 대부분이 예기불안도 겪는다. 간단히 설명하면, 예기불안은 두려운 상황이나 경험을 실제 맞닥뜨리기 전에 발생하는 고통을 예측하고 회피하려는 충동이다.

미래에 대한 두려움과 회피하고 싶은 충동

예기불안은 미래에 대한 걱정이자 좋지 못한 일들이 일어날지도 모른다는 공포, 또는 시작한 일들을 성공적으로 해내지 못할 수 있다는 두려움이다. 이는 우리가 어려운 결정, 행동, 또는 상황을 예상하고 있을 때 느끼는 불안이기도 하다. 또한 어떤 좋지 않은 일들이 일어날지에 대해 혼자 창의적으로 상상해낸 걱정을 사실인 양 믿을 때 생기는 감정이다. 예기불안은 마치 위험을 예측하는 것처럼 보인다. 더 이상 나아가지 말라는, 아니면 적어도 조심스럽게 나아가야 한다는 경고처럼 느껴진다.

예기불안은 공포의 세 번째 단계로, 먼저 공포의 단계는 다음과 같이 나눈다.

1. 우리는 어떤 것을 두려워할 수 있다. 예를 들어 '나는 벌이 무섭다'고 생각해보자.

2. 우리는 두려움에 대한 두려움을 느낄 수 있다. 이것은 때때로 '공포에 대한 공포'라 불리는데, 공황 상태라고도 알려져 있다. 다음 예를 생각 해보자. '벌을 보면, 나는 너무나 공포에 질려서 공황발작을 일으키다가 통제력을 잃거나 심장발작을 일으킬지도 몰라.'

3. 우리는 공포의 세 번째 단계에 도달한다. 즉, 두려움에 대한 두려움이 두려워질 수 있다. 이는 말처럼 복잡하지 않다. 다음과 같이 되는 것이 다. '내가 벌을 보고 공황발작을 일으켜서 통제력을 잃고 무언가 미친 짓을 할까 봐 다음 주에 있을 캠핑 생각만 해도 끔찍해.'

공포의 세 번째 단계는 '회피 단계'로 생각할 수도 있다. 예기불 안은 일어날 수 있는 부정적인 일들에 특히 주의를 집중시키기 때문 에 도망치고 싶은 강력한 동기를 유발한다. 예를 들어, 당신이 미팅 에서 계획안을 발표할 때 땀을 엄청나게 흘릴 것이라고 예측한다면 (약간 부정적인 예측) 그래도 일을 끝까지 해낼 수 있다고 믿을 것이 다. 그러나 공황발작을 겪거나, 완벽하게 웃음거리가 되거나, 관계를 망치거나 하는 파국적인 예측을 한다면, 이는 일의 진행을 막고 정상 적인 생활을 방해하는 불안으로 이어질 수 있다. 이런 극도로 부정적 인 예측과 예기불안 때문에 당신은 회피가 자신이 할 수 있는 유일 한 선택이라고 생각할 수 있다.

예기불안은 공포의 세 번째 단계이며 회피의 주된 원인이다.

중요한 것은, 예기불안이 불안감이나 공황 상태에 대한 예측뿐만 아니라 혐오감, 분노, 수치심, 후회, 굴욕감, 압도당하는 느낌, 또는 그밖에 어떠한 다른 반갑지 않은 감정을 예측하는 일과도 관련될 수 있다는 사실이다. 회피하고 싶은 마음은 실패, 상실, 또는 재앙과 같은 두려운 일들이 일어나 원치 않는 감정을 경험할 것이라고 예측할 때 생긴다.

예기불안은 모든 종류의 원치 않는 감정이나 경험을 예측하는 일과 관련될 수 있다.

예기불안은 막연한 불안과 다르다

대부분의 사람들은 처음에는 불안의 경험이 서로 별개의 두 가지 요소가 있다는 사실을 알아차리지 못한다. 불안의 경험은 불안증 그 자체(두려움의 대상을 현실에서 맞닥뜨린 상태에서 느끼는 공포증, 사회불안, 공황 상태, 걱정, 강박과 충동)와 그와는 별개인 예기불안으로 이루어져 있다. 예기불안은 자신이 걱정하는 어떤 일을 미래의 특정 시점에 맞닥뜨릴 것이라고 예측할 때, 그 예측된 시점 이전의 기간 동안 발생한다. 예를 들어, 앞으로 있을 어떤 상황에서 공황발작을 일으킬까 봐 걱정된다면, 예기불안은 그 예정된 상황이 있기 몇 시간, 며칠, 혹은 심지어 몇 주 전부터 시작된다. 또는 당신이 새로운 사람을 만나거나, 공중화상실을 이용하거나, 잠시 동안 일어난 감각이나 생각을 무시해도 안전하고 괜찮은지 시험하려 한다고 가정해보자. 이때 예기불안은 위와 같은 일들을 막 '시도해보려고' 할 때 느껴지는 두려움이다. 그런 상황에서 예기불안은 다양한 방식으로 일이 잘못될 수 있다는 상상을 하고 두려움이 들게 만든다.

그렇다면 두려움의 대상을 현실에서 직면했을 때 느끼는 불안과 그 이전에 일어나는 예기불안을 어떻게 구별할 수 있을까? 예기불안이 드러나는 방식은 매우 다양하며 서로 다른 상황에서 다르게 나타난다. 예기불안은 공포에 질린 회피, 혼자 있는 것에 대한 두려움, 수행불안performance anxiety*, 또는 불면증으로 나타날 수 있다. 그것은 강박장애가 있는 사람이 오염물에 닿는 것을 피하기 위해 정교

---

* 주어진 과제를 제대로 수행하지 못하거나 너무 잘 수행해서 높은 기대를 받을지도 모른다는 생각으로 나타나는 두려움이다. 시험불안, 발표불안, 사람들 앞에서 악기를 연주하는 것에 대한 불안이 그 예다.

한 계획을 세우는 모습으로 나타날 수도 있다. 아니면 질병불안illness anxiety이 있는 사람이 검진 결과를 기다리면서 겪는 괴로움으로 드러나기도 한다. 그것은 원치 않는 침투적 사고들이 다시 떠오르면 어쩌나 하는 끊임없는 두려움이 될 수도 있고, 아니면 만성적인 과다호흡 증후군으로 나타날 수도 있다. 또 예기불안은 강박장애 내지 그와 관련된 상태에서 나타나는 충동성의 원인이다. 강박장애 환자들은 강박사고 때문에 생기는 당장의 불편한 느낌을 줄이고자 신체적·정신적 의식행위*를 하는데('~하면 도저히 견딜 수 없을 거야'라는), 예기불안이 주는 압박감은 이런 행위를 하도록 부추긴다.

사람들은 또한 감당할 수 없을 만한 어떤 일을 맞닥뜨릴 것 같은 예기불안 때문에 모임이나 식당, 여행을 두려워하기도 한다. 갑작스럽게 몸이 아프거나 무서운 생각들이 떠오르면 어쩌나 하는 예기불안 때문에 밤에 혼자 있지 않으려고 할 수도 있다. 또한 연인 관계를 상상했을 때 생기는 예기불안 때문에 데이트를 피할 수도 있다.

---

* 강박장애 환자들은 불안을 완화하거나 없애고자 자신만의 독특한 규칙을 따르는 일종의 의식을 행하는데 이런 의식행위 가운데는 겉으로 드러나는 행동적 징후가 있는 경우와 그렇지 않은 경우가 있다. 이때 전자를 신체적 의식행위physical rituals, 후자를 정신적 의식행위mental rituals라고 한다. 전자의 예로는 반복적인 손 씻기나 자물쇠 확인하기가 있고, 후자의 예로는 어떤 단어나 구절을 속으로 반복하기, 속으로 숫자 세기, 어떤 생각이나 자기가 했던 행동을 반복적으로 되새기기 등이 있다.

아니면 해고될 것이라는 예기불안 때문에 매일 아침 출근 전에 '아플' 수도 있다.

　사람들은 때로 예기불안에 '막연한' 불안이라는 잘못된 꼬리표를 붙이기도 한다. 예기불안을 경험하는 동안 아마 당신의 몸은 계속 긴장한 채 어떤 사건을 기다리고 있을 것이다. 그런데 때로는 스스로가 정확히 무엇을 예상하는지 알지 못한 채 이런 긴장이 일어나기도 한다. 신체적 긴장은 두통, 가슴 통증, 근육 경련 등으로 이어지므로 이는 여러 가지 지장을 준다. 실제로 예기불안은 만성적인 과다호흡 증후군을 일으키는 주된 원인인데,[1] 예기불안과 만성적인 과다호흡 증후군을 통해 공황발작이 일어날 준비 또한 갖추어진다. 그리고 설사, 메스꺼움, 구토 같은 만성적인 위장 문제가 있을 때 그 원인을 찾아 거슬러 올라가보면 당신이 느끼는 예기불안과 곧바로 이어져 있을 수도 있다.[2] 우리는 또한 예기불안으로 인한 증상을 다시 경험하지 않으려고 어떻게 행동하고, 무엇을 말하고, 어디에 갈지 결정하는 일련의 일상 활동을 크게 신경쓸 수 있다. 이러한 두려움은 경미한 수준일 때는 일상적인 걱정과 비슷하다. 하지만 심해지면 '예기공포'라 부를 수 있을 만큼 매우 심각해질 수도 있다.

　예기불안은 비생산적이고 과도한 걱정을 하는 범불안장애GAD, generalized anxiety disorder의 큰 구성 요소다. 범불안장애에서 나타나는 걱정하는 생각은 크게 두 부분으로 나뉜다. 바로 최초에 드는 걱정하는 생각(보통, '만약 [어떤 나쁜 일이 일어나면]?'이라는 형태를 띠는)과 앞에서 든 그런 생각 때문에 일어나는 불안을 없애기 위해서 하는 또 다른 생각이다. 두 번째 생각은 도움이 된다는 착각을 불러일으키지만 사실은 오히려 불안의 사이클을 유지하는 연료가 된다. 이는 모종의 회피 행동 전략을 짜는 생각들로 종종 '계획', '분석', '반추', '대응'이라고 불린다. 우리의 공저 《확실히 알아야 할 필요Needing to Know for Sure》에는 이런 현상이 자세히 서술되어 있다.[3] 간단히 말하면, 범불안장애에서 나타나는 상상력 넘치면서도 고통스러운 '만약에'로 시작되는 생각이 바로 예기불안이다.

✔ 유용한 사실

**예기불안은 범불안장애에서 나타나는 걱정 가운데 '만약에'로 시작되는
부분이다.**

주의할 점: 예기불안은 사회불안과 물질사용장애substance-use disorders 두 가지 모두에 존재하는 은밀한 특성일 수 있다. 이 증상을 겪는 사람들은 종종 예기불안을 모임이나 술집에 가기 전 '분위기를 타기' 위해 술을 한 잔 마시거나 약물을 조금 흡입하는 식으로 다룬다. 물질사용장애와 사회불안은 종종 함께 발생하는데, 예기불안이 이 두 가지 문제를 모두 지속시키는 주된 요인임을 파악하는 것이 중요하다. 즉, 약물을 끊으면 괴로울 것이라는 예측과 두려움(예기불안) 때문에 사회불안 문제를 근본적으로 해결하지

못하고 중독 상태가 지속될 수 있다. 또한 예기불안은 공식적인 의학 기준을 충족시키지 못해 사회불안장애, 물질사용장애로 진단되지 않은 사람들 가운데서도 흔하게 나타난다.

예기불안은 상상력의 산물이다. 마치 미래에 닥쳐올 좋지 않은 일의 조짐처럼 느껴지지만, 이는 예기불안이 당신을 속이고 기만하는 여러 방법 가운데 하나일 뿐이다. 예기불안 때문에 자주 완전히 잘못된 예측을 하는데도 불구하고, 우리는 놀라울 정도로 계속 같은 예기불안을 경험한다. 이와 같은 단순한 진실을 이해하는 일은 예기불안으로부터 자유로워지는 첫 번째 발걸음이 된다.

이 책을 처음부터 끝까지 읽으면서 당신은 자신이 가진 불안 가운데에서 예기불안의 요소를 정확하게 찾아내는 법을 배울 것이다. 많은 내담자들이 불안이 두 가지 별개의 요소, 즉 미래에 대한 예기불안과 (결정, 행동, 특정 상황에 대한) 공포증의 합이라는 것을 인식하고 난 뒤 자신에게 획기적인 변화가 일어났다고 말했다.

다음은 비행공포증을 겪던 어떤 내담자의 예기불안 사례다.

몰리는 예기불안으로 8년 동안 비행기를 탈 수 없었던 비행공포증 환자였다. 공포를 극복하기 위한 치료를 받으면서 그는 용기를 내어 비행기를 다시 타기 시작했다. 그리고 한 번 더. 그리고 또 한 번 더. 3년 뒤, 십여 번의 비행기 여행을 경험한 후 몰리는 비행기에 타고 있는 동안에는 비교적 편안한 마음을 유지했다. 그러나 비행에 앞서서는 아직도 매번 날씨와 비행기 조종사의 건강 상태, 얼마나 심한 난기류를 경험할지 걱정한다. 또한 너무나 불안해져서 비행기 타기를 완전히 포기할지도 모른다는 궁극적인 두려움을 다시 경험한다.

여기에서 핵심은 예기불안이 공포증 그 자체보다 더 오래 남는다는 점이다. 이런 문제를 다루고 난 후 몰리는 예기불안이 가짜 예측 인자임을 인식했고 예기불안이 일어나도 회피하지 않는 법을 배웠다. 그러자 끔찍한 일이 일어날 것 같은 예감이 들더라도 이런 느낌에 휘말려 들지 않고 계획한 대로 비행기를 탈 수 있었다. 마침내 그는 어떤 결정을 내릴 때 예기불안을 중요한 정보로 고려하지 않았고, 주목할 만한 가치가 없는 메아리 정도로만 취급했다. 그러자 몰리의 예기불안은 가라앉았다.

✔ 유용한 사실
예기불안은 불안장애와 강박장애에서 벗어나는 과정에서 흔히 가장 늦게까지 남는 증상이다.

당신에게는 비행공포증이 없을지도 모르지만, 중요한 것은 무엇인가를 두려워하고 염려하는 예측이 종종 그 두려운 상황이나 경

험 자체보다도 더 크게 심신을 약화시킨다는 사실이다. 그리고 다음
에서 볼 수 있듯이, 이러한 경험은 극히 평범하다.

당신 혼자만 겪는 일이 아니다

'역학' 연구는 얼마나 많은 사람들이 특정한 심리장애가 있는지를 추
정하는 인구조사 방법의 하나다. 그러나 앞서 살펴본 것처럼, 예기
불안은 단독 진단되는 장애가 아닌 '초진단적' 현상이다. 예기불안
은 거의 대부분의 불안장애에 만연한 특성인데 기분장애, 특히 우울
증을 가진 많은 사람들이 동시에 이런 불안장애를 겪는다. 또한 외상
후 스트레스 장애 환자들 역시 잊고 싶은 외상 사건을 다시 떠올리
게 하는 사람이나 사건을 마주할지도 모른다는 예기불안을 종종 보
인다. 이러한 이유 때문에 얼마나 많은 사람들이 예기불안의 영향을
받고 있는지 정확히 집어낼 수는 없다.

대략적인 숫자를 살펴보자. 대부분의 연구에 따르면, 전체 인구
의 약 10퍼센트가 일생에 걸쳐 불안장애를 겪는다. 비슷한 숫자의 사
람들이 일생에 걸쳐 우울증을 경험하고, 5~7퍼센트의 사람들은 외상
후 스트레스 장애를 겪는다. 극도로 보수적으로 계산할 때 약 15퍼센
트의 사람들이 그들의 생애 가운데 어느 한 시점에 예기불안의 영향

을 받는다고 추정된다.[4] 이는 미국 내에서만 5000만 명이 넘는 사람에 해당한다.

그러므로 만약 예기불안으로 고통받고 있다면, 절대로 당신 혼자만 그런 것이 아니다. 예기불안은 만연한 현상이며, 어느 연령에서도 나타날 수 있다.

나이를 불문하고 나타난다

예기불안에는 종종 가족력이 있다. 이 책을 읽으면서, 어쩌면 당신은 자녀들이나 이전 세대의 가족 구성원 가운데서 예기불안을 겪은 사람이 있었다는 사실을 발견할 수도 있다.

아이가 미래의 일들을 상상할 만큼 나이를 먹으면 그때부터 예기불안도 함께 자라난다. 예기불안은 당신의 자녀가 몇 주 동안이나 백신 접종을 두려워하며 시간을 보내게 만드는 장본인이다. 아이는 접종을 하면 어떤 느낌인지에 대해서 많은 질문을 하거나, 반항적인 태도를 보이거나, 성질을 부리거나, 잠을 못 잘 수도 있다. 또 접종하는 날, 병원에서 싸우거나 울고 몸부림을 칠 수도 있다. 접종 자체는 너무나 빨리 끝나서 모두들 이렇게 말한다. "봤지? 아무 것도 아닌 일에 야단법석을 떨었네." 그러나 다음 접종에도 아이는 더 나아진 모습을 보이지 않는다. 이것은 보통 어떤 경험의 전체 가운데 예기불안이 가장 최악의 부분이고 아이는 실제 일어난 일보다 그 최악의 부분을 훨씬 더 생생하게 기억하기 때문이다.

또 다른 예를 생각해보자. 당신의 아들이 친구의 생일 파티에 가지 않겠다고 하는 상황이다. 이런 경우, 숫기 없는 아이가 마지못해 파티에 참석하면 처음에는 주저주저하다가 마지막에는 파티를 즐기기도 한다. 또는 대학 입학 시험을 며칠 내지 몇 시간 앞둔 청소년기 자녀가 극도로 예민해져, 제대로 되는 일이 없다면서 눈을 희번덕거리고 시비를 걸 수 있다. 아이들이 연주회 전날 밤이나 이혼으로 떨어져 사는 엄마나 아빠를 만나기 전날 밤에 구토를 하고 복통을 호소하는 경우도 있다. 아니면 누군가 캠프 참여에 대한 이야기를 꺼내자마자 저녁 식사를 제대로 하지 못하는 아이도 있을 수 있다. 아이들이 예기불안을 갖는 주된 대상에는 건강, 안전, 부모의 죽음에 대한 걱정, 어떤 새로운 활동 시작하기, 학교생활이나 캠프에 가는 일, 그리고 혼자 잠을 자는 일 등이 있다. 십대들에게는 학교생활이나 또래와의 관계 문제가 예기불안의 주된 대상이다. 또한 대학, 직업, 데이트 같은 장래에 대한 선택들과 심지어 지구의 미래에 대해서까지 예기불안을 느낄 수 있다.

어린아이부터 노인까지 이어지는 연령 스펙트럼에서, 우리는 나이를 먹어가며 점점 더 자신의 신체적 취약성, 신뢰할 수 없는 기억력, 시대에 뒤떨어진 과학기술적 지식과 경험, 그리고 상실과 그 밖의 달갑지 않은 변화들을 자각한다. 노인들은 흔히 더 높은 경계심과 예기불안을 갖는다. 단 한 번 쓰러지거나 중요한 것을 잊어버린 사건으로도 심각한 예기불안이 유발될 수 있다. 많은 노인들이 독립적인 활동과 새로운 학습을 매우 잘 해낼 수 있음에도 불구하고 예기불안으로 인해 자신감을 잃고 새로운 활동에 얽히지 않는 것이 낫다고 생각할 수 있다. 노인들이 예기불안을 갖는 주된 대상은 걷기, (특히 밤에) 혼자 있기, 건강과 재정 문제, 새로운 기술을 다루는 일, 언론 보도로 떠들썩한 화제들에 잘 반응하지 못하는 상황, 장애와 치매에 대한 두려움 등이다.

예기불안은 모든 연령과 문제에서 동일한 방식으로 작동한다. 회피하고 싶은 충동을 일으키고, 머뭇거리게 만들고, 즐거움을 망친다. 그러므로 이 책에서 우리는 연령에 상관없이 예기불안의 지배에서 벗어나는 원리를 소개하고 그 길을 안내할 것이다. 먼저 망설임이 어떻게 예기불안을 영구히 지속시키는지 살펴보자.

결정하는 행동이 예기불안에 미치는 영향

예기불안은 망설일수록 높아지는 반면, 결정을 내리면 낮아진다. 재미있는 것은 당신이 회피하기로 결정하든, 아니면 어떤 일이 있어도 꿋꿋이 행동에 전념하기로 결정하든 상관없이 불안이 낮아진다는 점이다.

당신이 내일 팀 미팅에서 발표를 맡았는데, 발표를 망칠까 봐 두렵다고 가정해보자. 만약 병가를 내고 다른 사람에게 대신 발표를 부탁한다는 전화를 걸기로 결정하고 나면, 예기불안은 급격히 줄어들 것이다. 그리고 훨씬 더 느긋해질 것이다. 스스로에게 짜증이 날 수도 있고, 심지어 자신이 실패자나 무능력자라고 생각할지도 모르지만, 다음 날에 대한 공포심은 사라질 것이다. 상상 속의 시련 가운데 스스로를 내버려두지 않겠다고 결정하고 나면, 안도감이 밀려올 것이다. 예기불안에 등 떠밀려 상황을 회피하자마자 불안은 사라질 것이다.

✔ 유용한 사실

예기불안은 회피하기로 결정하자마자 사라진다. 그러나 그 효과는 보통 일시적이다.

반대로, 미팅에 나갈지 말지 계속 오락가락하면서 끊임없이 고민하고 마음을 바꾼다면, 예기불안이 더 심해진다. 그리고 시간이 촉박해질수록 점점 더 결정하기 어려워진다. 안도감 역시 느낄 수 없다.

무슨 일이 있어도 행동에 전념하고 선택을 망설이지 않겠다고 결정한 경우에는 예기불안이 눈에 띄게 줄어들지 않지만 점차 누그러지기 시작한다. 일단 행동에 전념하면 내면의 논쟁이 멈춘다. 그리고 어떻게 해서라도 결정을 내리려고 지속적으로 애를 쓸 일이 없어지면서, 예기불안은 감소하고 수그러든다. 얼마나 위험한지 가늠해보고, 잠재적인 탈출 방법을 계획하고, 일어날 수 있는 모든 일들에 대해 걱정할 필요도 없다. 확고한 전념이 안도감을 불러오는 것이다.

이것이 바로 어떤 선택을 하든지 간에, 결정과 함께 예기불안이 줄어든다는 말의 의미다.

✔ 유용한 사실
예기불안은 결정을 내리지 못하고 망설일수록 커진다.

한편, 결정을 못 내리고 망설일수록 예기불안이 커지는 것과 달리 회피했을 때는 예기불안이 급격히 줄어든다. 4장에서는 이렇게 불안을 낮추려고 회피할 때 장기적으로 예기불안이 강화되고 심해지는 이유를 설명할 것이다. 앞에서는 우선 예기불안과 회피 사이에 일시적으로 나타나는 패턴을 보여주었다. 예기불안은 무언가 시도하고, 어디론가 가고, 두려움을 직면하고, 여행을 하고, 괴로움의 근원에 다가가려 할 때 일어나고, 이런 일들을 회피할 때 사라진다.

앞서 망설임과 회피가 예기불안에 영향을 미치는 몇 가지 방식을 이야기했으니, 이제 의도치 않게 예기불안을 증폭시키는 대처 방식들을 좀 더 자세히 살펴보자.

예기불안이 표현되는 가장 일반적인 방식이 몇 가지 있다. 우선 앞으로 이야기할 모든 형태의 예기불안은 이를 경험하는 사람들의 의도와 달리 자기-재생산self-perpetuating*적이다. 예기불안이 표현되는 방식 가운데는 무익한 태도를 갖는 것, 파국적인 상황을 상상하는 것, 경험적이거나 행동적인 회피를 하는 것 등이 있다. 또 다른 방식으로는 협상하고, 논쟁하고, 계획을 세우는 내적 대화도 있다. 이런 방식들은 예기불안이라는 현상이 만연하게 하며, 최선을 다해 노력하는데도 불구하고 불안이 끈질기게 지속되도록 만든다. 이들 대부분은 처음에는 불안을 다스리는 대처 방법처럼 보일 수 있지만, 장기적으로는 역효과를 내고 오히려 불안을 지속시킨다. 이어지는 장들에서는 각 형태의 예기불안이 어떻게 강화되는지 자세히 다루고, 이러한 자기 재생산적 과정을 어떻게 뒤바꿀 수 있는지 명확한 지침을 제시하고자 한다.

공포를 감내한다. 이는 아마도 예기불안이 가장 흔하게 표현되는 방식일지도 모른다. 당신이 어떤 책임이나 의무를 맡고서 자동반

---

* 외부의 개입 없이도 무기한적으로 자신이 계속해서 존재하고 갱신되도록 만드는 능력.

사적으로 솟구치는 두려운 감정을 느낀다고 생각해보자. 이 감정은 지난번에 그 일을 하면서 느꼈던 강렬한 불안을 아직 기억하기 때문에 생겼다. 이때 당신은 스스로에게 말한다. '물러날 수는 없어. 이 일을 해야만 해. 끔찍하게 느껴지더라도 끝까지 해낼 거야. 이건 정말로 끔찍한 경험이 되겠지.' 불행하게도 대부분의 경우, 이런 식의 감내하기는 예기불안의 승리를 보장하는 공식이다. 둘 중 한 가지 일이 벌어질 것이다. 하나는 그 일을 정말로 해야 하는 날이 가까워질수록 불안이 치솟아 결과가 어찌 되든 포기하기로 결정하는 것이다. 다른 하나는 일을 계속 진행하지만 그런 경험이 너무나 큰 시련이기에 결국 그 일이 어떻게 지나갔는지, 얼마나 잘 해냈는지와는 상관없이 예기불안의 고통이 생생하게 기억 속에 자리 잡는 것이다. 그리고 그런 불안의 경험이 실제 일어난 일을 기억하는 자리까지 대신 차지해, 다음번에 같은 일을 다시 할 때에도 당신이 느끼는 바는 전혀 더 나아지지 않는다. 그 경험을 일구어 나가는 일은 계속해서 고통스럽다.

공포를 감내하는 태도의 반대는 기꺼이 임하는 자발적인 마음 갖기다. 기꺼이 하겠다는 자발적인 마음을 가지면 이런 저런 활동들을 두려워하며 진을 빼는 대신, 오히려 불안의 경험을 토대로 회복할 수 있다. 이 개념은 8장에서 소개한다.

회피 여부를 스스로와 논쟁한다. 비행공포증이 있는 당신이 디

즈니랜드로 가족 여행을 가기로 했다고 생각해보자. 당신은 여행 계획이 잡히자마자 공포에 질렸지만, 언제든지 여행에서 빠질 수 있다고 스스로에게 말한다. 또한 가족들에게는 자신을 빼고 가야 할 수도 있다고 미리 알려 둔다. 표를 구매하자 더더욱 덫에 걸린 것 같은 느낌이 들고 또 한 번 불안이 치솟는 것을 느낀다. 하지만 아직 비행기를 탈지 말지 확신하지 못하는 상태다. 비행 일정이 가까워질수록, 비행하는 동안 일어날 수 있는 모든 파국적인 일들을 상상하면서 불안의 파도를 경험한다. 당신은 스스로와 논쟁한다. '가야 할까, 아니면 집에 있어야만 할까?' 결국 공항에 갈 때까지 기다렸다가 최종 결정을 내리기로 한다. 공항에 갈 시간이 다가오면서 이제 당신은 정말로 심한 예기불안을 느낀다. 그리고 '비행기를 타야 할까?'라는 마음과 '지금이라도 탈출해야 할까?'라는 두 가지 마음 사이에서 오락가락한다. 이러한 내면의 논쟁은 끊임없이 계속되면서 예기불안을 더욱 증가시키고, 당신은 여행을 결정하기가 더 어려워진다. 심한 경우에는 비행기에 올라타고 벨트를 매면서까지 자신과 논쟁을 계속할 수도 있다. 또 어쩌면 문이 닫히고 비행기의 빗장을 걸어 잠그기 직전에야, 비행기를 못 타겠다고 결정할 수도 있다. 그렇게 결정하고 나면 결국 예기불안은 가라앉을 것이다. 하지만 다른 한편으로는 불안한 감정에 주도권을 빼앗겼다는 사실에 자신이 패배자로 느껴질 것이다.

어떤 사람이 당신에게 저녁 데이트 신청을 했다. 그 사람은 매력적으로 보이지만, 당신은 그를 잘 알지 못한다. 데이트를 하고 싶은 마음도 들지만 곧바로 불안하면서 초조해지기도 한다. 그래서 당신은 조사를 시작한다. 구글, 페이스북, 인스타그램을 뒤지고, 그 사람을 알 만한 사람에게 연락해 보고, 친구들과 가족에게 조언을 구한다. 그 결과, 당신은 생각할 시간을 얻기 위해 그에게서 온 문자 메시지에 답하기를 미룬다. 또 당신은 자신의 인생에 데이트라는 것을 할 만한 시간이 정말로 있는지를 심사숙고한다. 그리고 상대방이 말하는 내용에 따라 대응할 여덟 가지의 서로 다른 대본을 짠다. 그러면서 안절부절 못하고 초조한 상태가 된다. 마침내 데이트를 수락했을 때도 당신은 양해를 구하고 곧바로 자리를 떠날 수 있는 선택지를 갖기 위해 직접 운전해서 레스토랑에 가기로 한다. 그리고 나서 친구에게 전화해 데이트를 시작한 지 한 시간쯤 후에 문자와 전화로 연락을 달라고 부탁한다. 자리를 떠나고 싶은 경우 변명거리를 만들기 위해서 말이다. 레스토랑에 도착한 당신은 보드카 마티니를 주문해서 데이트 상대가 도착하기 전 단숨에 들이킨다. 데이트는 꽤 잘 흘러갔지만 그건 탈출 계획이나 보드카 덕이었을까? 이런 나쁜 습관들이 없어도 괜찮았을까? 스스로의 성공을 보드카나 탈출 계획 같은 대응 메커니즘 덕분이라고 여기는 당신은 다음번에 예기불안을 느낄 때 여전히 그런 방법들이 필요하다고 믿을 것이다. 그리고 그런 방법들 없이도 편안하게 느끼는 법을 배우지 못할 것이다.

양극단을 오가며 회피한다.　때때로 어떤 한 가지 불안의 원천을 회피하는 일이 또 다른 종류의 불안을 마주하게 만들 수 있다. 이것은 "해도 후회하고, 안 해도 후회한다"는 말의 전형적인 예다. 당신이 대장암을 극도로 두려워한다고 가정해보자. 대장내시경 정기 검사 일정을 잡은 후, 당신은 정말로 암이 발견되는 상상을 하며 예기불안에 압도당한다. 또는 마취가 반쯤 된 상태에서 의료 사고로 죽는 상상을 한다. 결국 검사를 취소하고 즉각적인 안도감을 경험한다. 하지만 그 후, 암이 자기 몸에서 진행되고 있다는 상상을 하자 또 한 번 강하게 예기불안이 치솟는다. 이 불안을 회피하려고 내장내시경 검사를 다시 예약한다. 물론 이것은 또 다른 예기불안, 회피, 새로운 예기불안, 그리고 기타 등등이 계속 반복되는 일의 시작이다.

불안을 마음속에서 내보내려고 한다.　어떤 다가오는 일에 불안을 느낄 때, 우리는 그것을 마음속에서 내보내려 하거나 나중에 생각하기로 하거나, 아니면 그 생각을 의식 가운데에서 없애려고 한다. 이것이 우리가 예기불안에 대처하는 또 다른 방법이다. 여기서 주된 문제는 어떤 생각을 마음에서 내보내는 것이 마치 밀물과 썰물을 막으려고 하거나 해가 지는 것을 멈추려고 하는 일과 마찬가지라는 점이다. 이런 방법은 효과가 없다. 이는 《자꾸 이상한 생각이 달라붙어요》라는 책에서 집중적으로 이야기했다.[5] 마음속에서 걱정거리를 쫓아내려고 노력할수록 그런 생각들은 더욱 심각해진다. 이는 예기불안을 증가시키는 최고의 방법이다.

어쩌면 당신은 이 부분을 읽으면서 예기불안을 다루기 위해 자신이 쓰는 방법이 무엇인지 찾아냈을지도 모른다. 삶 속에서 예기불안의 영향을 받고 있고, 그에 대처하려는 시도를 해보지만 효과를 보지 못하는 사람들의 실례를 좀 더 살펴보자.

예기불안의 유형: 상상, 기억, 트라우마, 불안 민감성, 기분 상태

모든 유형의 예기불안에는 원치 않는 감정과 회피하고 싶은 충동이라는 특성이 있다. 그러나 그 특성들이 어떤 양상으로 발전되는지는 각 유형마다 큰 차이가 있다.

여태까지 우리는 예기불안이 회피를 부채질한다는 점을 언급해왔다. 예기불안은 일을 진행하려 할 때는 신경을 거스르며 괴롭히다가, 회피하기로 하자마자 급격히 감소한다. 또 예기불안은 서로 다른 원인에서 시작될 수 있다. 이런 것들을 이해하면 불안을 극복하는 데 도움이 된다. 다음에서는 불안이 무엇에서 유발됐는지에 따라 예기불안을 다섯 가지로 유형으로 나누고 실제 사례들을 제시해 각각 어떤 모습으로 나타나는지 보여줄 것이다. 사례는 실존 인물들을 근거로 하지만, 세부 사항을 바꿔 누구인지 드러나지 않도록 했다.

실생활에서 우리는 한 가지 유형 이상의 예기불안을 지닐 수도 있고, 여러 유형의 예기불안 문제를 해결하고자 노력하는 가운데 다양한 경험을 할 수도 있다. 일생을 살면서 예기불안을 느끼는 대상의 초점이 한쪽에서 다른 쪽으로 바뀔 수도 있고, 효과적이지 못한 대응 전략을 사용하다 버릴 수도 있으며, 파국적인 사고 역시 변할 수 있다. 예기불안의 유형과 그 실례를 보여주는 짧은 일화들을 읽으면서, 그들이 어떻게 자신의 과장된 걱정과 반응에 휘말렸는지, 그리고 어떤 무의미한 일들을 시도하는지 찾아보기를 바란다.

상상이 만든 예기불안

상상이 만든 예기불안의 경우, 과민하고도 창의적인 상상력은 파국적인 결과가 일어나거나 여러 가지 일이 잘못되는 장면을 바로 떠올리게 한다. 즉 들어본 바 있는, 믿기 힘들지만 실제 일어날 가능성이 있는 이야기들이 뒤섞여 떠오르고, 극히 낮은 가능성에도 불구하고 최악의 상황을 가정한다. 재난, 사고, 기이한 사건들을 다룬 언론 보도는 이러한 유형의 불안을 고조시킨다.

상상이 만든 예기불안의 예로는 몸에 난 점이 흑색종이라고 스스로 결론 내린 후, 의사가 무슨 말을 할지 상상하면서 강렬한 불안을 느끼는 경우를 들 수 있다. 또 다른 예는 항공 참사나 코로나 희생자들을 다룬 보도를 보면서 자신이 그 상황에 있다면 얼마나 끔찍할지를 상상하는 경우다. 또한 주차가 어렵다고 예상되는 데다 도착까지 늦어져 곤란한 나머지, 운전을 해서 새로운 곳에 가기가 불안하다고 느낄 수도 있다. 상상이 만든 예기불안은 강박장애와 범불안장애를 겪는 사람들에게 흔하지만 그렇지 않은 사람들에게도 나타날 수있다.

또한 상상이 만든 예기불안은 조금 변형된 형태로 나타날 수도있다. 그 예로 일어날 뻔했지만 실제 일어나지 않은 재앙적인 상황을정교하게 상상하며 느끼는 불안이 있다. 집에 돌아온 후 가스레인지를 끄지 않고 외출했다는 것을 발견하는 경우가 있을 수 있다. 이때당신은 두려움에 충격을 받고 집이 불타는 것을 상상한다. 아무 일도일어나지 않았지만, 집을 다 태워버렸을 수 있다는 사실 때문에 이제가스레인지를 사용할 생각만 해도 불안해진다.

상상이 만든 예기불안이 일상에서 나타나는 모습

존은 수업 중에 발표할 생각만 하면 늘 몸이 땀으로 축축해지고 숨이 막히는 느낌이 들어 자신감이 없어진다고 말한다. 그는 절대로 손을 들어 발표하는 법이 없고, 대수학 수업에서는 자기 이름이 불리지 않기만을 바라면서 시간을 보낸다. 선생님이 자기를 부르는 상상을 하면, 수업 중에 기절할지도 모른다고 간혹 느낀다. 그는 모든 사람 앞에서 바보 같은 짓을 하는 상상을 하고 그런 굴욕이 얼마나 견디기 힘든지 상상한다. 존은 학교를 그만두고 싶다.

다음에 등장하는 상상이 만든 불면증 사례는 십대와 성인 모두에게 흔한 예기불안의 형태를 보여준다. 엘러리의 엄마는 엘러리가 겪고 있는 불면증의 패턴을 보고 딸에게 예기불안이 있다는 것을 깨달았다. 엘러리는 학교생활을 잘 해내지 못할 거라는 상상 때문에 잠들지 못하곤 했다. 사실 엘러리가 그런 실패를 겪은 일은 단 한번도 없었다. 엘러리는 단지 모든 것이 엉망진창이 될까 봐 두려울 뿐, 학교에 다니지 않을 생각은 없었다.

엘러리의 엄마는 매주 일요일 밤마다 딸이 잠을 자는 데 애를 먹는다는 것을 알아차렸다. 엘러리는 뛰어난 학생이었지만 어떤 일이 일어나 "자신이 쌓은 전과목 A 기록을 무너뜨릴"까 봐 걱정이라고 엄마에게 말했다. 예상치 못한 쪽지 시험이 있을지도 모르고, 숙제를 제대로 못할지도 모른다. 그는 매주 월요일 아침마다 굉장히 초조해 했지만 학교에서는 오히려 좀 더 느긋했고 주중의 다른 밤에는 잘 잤다.

다음은 계속해서 최악을 상상하고 자신의 걱정이 사실이 될 것이라고 믿으면서 끊임없는 예기불안 상태를 반복하는 한 성인의 사례다.

치료가 시작되자 샤키라는 끔찍한 한 주를 보내고 있다고 말했다. 자신이 죽어가고 있다고 하면서, 아이들은 어떻게 살아나갈지, 다가오는 시련을 자신이 어떻게 견딜 수 있을지 걱정했다. 그는 어떤 진단혈액검사 결과를 기다리는 중이었는데, 이미 치명적인 질병에 걸렸다고 확신했다. 그는 이틀 앞으로 다가온 진료 약속이 두려웠다. 하지만 그 다음 주에 치료사를 만난 자리에서 그는 나른한 태도로, 현재까지는 모든 것이 정상이라고 말했다. 검사 결과는 문제가 없었지만, 그는 여전히 자신이 어떤 진단되지 않은 심각한 문제를 겪고 있다고 느꼈다. 이것은 계속되는 패턴이었다. 그런 패턴을 반복하면서 샤키라는 스스로의 상상력과 건강에 대한 불확실성이 주는 불안감에 갇혀 있었다. 그리고 자신이 예기불안 때문에 끊임없이 속고 있다는 단순한 교훈을 배울 수 없었다.

여행을 앞두고 다양하게 떠올릴 수 있는 두려운 심상들은 종종 예기불안의 원천이 된다. 상상이 만든 이런 예기불안의 경우, 탈출과 회피를 계획하는 태도는 더 큰 불안을 불러오는 주요한 역할을 한다. 애초에 그런 계획은 필요하지도 않았는데 말이다.

제이미슨은 매달 여러 차례 일 때문에 여행을 다녀야 한다. 출장을 떠나기까지 매일매일은 그에게 공포영화다. 그는 하루에도 몇 번씩 일기예보를 확인하고, 전날 밤 잠을 이루지 못하며, 출발 전에 종종 구토를 한다. 그는 한번도 그런 일이 없었지만, 개를 돌봐주는 사람이 아파서 자신의 개를 돌보지 못할까 봐 걱정한다. 또한 그는 차가 고장날까 봐 걱정되어 두 가지 긴급 고장 출동서비스와 이들을 대체할 수 있는 또 다른 서비스에도 가입했다. 그는 교통체증 때문에 지각하는 상상이나 운전 중에 잠드는 상상을 한다. 또 만약을 위해 가는 길에 있는 병원 위치를 표시해두기도 한다. 그는 이 일을 하기에 자신이 너무 늙어서 그만둬야 할지도 모른다고 생각한다. 이런 두려움의 가장 기이한 점은 그가 실제로 여행 중일 때는 불안증세를 어느 정도 감당한다는 것이다. 그러나 길을 떠나기 전에 매번 느끼는 불안의 강도는 절대로 나아지지 않았다.

다음은 상상이 만든 예기불안 가운데 양극단을 오가는 회피·패턴을 보이는 예다. 이는 흔히 신체적 질병을 지나치게 두려워하는 사람들에게 나타나는데, 간혹 다음 사례처럼 의료진이 무심코 던진 제안 때문에 계속되는 예기불안이 시작되기도 한다.

브욘은 건강한 46세 남성으로 35세 이전에 마라톤을 세 번 완주한 열렬한 달리기 주자다. 어린 두 아이의 아버지인 그는 심각한 질병에 걸릴 가능성을 계속해서 걱정한다. 정기 건강검진에서 그의 주치의는 요즘 많은 이들이 심장동맥의 칼슘 양을 보여주는 '칼슘 점수'를 받아보고 있다고 말했다. 이는 브욘이 앞으로 몇 년 동안 받아볼 수 있는 빠르고, 저렴하고, 비침습적인 검사였다. 의사의 단순한 제안은 브욘을 공황 상태로 몰고 갔다. 그는 암, 뇌종양, 에이즈 바이러스를 걱정했을 뿐, 한 번도 심장을 걱정해보지 않았다.

그러나 이제 그는 말기 심장질환이라는 진단을 받을지도 모른다는 두려움을 느낀다. 브욘은 검사를 예약했지만, 심장병 말기라는 끔찍한 결과를 수없이 상상했다. 그는 두려운 나머지 막판에 검사를 취소하기로 결정했다. 하지만 그런 다음 만약 조만간 심장마비가 일어난다면, 이 검사가 자신의 생명을 구할 유일한 방법이 될 것이라는 상상을 했다. 그래서 그는 다시 검사를 예약했다. 하지만 약속 몇 시간 전에 또 다시 취소하고 말았다. 말할 것도 없이, 검사 취소는 또 다른 형태의 예기불안을 불러 일으켰다. 그는 무기력하고, 꼼짝달싹할 수 없으며, 어떤 결정도 내릴 수 없는 느낌이었고, 이번에는 예기불안의 스트레스 그 자체가 심장질환으로 인한 사망을 일으킬까 봐 걱정스러운 마음이 들었다.

두 가지 서로 다른 공포에 사로잡힌 브욘은 회피를 해도 안도감을 얻을 수가 없었다.

어떤 때에는 예기불안 때문에 자신이 회피하는지조차도 깨닫지 못한다. 자신이 무엇인가에 겁먹었다는 사실은 인정하지만 계속되는 회피를 예기불안과 연결시키지 못한다. 다음 두 가지 경우는 돌발적이고, 무의식적이고, 심지어 관련성이 없이 느껴지는 회피 사례를 보여준다. 때때로 회피는 일련의 실수, 지연, 간과 또는 불운처럼 나타난다. 다음 내담자는 스스로가 상상하는 결과들 때문에 회피 행동을 하고 있지만, 이를 충분히 인식하지 못하고 있다.

거스는 질병에 대한 과도한 불안 때문에 심리치료를 받으러 왔다. 그는 의사를 만나는 일이 두렵지만 매년 있는 정기검진을 받기로 했다. 그럼에도 불구하고 그는 예약한 대로 검진을 받으러 가는 데 이상할 정도로 어려움을 겪었다. 한번은 그가 무심코 예전에 다녔던 내과전문의 진료실로 가버린 일이 있었다. 그는 잘못 온 것을 전혀 깨닫지 못했고 왜 그곳의 일정표에 자신의 예약이 없는지 이해하지 못했다. 또 한번은 검진 예약을 한 건물에 들어가려고 했지만 잠금장치를 열 수 없었다. 그는 문제를 해결하기 위해 접수처에 연락해야 한다는 생각을 하지 못했다. 이제 마지막 건강검진을 받은 지 3년이 되었고, 그는 검진이 미루어지면서 어떤 질병이 진행되진 않았는지 걱정했다. 그럼에도 불구하고 거스는 자신이 매해 정기검진을 받지 못하는 것이 운이 없는 일의 연속, 타이밍의 어긋남, 그리고 어리석은 실수들 때문이라고 생각했다. 그는 스스로의 예기불안이 문제의 원인이라는 것을 인정하는 데 큰 어려움을 겪고 있다.

거스의 예기불안은 마치 부주의와 실수처럼 나타났다.

✔ 유용한 사실

예기불안은 실수, 일의 지연, 그리고 무언가를 간과하는 오류 등의 결과를 불러오는 브레인 포그 brain fog 현상으로 나타날 수 있다.

상상이 만든 불안의 다음 사례는 그 고통의 성격 때문에 특히 주목해야 한다. 때때로 예기불안은 설명하기 힘든 총체적인 불편감으로 나타날 수 있다. 큰 행사 직전에 아프다가 행사 후에는 마법처럼 나아서 놀라는 경우처럼 말이다.

호세는 즉흥 연극 수업을 수강했는데 청중 앞에서 하는 큰 공연을 앞두고 몸이 심하게 아팠다. 두통, 인후통, 메스꺼움 등이 있었고 오한이 들었다. 공연에 가야 할지 말지 결정하려고 계속 열을 쟀지만 정상이었다. 그는 거의 열이 나기를 바랄 정도였는데 그래야 결정을 내릴 수 있기 때문이었다. 그가 느끼는 불안의 초점은 아프더라도 공연을 하러 가야 할지 아니면 집에 있어야 할지를 결정하는 데 있었다. 그는 그 '아픔'이 예기불안 때문이며 일단 가서 공연에 열중하면 진정되리라는 사실을 알지 못했다.

호세는 몸이 느끼는 불안에 속아 몸 상태가 안 좋아졌다.

예기불안은 두려워하던 사건이 끝나자마자 마법처럼 회복되는 급성 질환처럼 느껴질 수 있다.

한편 미래에 일어날 파국적인 모습을 상상할 때, 예기불안은 죄책감이나 자신이 무책임하다는 느낌을 갖게 만들 수도 있다.

샌디는 어느 날 기후변화로 인한 식량위기와 그것이 앞으로 어떻게 수십 년간 전 세계적으로 인간의 이주에 영향을 미칠 것인가에 대한 기사를 읽었다. 그 후 그녀는 잠을 이룰 수 없었다. 굶주린 작은 아이를 안은 채 뜨겁고 건조한 풍경을 지나 긴 행군을 하는 상상을 계속했다. 그리고 틀림없이 찾아올 굶주림과 가난에 대해서도 상상했다. 그녀는 학교를 중퇴하고 기후변화에 맞서 싸우는 데 일생을 바치겠다고 결심했지만, 이내 부모님의 돈을 허비하는 것이 무책임하다고 생각했다. 그녀는 가슴을 조여오는 긴장감과 질식할 것 같은 느낌으로 애를 먹었다. 자신은 괜찮을 것 같지만 다른 이들은 그렇지 못할 것이라는 생각을 할 때마다 끊임없이 죄책감을 느꼈다.

상상이 만든 예기불안의 또 다른 전형적인 시작은 다음과 같다. 실제 아무 일도 없었지만 끔찍한 일이 벌어졌을 수도 있었다는 점을 깨달으면서 예기불안이 생기는 방식이다.

힐다는 필요할 때마다 식료품 배달과 자동차 점검 서비스를 이용하면서 독립적으로 살고 있는 89세 여성이다. 그는 스스로 요리를 하고 재정적인 투자를 하거나 필요할 때마다 최소한의 의료적 도움을 받는 등 자기 일을 혼자 잘 해낼 수 있다는 점을 자랑스러워한다. 그러나 최근 그는 욕실 깔개에 걸려 넘어지는 바람에 발목을 삐었다. 딸에게 전화를 걸기는 했지만 구급차를 부를 만큼 부상이 크지는 않았다. 그래서 남의 도움 없이 걸을 수 있을 때까지 혼자 지팡이를 짚고 집 주변을 절뚝거리며 다녔다. 그는 자신이 심각한 부상을 입을 뻔했다는 생각을 멈출 수가 없었고, 낙상 사고를 굉장히 두려워했다. 가구와 벽을 꽉 붙잡고 다니며 외출할 때마다 불안해하고, 스스로 안전하고 실용적이라고 생각하는 신발 한 켤레만 신는다. 부상이 비교적 가벼웠음에도 불구하고 혼자 외출하는 일에 대한 그의 태도는 이제 완전히 바뀌었다. 이러한 예기불안은 그가 자신을 늙고 연약하고 곤란한 상태에 있다고 느끼게 만들었다. '만약에?'라는 생각으로 인해 그는 과도하게 불안해하며 더 큰 사고가 다시 일어날 것을 경계하게 되었다.

기억이 만든 예기불안

기억이 만든 예기불안은 예전에 경험한 공황발작, 극심한 고통을 회상할 때 발생하는 조건화된 불안 반응이다. 이는 상상의 산물이 아닌 실제 있었던 생생한 과거 경험을 떠올리면서 일어난다. 이전에 어떤 상황에서 큰 고통을 경험했다면, 그 상황은 불안한 감정과 자동적으로 서로 연합되고 연결될 수 있다. 이것이 바로 조건반사인데 이런 유형의 예기불안은 무의식적으로 일어난다. 예를 들어, 당신이 엘리베이터에서 공황발작을 겪었다면 몇 년 전 일이라 할지라도 그 기억이 매우 생생할 수 있다. 그래서 매번 엘리베이터를 타려고 할 때마다 불안함을 느낄 수 있다. 그렇게 되면 마치 모든 엘리베이터가 위험하고 예전과 같은 강렬한 불안을 느낄 것 같다는 생각에 움츠러든다. 그리고 엘리베이터를 타야 하는 상황에 다시 놓이는 것을 주저한다. 별일 없이 여러 번 엘리베이터를 타고 난 이후에도 이런 모습은 한참 동안 없어지지 않고 지속될 수 있다. 기억이 만든 예기불안은 과거 사건과의 관련성을 스스로가 의식적으로 인식하지 못한 경우라 할지라도 신체적 불안 징후로 나타날 수 있다.

비슷한 예로, 어린 시절 학교에서 독서 감상문을 발표하다가 친구들 앞에서 얼어붙은 경험이 있다면, 성인이 된 이후에도 그 경험의 잔상이 남아 있을 수 있다. 또한 그 잔상은 여러 사람의 주목을 받거나 실적을 평가받아야 하는 경우 같이 어떤 상황으로도 번져나갈 수 있다. 미팅에서 목소리를 높여 말하는 상상만으로도 수십 년 전 경험했던 수치심과 고통의 기억이 되살아날 수 있다. 이런 유형의 예기불안은 공황장애와 모든 유형의 공포증, 그리고 사회불안과 수행불안에서 흔하게 나타난다.

기억이 만든 예기불안이 일상에서 나타나는 모습

다음에 등장하는 기억이 만든 예기불안 사례에서는 공황발작을 겪었던 장소에 되돌아갈지를 고심하는 행동이 오히려 두려움을 키운다.

마이라는 젊고 독립적인 엔지니어인데, 운전을 해서 다리를 건너다가 공황발작을 겪을까 봐 두려움을 느낀다. 그는 2년 전에 다리 건너편에 사는 친구를 만나러 가던 중, 심장이 빠르게 뛰고 감각이 멍하며 가슴이 조여오는 것을 느꼈다. 피곤해서 그런 것이라고 스스로에게 말하며 계속 운전했지만, 다리 위에 다다르자 길옆으로 빠져나갈 수 없다는 사실을 갑자기 깨달으면서 제대로 된 공황발작을 처음 경험했다. 그 이후로 그는 줄곧 겁에 질려 있다. 그동안에 공황발작을 다시 경험하지는 않았지만 그때 이후로는 다리를 건너가지 않았기 때문에, 다시 다리에 가면 예전과 똑같은 경험을 하지 않는다는 확신이 없었다. 지금 그는 친구에게 또 만나러 가겠다고 약속한 상태지만 잠을 제대로 자지 못해 애를 먹고 있다. 자신이 다리 한쪽에 차를 세우고 차량들을 막은 채 미치광이처럼 과호흡을 뱉어내는 당혹스러운 장면을 계속 상상한다. 그러면서 친구를 만나러 가는 일을 피할 만한 또 다른 핑계를 생각한다.

불쾌한 경험을 한 기억이 몸이 이에 반응한 기억과 짝을 이루면 기억이 만든 예기불안을 불러올 수 있다. 다음 사례에서는 '배부른' 느낌이 바로 촉발 요인, 즉 트리거_{trigger}[•] 다. 그러나 기억이 만든 예기 불안 유형에는 신체적 감각뿐 아니라 시각, 청각, 후각, 미각과 관계 있는 경우도 있다.

산티는 어렸을 때 식중독에 걸린 이후로 구토하는 일을 걱정했다. 식중독 이후로 그는 교실에서 토할 수도 있다는 두려움 때문에 때때로 등교를 거부했다. 성인이 되어서는 동네 밖으로 차를 타고 나가야 할 때마다 절대 배부르다고 느낄 만큼 먹지 않았다. 이는 그가 위의 배부른 느낌을 구토와 연결시키기 때문이다. 그래서 운전을 해달라는 부탁을 받았을 때 식사를 많이 했거나 배가 부른 상태면 그런 느낌이 사라질 때까지 기다리곤 했다.

궁지에 몰린 것 같거나 남에게 평가당할 수 있는 모든 상황을 두려워하고 아예 피하는 사람들의 사례처럼, 예기불안은 어떤 특정한 상황에 대한 불안이 그와 유사한 상황 전반에 대한 보편적 불안으로 확대된다. 하지만 반대로 어떤 사람들은 꽤 특정한 상황에서 예

[•] 자신의 의지와 상관없이 과거의 트라우마 경험을 떠올리고 다시 경험하게 만드는 자극을 뜻한다. 사물, 사람, 냄새, 감정, 기억 등 다양한 요소들이 촉발 요인으로 작용할 수 있다.

기불안을 느끼기도 한다. 다음 사례에서 초등학생인 에이미는 일부 사교 행사들은 즐기지만 다른 행사들을 앞두고는 예기불안을 겪는 모습을 보인다.

에이미는 파티나 사교 모임에 참석하려고 할 때마다 예기불안에 시달리는 열 살 소녀다. 흥미롭게도 에이미는 매일 학교 가기를 기다리고 한두 명의 친구들과 만나서 노는 것을 좋아한다. 그러나 여러 사람이 있는 집에 들어가야 할 때는 차에서 내리지 않으려 하고, 생일파티가 있기 직전에는 종종 '복통'을 호소한다. 아버지는 이것이 작년에 있었던 어떤 생일파티에서 에이미가 한 여자아이의 오빠에게 놀림을 받은 후부터 시작된 일이라고 생각한다. 그는 매번 모임에 가기 위해 떠나야 할 시간이 다가올 때마다 짜증이 많아지고 언짢아한다. 그리고 어떤 때는 함께 온 사람들과 같이 벨을 누르고 집에 들어가는 대신 대문 앞에서 얼어붙기도 한다. 그는 무엇이 자신을 괴롭히는지 설명하지 못한다. 여러 사람이 모인 자리를 회피하는 모습은 그가 가족들과 함께 있는지 여부와 상관없이 나타난다.

에이미처럼 예기불안을 겪는다고 말로 표현하지 못하고 행동으로 드러내는 아이들이 많다. 에이미의 경우, 상상에 기반한 걱정이 힘들었던 경험에 대한 기억과 결합해 두려움을 느꼈을 가능성이 크다. 이는 흔히 나타나는 조합이다.

트라우마 촉발 요인이 만든 예기불안은 과거에 굉장한 고통, 불안, 윤리적 외상moral injury*을 일으켰던 사건, 또는 그 사건을 상기시키는 일을 다시 마주하는 상상을 할 때 자동 반사적으로 나타난다. 이런 유형의 예기불안은 상상이 아닌 현실에 기반한 것으로 실제로 있었던 트라우마 경험 때문에 커진다. 그 대표적인 예는 수년 전 자신을 학대했던 가족 구성원을 마주치기가 두려워 가족 행사로 집에 가는 일에 극심한 불안을 느끼는 경우다. 심지어 대화나 인사를 나눌 필요가 없는 경우라 할지라도 상대방을 본다는 생각만으로 원치 않는 감정을 느낄 가능성이 높다.

트라우마 촉발 요인이 만든 예기불안이 일상에서 나타나는 모습

트라우마를 상기시키는 상황이나 사람을 마주할 것이라는 예측을 하면, 일상적인 불편감에서부터 강렬한 예기불안까지 나타날 수 있다. 다음 사례에서 엔조는 동창회에 '극도의 공포'를 느낀다. 트라

스스로의 가치관 혹은 신념에 반하는 행위나 행동을 목격하거나, 막지 못하거나, 직접 그런 행위나 행동에 가담하는 경우 나타난다. 가령 의료진이 시간과 자원 등이 제한적이라 타인의 생존에 영향을 줄 수 있는 결정을 내려 일부 환자만 치료하고 나머지 환자들을 포기해야 하는 경우가 있다. 윤리적 외상의 결과로 사람들은 죄책감과 수치심, 분노 등을 경험한다.

우마의 기억들이 그의 예기불안을 증폭시켰다.

엔조는 보스턴의 가난한 지역에서 자라면서 극도로 잔인한 선생님들이 있는 학교에 다녔다. 엔조는 8학년 때 유독 고약했던 한 선생님에게 반복적으로 굴욕을 당했던 일과 일 년 내내 자신을 따라 다녔던 두려움과 수치심을 생생히 기억하고 있다. 25회 동창회 초대장을 받았을 때, 그는 예기불안이 치솟는 것을 느꼈지만 참석하기로 결심했고, 일찍 자리를 뜨는 것을 포함해 여러 가지 탈출 계획을 짰다. 동창회 전에 술을 한두 잔 마셔 '용기를 북돋기'로 결정했고, 생각만 해도 기분 나쁜 예전 그 선생님을 만나면 갑자기 자리를 뜰지도 모른다고 아내에게 확실히 일러두었다. 최근 그는 정체불명의 사람에게 괴롭힘을 당하고 질책 당하는 악몽을 꾸곤 한다.

불안 민감성: 불안한 감정에 겁을 먹다

앞에서 살펴본 바와 같이 과도한 상상은 불안을 창조하는 강력한 힘이 된다. 특히 주변에 아무도 없이 괴로움을 불러올 파국적 결과가 일어날 것이라는 데 초점을 맞춰 상상하면 더욱 그렇다. 특히 자신이 불안한 감정에 악영향을 많이 받고 그런 감정을 다루는 능력이 부족하며 비상 상황에는 '무너져 내릴 것'이라고 예상하는 사람들에게서 상상력은 강력한 힘을 발휘한다.

불안 민감성anxiety sensitivity은 불안이나 고통에 대한 전반적인 두려움이다. 이는 신체적 각성감이나 불안이라는 심리적 경험에 대응할 때 자신이 무능력하다고 믿는 데서 유래한다. 그래서 불안 민감성은 당신이 마주한 어떤 상황에 매우 무기력한 방식으로 접근하게 만든다. 이런 경우 심각한 열등감이나 할 수 없다는 생각에 빠지기도 한다. 그 결과 당신은 불안과 고통을 두려워한다. 이러한 유형의 예기불안은 흔히 새롭고 흥분되거나 특별한 도전이 있는 상황에서 나타난다.

　다른 사람들도 같은 상황에서 불안을 경험할 수 있지만 한 가지 큰 차이가 있다. 당신은 그 상황 자체를 두려워할 뿐 아니라, 그 상황에서 자신이 느낄 것으로 예측되는 불안한 감정에도 겁을 먹는다. 이러한 불안 민감성은 '만약 내가 견디지 못하면?' 또는 '만약 불안이 나를 압도해서 제대로 헤쳐 나가거나 역할을 하지 못하면?'과 같은 형태로 다가온다. 이런 불안 민감성에 빠진 사람들은 과거에 성공적으로 새로운 상황을 처리했던 일이나 회복탄력성을 보였던 일에는 주의를 기울이지 않고, 얼버무리고 무가치한 일로 치부한다.

불안 민감성이 만든 예기불안이 일상에서 나타나는 모습

　다음 사례에서 니아는 두려움을 느끼는 것을 두려워하며, 불안한 상태에서는 그 스스로를 잘 돌보지 못할 것이라고 확신해 밤에 혼자 있을 수 없다고 믿고 있다.

남편이 집을 비운다는 사실을 알게 되면, 그 즉시 니아는 혼자 있다가 무슨 일이 일어나 도움이 필요할 경우를 대비해 '대기할' 친구 한 명과 '그 친구를 대체하기 위해 대기할' 또 다른 친구를 찾기 시작한다. 그는 샤워 중에 넘어지거나, 아프거나, 밖에서 이상한 소리가 들리거나, 아니면 전기가 나가는 경우를 상상한다. 그리고 집에 있는 내내 휴대전화를 들고 다니면서 스스로를 안심시킨다. 고령자를 위한 목에 두르는 의료경보시스템에 가입할까 생각하기도 했지만, 니아는 서른아홉 살로 의학적 질환도 없는 데다 남편도 이런 고민을 하는 그에게 비판적인 태도를 보여 당황했다.

다음에 등장하는 불안 민감성에 기반한 예기불안의 또 다른 사례에서 나탈리아는 공황장애와 사회불안으로 인해 자신의 양육 능력을 의심한다. 또한 그는 공황발작, 수치스러운 경험, 견디기 힘든 불안을 두려워하며 자신이 이에 대처할 수 없다고 생각한다. 그래서 상황을 회피해보지만 오히려 죄책감을 느끼고 자신이 양육을 제대로 하고 있는지 의문이 든다. 여기에 덧붙여 스스로에 대한 회의감과 불안정감이라는 근본적인 문제 때문에 자신이 주어진 일들을 처리하는 능력이 부족할 것이라고 여긴다.

나탈리아에게는 일곱 살 딸이 있다. 그와 남편은 벨라루스에서 이민을 왔으며 그는 벨라루스 억양을 띤 유창한 영어를 구사한다. 딸이 학교에 가기 시작하면서 나탈리아는 학급 친구 엄마들과 접촉하기가 두려웠다. 그녀는 천성적으로 수줍은 데다 공황장애를 겪고 있는 사실을 숨기고 싶었다. 사회불안과 외국어 억양에 대한 쑥스러움, 공황에 대한 공포가 조합되어 나탈리아는 딸 친구 부모들과의 연락을 모두 피했다. 그 결과, 딸은 또래들과 교류할 기회를 놓쳤고, 왜 반에서 자신만 놀이 약속이 없는지 계속해서 묻는다.

니아와 나탈리아는 공통적으로 불안 민감성, 즉 불안 자체를 두려워하는 특징이 있다. 그들은 불안의 심리적 경험뿐 아니라 공황발작이나 심한 불안으로 일어나는 신체적 징후들 역시 두려워한다. 앞으로 3장에서는 불안 민감성에 대해 더 자세히 살펴볼 것이다.

✔ 유용한 사실

불안 민감성은 예기불안의 강력한 원천이 될 수 있다.

기분 상태가 만든 예기불안

마지막으로 기분 상태가 만든 예기불안은 임상적인 우울증, 질병, 그 밖의 생리적으로 유발된 기분을 경험하는 동안 나타날 수 있다. 예를 들어, 산후 기간 동안 호르몬 변화와 수면 부족으로 평소답지 않게 사람들을 만나는 일에 예기불안을 느낄 수 있다. 또한 우울증 때문에 모든 일에 의욕을 상실하면, 평소에는 고대하던 활동을 하기가 두려워지거나 예기불안이 생길 수 있다. 심리적으로 위축되거나, 정신이 멍하거나, 평소만큼 해낼 수 없거나, 집중이 안 되고 아무 일도 즐겁지 않을 때는, 자연스럽게 자신의 의무나 타인과의 교류, 평소에 소중히 여기던 활동들에 대해서까지 예기불안을 느낀다. 이때 근본적인 상태를 치료하면 평상시의 자신감을 회복하는데, 그러면 이런 유형의 예기불안은 자연스럽게 사라진다.

기분 상태가 만든 예기불안이 일상에서 나타나는 모습

간헐적으로 나타나던 우울 증상이 심해져 우울한 기분에 완전히 잠식당하면 편안하고 자신감 있던 사람들도 모든 일을 감당하기 힘들어하고 무력감을 호소하기 쉽다. 다음은 기분 상태가 만든 예기불안의 사례다. 케빈은 치료가 필요한 임상적 우울증 때문에 심리적으로 위축되고 '스스로가 제 정신이 아니'라고 느끼고 있다.

케빈은 재발성 우울장애를 겪고 있다. 나쁘지 않은 상태일 때는 직장에서 주요 직책을 맡을 정도로 인기 있고 사교적이다. 그리고 스트레스 상황에서도 대부분의 사람들보다 침착함을 잘 유지하는 편이다. 그래서 아내만이 그의 정신건강 문제를 알고 있다. 최근 그는 기존에 먹던 항우울제가 잘 듣지 않아 약을 바꾸었다. 나른함을 느끼고, 집중하기 어려우며, 잠을 잘못 자고, 체중이 줄어들고 있기 때문이다. 그는 코로나 바이러스가 유행하기 시작한 이후로 줄곧 이렇게 무력감과 자신에 대한 무가치감을 느끼며 가까스로 재택근무를 하는 중이다. 하지만 이제 다시 사무실에 출근해야 할 때가 올 것이고, 그는 이 사실이 두렵다. '내가 이러면 무슨 문제가 있다는 것을 모두가 알거야. 그렇지만 이 이상의 업무 배정을 감당할 수 없을 것 같아. 한없이 움츠러드는 것 같고 제대로 된 역할을 못하고 있는 것 같아.' 사무실에 돌아가야 하는 날짜가 정해져 있는 것도 아니고, 새로운 약이 도움이 될 것이라고 믿을 만한 충분한 이유가 있는데도 그의 예기불안은 계속 심해졌다. 결국 그는 정신건강이 아닌 편두통을 이유로 병가를 낼까 고민하고 있다.

✔ 유용한 사실
예기불안은 상상, 기억, 트라우마 촉발 요인에 대한 예측, 불안 민감성, 기분 상태 때문에 나타날 수 있다.

위에서 제시한 사례들은 예기불안의 전체 범위를 다 보여주지는 못한다. 그러나 우리는 예기불안이 어떤 상황에서 어떻게 회피 행동으로 나타나는지에 대한 감을 얻을 수 있다.

지금까지 우리는 불안을 경험하는 거의 모든 사람들이 동시에 경험하는 예기불안이라는 현상을 소개하고, 이것이 불안의 경험 가운데서 독립적인 요소라는 점을 서술했다. 그리고 예기불안 때문에 자신의 불안한 감정을 좋지 않은 일이 닥칠 조짐이라고 잘못 믿는 점도 설명했다. 예기불안이 얼마나 흔히 나타나는 현상인지 그 추정치를 제시했으며, 예기불안이 일생을 통해 연령별로 어떻게 드러나는지, 그리고 그것이 흔히 표현되는 방식들도 소개했다. 더불어 망설임이 어떻게 예기불안을 지속시키고 악화시키는지도 살펴보았으며, 예기불안이 실생활에서 나타나는 모습도 탐색했다. 이런 내용을 토대로 자신이 언제 어떠한 예기불안을 느끼는지 찾아내다 보면, 회피 행동이 오히려 불안을 유지시킨다는 것도 어렴풋이 알 수 있다. (회피와 예기불안의 관계는 앞으로 더 자세히 설명할 것이다.) 예기불안과 회피 등의 현상이 삶에서 어떻게 작동하는지 알아보면서, 당신은 자신이 원하는 삶을 살지 못하게 가로막는 장애물을 극복할 준비를 갖추게 될 것이다.

2

만성적인 망설임

이러지도 저러지도 못하다

만성적인 망설임이란 어떤 선택을 해야 할 때마다 이러지도 저러지도 못한 채 앞으로 나아가지 못하는 것을 말한다. 이는 결혼을 하거나 주택을 구입하는 일처럼 크고 중요한 선택을 할 때 나타날 수 있다. 뿐만 아니라 어떤 영화를 보고 어떤 시리얼을 살 것인지 고르는 일처럼 별 의미 없는 사소한 선택과 관련해서도 주기적으로 나타날 수 있다.

만성적인 망설임은 불안과 고민으로 인해 의식적이거나 무의식적으로 결정을 회피하는 습관이다. 사람들이 이렇게 만성적으로 망설이는 데는 예기불안이 큰 영향을 미치는 경우가 많다. 또한 1장에서 말한 것처럼 결정을 내리지 못하고 망설이는 행동은 다시 예기불안이 더 심해지는 악순환을 불러온다. 따라서 일을 미루는 사람들과 완벽주의자들, 강박장애를 지닌 사람들은 만성적인 망설임에서 벗어나지 못하는 경우가 흔하다. 이번 장에서는 만성적인 망설임의 다양한 형태를 살펴볼 것이다.

다음은 만성적인 망설임이 실생활에서 어떤 모습으로 나타나는 지를 보여주는 사례다.

캐롤은 무언가를 결정하는 데 지속적인 어려움을 겪고 있다. 온수기가 고장 났을 때 그는 어떤 종류의 새 온수기를 사야 할지 결정할 수 없었다. 오븐이 고장 났을 때는 쿡탑과 오븐이 분리된 것을 사야 할지 아니면 일체형 오븐 레인지를 사야 할지 결정할 수 없었다. 결국 그는 몇 달 동안 오븐도 온수도 없이 지내야 했다. 또한 캐롤은 아이들에게 줄 '딱 알맞은' 생일 선물을 찾는 데 많은 시간을 보내는데도 불구하고 결정을 못해 선물을 못사는 일이 많았다. 그는 모임이 있을 때마다 어떤 옷을 입어야 할지 확신이 서지 않아 고민하다가 자주 모임에 늦곤 했다. 또 그는 새로운 아파트로 이사 가고 싶어 했지만 대대적인 아파트 물색에도 불구하고 알맞은 아파트를 찾지 못했다. 그러는 동안 네 명인 그의 가족은 더 큰 집에 살 형편이 되는데도 불구하고 방 두 개짜리 작은 집에 살아야만 했다. 캐롤은 망설이다가 놓친 수많은 기회들을 뒤늦게 후회하며 곰곰이 곱씹곤 했지만 악순환을 깨뜨리기는 쉽지 않았다. 캐롤은 만성적인 망설임을 겪고 있었다.

당신은 캐롤과 비슷한 경험을 해본 적이 있는가? 만약 캐롤처럼 만성적인 망설임에 시달리고 있다면 어떤 것이 '옳은' 결정인지 확신이 들지 않을 때, 그런 의심의 감정에 주의를 너무 많이 기울이는 편일 수 있다. 아니면 어떤 결정을 내린다 해도 잘못된 길에 이르거나, 끔찍한 결과를 겪거나, 후회할 수 있다는 파국적인 생각을 하는 편일지도 모른다. 그런 생각을 하다 보면 이러지도 저러지도 못하는 상태가 되어 능장을 부리고, 잊어버리고, 회피한다. 만성적인 망설임은 강박장애, 범불안장애, 우울증을 겪는 사람들에게서 흔히 나타난다. 이는 결정을 내리지 못하는 일종의 습관이자 세상을 살아가는 방식이라고 할 수 있다. 예기불안의 경우처럼 만성적인 망설임도 미래에 대한 너무 많은 생각과 상상이 중요한 원인이다. 그리고 이는 행동을 마비시킨다. 하지만 만성적인 망설임은 예기불안처럼 상당한 불안을 동반하는 경우도 있는 반면 표면화되고 의식적인 불안을 거의 또는 전혀 동반하지 않을 때도 있다.

✔ 유용한 사실

만성적인 망설임은 반복적으로 이러지도 저러지도 못하는 상태에 빠져 결정을 회피하는 성향을 가리킨다.

결정 미루기는 성격이 아닌 태도다

우리는 흔히 삶의 다양한 시점에서 크고 작은 결정을 회피할 때가 있다. 이러지도 저러지도 못하면서 일시적으로 결정하지 못하는 사람을 본 적이 있을 것이다. 그리고 거의 모든 사람들이 예전에 무언가를 결정하는 데 애를 먹었던 경우가 있을 것이다. 그만큼 망설임은 지극히 정상적인 일이다. 때로는 충분한 확신이 들지 않기도 하고, 결정을 내리기 위해 필요한 정보가 없어 잠시 생각을 미루는 경우도 있다. 따라서 선택해야 할 때 이러지도 저러지도 못한다고 해서 모두 만성적인 망설임이라고 할 수는 없다. 가끔 결정을 망설이더라도 만성화되지 않는 사람들은 어느 순간 망설임에서 빠져나와 어떻게든 삶을 꾸려나간다는 차이가 있다. 이에 반해 만성적인 망설임을 겪는 사람들은 결정하지 못하고 이러지도 저러지도 못하는 성향을 지속적으로 보인다. 즉 선택을 못하는 것이 자신의 일반적인 태도와 방식으로 굳어진 경우다.

　만성적인 망설임을 보이는 사람들 가운데 일부는 모든 영역에 걸쳐 전반적으로 결정을 못한다. 반면 또 다른 일부는 생활의 어떤 측면에서는 선택을 하는 데 어려움을 겪지 않지만, 다른 부분에서는 만성적인 망설임 때문에 결단력이 마비된다. 예를 들어, 직장에서는 적극적이고 결단력이 있지만 연애 문제에서는 소극적이며 선택을 잘 못하는 모습을 보일 수 있다. 아니면 일상생활에서는 자신감 있는 부모의 모습을 보이지만, 미용실을 고르는 일이나 휴가 장소를 정하는 일은 굉장히 어려워할 수 있다.

만성적인 망설임은 질병으로 진단되는 범주가 아니며 이 문제에 대한 타당성을 갖춘 조사도 아직 부족하다. 따라서 얼마나 많은 사람들이 이런 문제를 경험하는지 정확한 통계치를 말할 수는 없다. 하지만 만성적인 망설임을 '그냥 성격'이라고 생각하기 때문에 자신에게 낙담하면서도 도움을 구할 생각을 못하는 사람들이 꽤 많은 것 같다. 이는 지극히 아쉬운 부분이다. 왜냐하면 이런 문제들을 다루는 효과적인 방법들이 충분히 있기 때문이다. 게다가 이런 식으로 결단력이 마비되는 증상은 불안, 강박장애, 우울증 같은 또 다른 문제들의 한 양상일 수 있는데, 이런 문제들 역시 효과적으로 치료할 수 있다. 따라서 만성적인 망설임은 성격 특성이 아니라 개선될 수 있는 행동 문제라고 보는 것이 더 타당하다. 그리고 다음에서 논하듯이, 문제의 구체적인 양상 역시 사람마다 모두 다르게 나타난다.

✔ 유용한 사실
만성적인 망설임은 성격 특성이 아닌 바뀔 수 있는 행동 문제다.

결정을 회피하는 네 가지 방식

만성적인 망설임을 보이는 사람들은 각자가 특히 민감해하는 부분이 있다. 그리고 결정을 회피하는 개인적인 패턴을 보이는 경우가 많다. 다음은 결정을 회피할 때 나타나기 쉬운 네 가지 패턴이다. 망설임이 만성화된 사람들은 선택하기를 회피하려고 특정한 방식을 주로 사용하는데, 다음을 읽으면서 스스로가 어떤 방식으로 만성적 망설임을 보이고 결정을 회피하는지 주의를 기울여보기 바란다.

미루기와 지체하기

여기에서 '미루기'는 자신이 무엇을 해야 할지 알면서도 단지 필요한 순간에 이를 실행하기로 결정하지 못하는 것을 뜻한다. 반면, '지체하기'는 결정을 거부하는 것에 좀 더 가깝다. 미루기의 예부터 살펴보자.

아사드는 특정 날짜까지 온라인으로 대학지원서를 제출해야 했다. 그리고 그는 자신이 가장 가고 싶은 학교에 합격하기를 간절히 바라고 있었다. 아사드는 열렬한 사이클링 주자이기도 해서, 사이클링 시즌이 끝나자마자 원서 제출을 시작하기로 계획했다. 하지만 원서 제출을 할 때가 되었을 때도 그는 인터넷에 접속할 때마다 어느새 사이클링 잡지 사이트를 정독하거나, 자전거에 필요한 새로운 장비를 체크하거나, 최첨단 사이클링 장치가 가져올 즐거움을 상상했다. 또한 그는 게임광이기도 했는데, 마감이 다가오고 있다는 압박을 느낄 때마다 공교롭게도 제일 좋아하는 게임의 새로운 버전이 출시되었다는 소식을 알게 되었다. 그는 게임을 멈출 수가 없었다. 결국 원서 마감 전날 밤의 마지막 순간에 부모님이 게임기 플러그를 뽑아버리고 나서야 간신히 원서 작성을 끝마칠 수 있었다. 그는 시험을 앞두고 밤을 새워 벼락치기를 하는 다른 많은 학생들과 같은 패턴을 보였다.

한편, 다음의 지체하기 사례에서 타파니는 결정하기를 거부하고 있다.

타파니는 토스트마스터즈Toastmasters* 클럽의 열정적인 멤버로 판매 기술을 연마하기 위한 모임에 참가하곤 했다. 여러 해가 지나서야 그는 클럽 활동 인증서를 받기로 결심했다. 인증서를 취득하기 위해서는 6개월 사이에 열두 번의 짧은 강의를 해야 했다. 하지만 그는 첫 다섯 달 동안 어떤 주제도 선택하지 못하고, 날짜도 정하지 못하는 등 발표 준비를 전혀 하지 않았다. 마침내 그는 마지막 3주 동안 열두 번의 짧은 강의를 몰아서 끝마쳤다. 이런 식으로 일이 지체되는 것은 그의 인생에서 계속되는 패턴이었다. 그는 두 곳에서 일자리 제의를 받았지만 너무 오래 결정을 지체하다가 양쪽 기회를 모두 잃었다. 승진 후보로 고려되었을 때에도 그는 스스로에 대한 평점을 어떻게 주면 좋을지 결정하지 못해 본인의 업무 수행에 대한 검토서를 늦게 제출했고 결국 기회를 놓치고 말았다.

* 대중연설을 연습하고 리더십을 기르는 모임.

적극적인 책임 회피(손바닥으로 하늘 가리기)

책임 회피는 어떤 결정에서 내키지 않는 부분이 있을 때 그것이 어떤 것이든 기피하고 마치 결정할 일이 없는 것처럼 구는 태도다.

아프로디테는 작은 사업체를 운영하는 성공한 여성 사업가이자 친척들 가운데서 첫 번째로 사업가가 된 사람이다. 그와 가족들 사이에는 몇 년 동안이나 언쟁이 끊이지 않았다. 여동생과 재정문제로 말다툼을 할 때면, 그는 동생이 화가 나서 보낸 이메일을 무시했고 전화나 문자에도 답하지 않았다. 어느 날 그는 어떤 변호사로부터 이메일을 받았다. 그 변호사는 여동생이 자신을 고용했으며 아프로디테도 변호사를 고용해야 할 것이라고 말했다. 하지만 아프로디테는 아무런 응답을 하지 않았다. 결국 치료사에게 상담을 받을 때, 그는 이 갈등과 관련해서 열어보지 않은 이메일이 200통이 넘는다고 고백했다. 그는 여동생의 요구를 받아들여야 할지 아니면 자신의 주장을 고수해야 할지 결정할 수 없었다. 그래서 그는 그 모든 것을 회피했다.

망각

망각은 때때로 '편리한 망각'이라고 불리기도 한다. 이는 회피의 한 방식으로 자신도 모르는 사이에 일어난다. 어떤 패턴이 나타날 때까지 망각은 마치 우연처럼 보일 수 있다.

매튜의 아내는 그가 마리화나를 피워서 걱정이지만, 정작 매튜는 마리화나를 끊고 싶은지 아닌지 양면적인 태도를 보인다. 어떤 때 그는 마리화나를 줄이거나 심지어 끊으려고 하지만 어떤 때는 그렇지 않다. 예를 들어, 그는 이 문제를 해결하기 위해 치료를 받기로 했지만 계속해서 치료 약속을 지키지 못했다. 휴대전화 달력에 예약 정보를 저장했지만 정작 하루를 시작할 때 휴대전화를 확인하는 일을 잊어버리기 때문이었다. 그러고 나서 그는 약속 시간을 놓친 지 몇 시간 후에 '잊어버렸다'는 것을 깨닫는다. 또한 그는 치료사가 내준 숙제를 하기로 한 약속을 기억하지 못한다. 그 약속은 머릿속에서 바로 날아갔다. 그는 한 달 동안 마리화나를 피우지 않고 지내보겠다고 결심하지만, 이내 자신과 한 약속을 잊어버리고 마리화나를 피우고 만다.

면책조항을 두는 조건으로 결정하기

환불할 수 있고, 교환 가능하고, 되돌릴 수 있고, 다시 할 수 있는 선택은 모든 결정을 잠정적으로 받아들이게 한다. 그 결과 진정한 의미의 결정을 내리지 못하고 끝없이 고민한다.

캐런은 2년 동안이나 완벽한 손목시계를 찾고 있는 중이다. 그는 손목시계를 사고 환불하기를 반복하며 전액 환불이 가능한 손목시계만 산다. 한 시계는 색깔이 너무 요란했고, 하나는 너무 밋밋했고, 하나는 사람들에게 너무 으스대는 것 같았고, 하나는 너무 평범해서 아무도 관심을 기울이지 않을 것 같았다. 어떤 때는 이 세상에 굶주리는 사람들도 있는데 자신이 손목시계를 산다는 것이 문제라고 생각할 때도 있었다. 때로는 너무 충동적으로 구입한 것 같은 느낌 때문에 도로 가져가 반품을 하기도 했다. 또 어떤 때는 특정한 시계를 하루에도 몇 번씩 인터넷으로 살펴보면서 고민만 하고 절대 주문은 안 한다. 그러다 어느 순간 그는 다들 휴대전화를 들고 다니니 손목시계는 한물간 물건이라고 생각했다. 그렇지만 그 후 마음을 또 바꾸었다. 그는 아직도 손목시계를 찾아보고 있다.

✔ 유용한 사실

미루기, 지체하기, 적극적인 책임 회피, 망각, 면책조항을 두는 조건으로 결정하기 등은 이러지도 저러지도 못하는 상태에 이르는 지름길이다.

위에 열거한 방법들을 사용하다 보면 앞으로도 뒤로도 나아가지 못하는 상태에 빠진다. 결정이나 선택을 하지 못하는 사람들은 위의 방법들 가운데 한 가지를 사용하거나 아니면 그중 몇 가지를 함께 조합해서 사용하기도 한다. 때로는 의식적으로, 때로는 고통 가운데 무의식적으로 불안을 회피하면서 말이다.

만성적인 망설임이 일상에서 나타나는 모습들

만성적인 망설임은 몇 가지 서로 다른 문제에서 일어날 수 있다. 어떤 만성적인 망설임은 예기불안에서 직접적으로 유래된다. 예기불안이 있는 경우에는 파국적인 결과와 미래에 대한 무시무시한 이야기들을 상상하는데 상상 속에 나타난 실패, 상실, 당혹감, 고통이 실제 일어나는 것을 막기 위해 애쓰다 '얼어붙은' 또는 '이러지도 저러지도 못하는' 느낌을 받을 수 있다.

다음에서 만성적인 망설임의 밑바닥에 있는 여섯 가지 유형의 문제들과 사람들에게 미치는 영향을 보여주는 실제 사례들을 함께 제시할 것이다. 그 여섯 가지에는 잠재적인 위험 피하기, '잘못된' 선택 피하기, 최고의 선택 시도하기(또는 지나친 분석으로 마비되기), '딱 알맞은' 선택 시도하기, 좋은 기회를 놓칠까 봐 느끼는 두려움, 그리고 마지막으로 망설임 정당화하기가 있다.

그렇지만 결정하지 못하고 이러지도 저러지도 못하는 상태로 있는 습관은 사실상 삶의 모든 측면에서 나타날 수 있다는 점을 기억해야 한다. 예를 들면 연하장을 고르는 일부터 배우자를 선택하는 일까지, 설문조사에 응답하는 일부터 대학의 전공을 결정하는 일까지, 앉을 자리를 고르는 일부터 다른 나라로 이주하는 일까지 말이다. 그러므로 다음에서 설명하는 것들이 문제의 완전한 목록이 아닌 일종의 표본이라는 점을 이해해야 한다. 또한 어떤 사람들은 망설임을 유발하는 몇 가지 서로 다른 방식을 한꺼번에 보인다는 점에도 주목해야 한다.

잠재적인 위험 피하기

예기불안으로 인한 만성적인 망설임 가운데 첫 번째 유형은 잠재적 위험을 피하려는 시도에서 비롯한다. 그 예로는 병원 진료 예약 시간을 지키지 못하는 경우나, 도전에 직면하고, 어떤 프로젝트를 맡아서 착수하고, 책임이 따르는 자리에 자원하기로 결심하지 못하는 경우 등이 있다. 당신이 바로 이런 경우라면, 결정 후에 계속해서 자신의 결정을 다시 생각하고 또 생각할 수 있다. 또한 약속을 하더라도 지키지 않고 빠져나갈 계획을 항상 마련해둘 가능성이 크다. 그 계획은 아마도 "일이 있기 직전에 나한테 문자를 주세요. 그럼 그때 할지 말지 생각해볼게요", "그럴 기분이 드는지 그때 가서 보면 알겠지", "내 마음이 바뀔 수도 있어" 같은 형식으로 나타날 것이다. 이런 유형의 만성적인 망설임은 친구나 가족들에게 극도의 좌절감을 줄 수 있다. 친구와 가족들은 제대로 약속을 받아내는 일이 드물고 막판 취소와 계획 변경에 대처해야 하는 경우가 잦다. 따라서 자기도 모르게 믿을 수 없고, 배려심이 없으며, 심지어 이기적이라고 평가받을 수 있다. 잠재적인 위험 피하기는 어떤 것이든지, 선택했을 때 유발되는 예기불안을 피하려는 노력과 관련된다.

잠재적인 위험 피하기가 일상에서 나타나는 모습

존재하는 모든 위험을 피할 수는 없다. 그리고 모든 위험을 피하려는 시도는 중요한 마감일을 놓치는 결과를 낳을 수 있다. 카밀라는 열일곱 살인 딸 페르난다에게 최고의 것들만 주고자 하는 싱글맘이다. 그러나 너무 망설인 탓에 의도치 않게 더 큰 위험을 불러들였다. 카밀라는 위험부담이 전혀 없는 결정을 추구하지만 사실 그런 결정은 존재하지 않는다.

페르난다가 열두 살이 되었을 때, 소아과의사는 여성암 가운데 한 가지 유형을 막아주는 백신 접종을 권했다. 가장 큰 효과를 보기 위해서는 열세 살이나 열네 살이 될 때까지는 맞아야 했다. 카밀라는 엄청난 양의 조사를 했고 백신에 긍정적, 부정적 측면이 모두 있다는 것을 알게 되었다. 그가 이렇게 하는 유일한 이유는 페르난다를 위험으로부터 보호하기 위함이었다. 하지만 그녀는 "위험보다 이득이 훨씬 더 크다"는 의사의 강력한 권고에도 불구하고 결정을 내릴 수가 없었다. 페르난다는 이제 열일곱 살이니 백신의 효력은 상당히 줄어들었을 것이다. 그런데도 카밀라는 여전히 딸에게 백신을 맞힐지 말지 고민이다.

'잘못된' 선택 피하기

예기불안으로 인한 만성적 망설임의 두 번째 유형은 '잘못된' 선택을 피하려는 노력과 밀접한 관련이 있다. 예를 들어 심한 후회를 하거나 탈출구가 없는 견디기 힘든 상황에 갇혀버리는 상상을 끊임없이 하면서 그런 상황을 불러올 수 있는 선택을 피하려는 경우를 말한다. 그것은 대학이나 배우자를 고르는 일처럼 중대한 선택일 수도 있고, 마음에 들지 않는 환불 불가능한 옷을 사는 일 같은 작은 선택일 수도 있다. 어쨌든 이 유형의 만성적 망설임은 실수를 피하려는 시도와 관련이 있다. 다음과 같은 예가 있다. 세상 무엇보다 아이를 갖고 싶어 하는 한 젊은 여성이 있는데, 그는 입양과 인공수정, 또는 이미 어린 자녀들이 있는 배우자를 만나는 일 가운데서 무엇이 좋은지 끊임없이 비교하곤 했다. 믿기 힘들겠지만 그의 이런 고민은 60대 중반에 이르러 마침내 그 가운데 어떤 일을 시도하기에 너무 늦었다는 것을 깨달을 때까지 지속되었다. 그의 이런 행동은 앞에서 소개했던 미루기의 예이기도 하다. 그리고 이는 6장에서 더 이야기할 것이다. 틀어진 계획과 파국적인 결과에 대한 활발한 상상이나 견딜 수 없는 후회를 할 것이라는 예측은 이런 유형의 망설임을 부채질한다.

'잘못된' 선택 피하기가 일상에서 나타나는 모습

어떤 사람들은 잘못된 선택을 할 수 있다는 생각 때문에 정상적인 반응이 마비될 만큼 큰 영향을 받기도 한다. 자신이 잘못된 선택을 하는 경우 잃을 수 있는 것들이 견디기 힘들 만큼 많다고 생각될 때는 문제를 통째로 회피해서 선택을 무기한 미루기도 한다. 다음 사례에서 알비타는 잘못된 결정을 내려 심각하게 후회하는 상상 때문에 완전히 얼어붙어 버렸다.

알비타는 남자친구와 8년째 동거 중이다. 알비타의 말에 따르면 처음에 둘은 서로에게 완벽한 짝인 듯 보였다. 하지만 함께 살자마자 남자친구는 변하기 시작했다. 그는 알비타와 거리를 두었고 말수가 줄었다. 상담을 받아 보려는 시도를 했지만 남자친구는 그런 노력을 무시했고, 알비타는 그때 처음으로 그와 헤어지는 것을 생각했다. 이런 일이 있었던 것이 거의 7년 전이었다.

현재 그들은 분리된 생활을 하고 있다. 각자 다른 방에서 자고, 식사도 거의 함께 하지 않는다. 남자친구가 여가 시간을 온통 비디오 게임을 하면서 보낼 때 알비타는 짜증이 난다. 알비타는 최근 건강관리에 상당히 신경을 쓰면서 규칙적으로 운동하고, 건강한 식단으로 먹고, 체중 감량을 했다. 반면 남자친구는 여전히 피자를 주문하고 소파에 앉아 하루 종일 TV만 보곤 한다. 그와 헤어질까 생각했지만 그럴 때마다, 그가 한 번도 자신을 비열하게 대한 적이 없는 괜찮은 사람이며, 믿음직하게 생계를 책임지는 사람이고 건강하게 지내려는 자신의 노력을 지지해준 사실이 떠올랐다.

알비타는 자신이 겪는 이런 갈등을 친구 두 명에게 털어놓았다. 한 명은 계속 그와 함께 지내야 한다고 했다. 그는 매력적인 사람이며 알비타의 소원대로 아이를 낳으면 듬직한 아버지가 될 사람이라는 생각이었다. 다른 한 친구는 알비타가 훨씬 더 좋은 사람을 만날 수 있으니 그를 차버리라고 했다. 알비타는 자신이 너무 많은 것을 바라는 것일까 생각하기도 한다. 어쩌면 남녀 관계가 그냥 다 이런 것이 아닐까 생각해보기도 한다. 다른 사람과 함께하며 진정한 친밀감을 느끼는 상상을 해보지만, 이 관계를 끝내는 것이 인생에서 가장 큰 실수가 될지도 모른다는 생각이 들자 두려웠다. 알비타는 아이를 갖는 면에서 생각하면, 그와의 관계에서 오래 지체하는 바람에 다른 누군가를 찾을 시간이 더욱 부족해졌다는 사실을 알고 있다.

다음은 여행이나 오락거리를 잘못 선택하지 않으려는 생각 때문에 만성적인 망설임을 보이는 한 남자의 사례다.

벤은 여행사나 호텔 직원이 아님에도 불구하고 티켓 구매와 관련해서 모르는 것이 없었다. 그는 항상 모든 가능한 여행 일정, 마일리지 프로그램, 오락 활동의 옵션 등을 광범위하게 연구한 끝에야 표를 구매했다. 또한 최상의 거래라고 판단되지 않으면 표를 구입하지 않았다. 제일 좋은 가격에 사는 것임을 확실히 하기 위해서 그는 쿠폰을 샅샅이 찾아보곤 했다. 또한 나중에 갈 수 없게 되거나 무언가 잘못될 경우를 대비해 환불 가능한 표만 구입했다. 그런 다음 그는 계속해서 날씨, 정치 상황, 온라인 후기, 갑자기 뜬 새로운 옵션이나 기회가 있는지, 느낌이 좋은지 나쁜지 등을 체크했다. 막판에 일정을 바꾸거나 취소하는 일은 빈번했다.

벤의 사례는 면책조항이 있는 결정을 내리는 사람의 특징을 살펴볼 수 있는 적확한 예다. 한편 만성적인 망설임을 겪는 사람들은 레스토랑에서 저녁 식사를 하는 일 같은 작은 일조차 힘든 시련으로 느끼는 경우가 흔하다. 다른 메뉴가 더 맛있을 수도 있는데 어떻게 여러 가지 가운데 하나를 쉽게 고를 수 있겠는가? 그러다 보니 항상 "다른 사람들이 먼저 주문하게 해주세요. 저는 아직 정하는 중이에요"라고 말해야 하는 난처한 지경에 이르기 일쑤다.

가브리엘라는 친구들과의 식사 자리에서 보통 무얼 먹을지 가장 늦게 결정하는 사람이라 그런 자리를 전혀 좋아하지 않았다. 그는 선택 가능성이 너무 많은 것처럼 느껴져 어쩔 줄을 몰랐고 자신이 어떤 음식을 가장 먹고 싶은지 전혀 확신이 없었다. 그러던 어느 날 그는 문제를 해결했다. 무엇을 먹고 싶은지 결정하는 대신, 의식적으로 결정을 회피하고 식사를 할 때마다 늘 같은 것을 주문하는 방법이었다. 늘 고르는 메뉴는 그녀가 그때그때 먹고 싶은 음식이 아니었지만, 이런 해결책은 결정해야만 하는 고통을 겪지 않도록 만들어주었다.

가브리엘라는 결정을 창의적이고 의식적인 방법으로 회피하고 있다. 불안을 방지하기 위해 다양성을 희생하고 있는 셈이다. 이는 '일을 쉽게 만들기 위해' 매일 같은 옷(카키색 바지와 흰 셔츠)을 입는 그의 동료와 매우 비슷했다.

최고의 선택 시도하기(지나친 분석으로 마비되기)

만성적인 망설임 가운데에는 예기불안의 영향을 조금 덜 받는 유형도 존재한다. 그중 한 가지 유형은 최고의 선택을 하려는 생각 때문에 일어난다. 이는 '지나친 분석으로 마비되기'라고도 불린다. 이런 유형의 망설임은 몇 가지 대안들 가운데 결정하는 일을 지나치게 어려워하는 경우이다.

이런 유형의 만성적인 망설임을 겪는 사람들은 계속해서 이렇게 할까 저렇게 할까 고민하지만, 선택지 가운데 그 어떤 것도 특별히 눈길을 끌 만큼 좋아 보이지 않는다는 문제를 겪는다. 그러다 보니 종종 끝도 없이 조사를 하고, 다른 사람들의 의견을 모으거나 쓸모없는 장단점 리스트를 만들기도 한다. 이는 최고의 선택을 하고 싶어서이며 완벽주의와도 관련이 있다. 완벽주의는 6장에서 다룬다.

최고의 선택 시도하기(지나친 분석으로 마비되기)가 일상에서 나타나는 모습

다음에 제시되는 만성적 망설임 사례에서 데이비드는 물건을 사든 안 사든 그리 큰 상관이 없다는 점을 거리낌 없이 인정한다. 그러면서도 그는 아주 단순한 구매조차 결정하지 못한다. 그에게는 최고의 선택을 해서 다른 선택을 했다면 좋았을 것이라고 생각하는 일이 벌어지지 않는 점이 중요하다.

데이비드는 몇 년째 계속 가정용 수족관을 사고 싶어 했다. 그는 19리터짜리를 사야 할지 190리터짜리를 사야 할지, 수직으로 세워진 것을 사야 할지 낮고 길쭉한 것을 사야 할지, 담수어를 사야 할지 해수어를 사야 할지, 살아 있는 자연 수초를 살지 인공 수초를 살지, 시작부터 비싼 초기 비용을 들일지 아니면 작게 시작해서 점점 발전시켜나갈지 결정할 수 없었다. 아직까지 그는 아무 것도 사지 못했는데, 다음과 같은 문제 때문이었다. 일단 물고기를 사면 살아 있는 생명체이기 때문에 후회해도 환불을 할 수가 없고 최선을 다해 물고기를 키우는 것밖에 다른 도리가 없다. 그러다 보면 물고기를 산 일을 후회할 수도 있다. 그는 가게에 들어갔다 나왔다 하기도 하고 여러 인터넷 사이트를 돌아다니기도 한다. 아직 그런 일이 일어나지는 않았지만, 그는 정말 사야 할 물고기라면 딱 보고 알 수 있을 것이라고 믿는다. 그러는 한편 그는 스스로에게 사실 어찌되든 상관없는 일이라고 말한다. 그의 아내는 이런 이야기에 진저리를 친다. 데이비드에게 최고의 선택을 하려는 욕심은 어떤 선택도 하지 않는 결과만 불러온다.

만성적인 망설임의 많은 형태가 무언가를 해보고자 하는 생각으로 이루어진다. 교회에서 자원봉사를 해볼까 생각했지만 실제로 한 적은 전혀 없는가? 수업에서 옆자리에 앉는 사람에게 데이트 신청을 할까 생각한 적이 있는가? 이웃에게 함께 산책하겠냐고 물어볼까 생각한 적이 있는가? 월급을 올려달라고 요구할 생각을 해본 적 있는가?

어떤 것을 해볼까 생각하는 일에는 때때로 그 일을 자세히 알아보고 다른 사람들과 이야기 나누는 일도 포함될 수 있다. 만성적인 망설임과 어떤 활동에 이르는 정상적인 경로의 차이는 만성적인 망설임에서는 행동에 진전이 없다는 점이다. 망설이는 사람은 어떤 것에 대해 생각하고 조사하고 말하는 상태에서 더 나아가지 못한다. 그런 준비가 아무 소용이 없는 이유는 결국 행동하지 않기 때문이다. 아무리 많은 토론, 생각, 조사를 해도 그것이 꼭 행동을 결정하는 결과로 이어지지는 않는다. 또한 너무 많은 생각이 더 많은 생각으로 해결되지 않는다.

'딱 알맞은' 선택 시도하기

또 다른 유형의 만성적인 망설임은 '딱 알맞은' 선택을 하고 싶은 마음을 기반으로 한다. 이런 유형의 망설임을 겪는 사람들은 자신이 무엇을 원하는지 이미 머릿속에 그리고 있는 경우가 많다. 아니면 우연히 어떤 것과 마주쳤을 때 자신이 원하는 것인지 바로 알아볼 수 있다고 생각한다. 딱 알맞은 집, 딱 알맞은 가격의 자동차, 거실을 채울 딱 알맞은 장식용 예술품을 찾는 경우도 있다. 그러나 그런 노력은 종종 아무런 성과를 얻지 못한다. 이런 사람들은 "아하! 이게 바로 그거야!"라는 느낌을 기다리고 있고, 확실히 알 것 같은 느낌, 또는 최소한 어떤 의심도 들지 않는 느낌을 찾고 있다. 이런 유형의 망설임에 빠지는 데는 예기불안이 작용하기도 하지만, 이는 불확실성을 참기 어려워하는 특성(또는 강박적인 의심)과 더 관련이 있다. 불확실성을 참기 어려워하는 특성은 6장에서 더 자세히 살펴본다.

'딱 알맞은 선택' 시도하기가 일상에서 나타나는 모습

'딱 알맞은 선택'이라는 확신이 드는가하는 문제에 집착하다 보면, 단순한 선택일 수 있는 일이 매우 부담스러운 일로 변하기도 한다. 그러다가 결국, 마지막에 다른 사람들이 대신 결정을 내려 정작 본인의 선택권을 잃어버릴 수 있다. 다음은 그런 사례를 보여준다.

파티마는 얼마 전 새 아파트를 구입하면서 예전 아파트를 팔기로 했다. 그는 부동산 중개업을 하는 친구를 통해 새 아파트를 샀다. 그렇지만 친구에게 예전 아파트 매도를 맡길지 고민하고 있다. 그는 동네에서 좀 더 입지가 굳고 보다 전문적이라는 평판을 받는 중개업자를 선택하고 싶지만, 친구의 기분을 상하게 하고 싶지 않았다. 결정을 내릴 수 없었던 그는 문제를 의식적으로 회피하면서 그냥 잊어버리고 말았다. 남편이 파티마가 일을 미루는 것에 점점 더 불만을 느끼는 동안 예전 아파트는 몇 달씩이나 비어 있었다. 마침내 중개업자 친구는 파티마에게 연락을 해서 아파트를 매매 시장에 내놔야 한다면서, 그 다음 주부터 집을 보여주겠다고 알려왔다. 파티마는 친구의 말에 동의했지만 여전히 그렇게 하는 것이 딱 알맞은 선택일까 의문이 든다.

다음은 벌써 몇 년 동안이나 딱 알맞은 선택을 하기 위해 기다리다가 관계를 전혀 진전시키지 못한 연인의 사례다. 이들은 청혼을 할 딱 알맞은 시점을 찾고 있지만, 그 시점은 나타나지 않고 있다.

PJ와 여자 친구 린다는 11년간 동거했다. 그들은 함께 집을 샀고, 사랑하는 개를 함께 키우고 있다. 그리고 모든 사람들이 그들이 커플이라는 사실을 안다. (동성) 결혼이 합법화되자 PJ와 린다는 마냥 신이 났다. 그들은 끊임없이 어디로 신혼여행을 갈지 이야기했다. PJ는 자신들이 영원히 함께할 것이라고 말하면서 승진하면 결혼하려고 때를 기다리고 있다. 린다는 재택 사업에 굉장히 몰두해 있는데 수익이 나기 시작하면 결혼할 것이라고 확신하고 있다. 그러나 둘 중 어느 누구도 정식으로 청혼한 적은 없었으며, 결혼 날짜도 결정하지 않았다. 그들은 일단 날짜를 잡으면 덮쳐올 결정을 바꿀 수 없다는 속박감에서 서로를, 그리고 자신을 보호하고 있었다. 그런 마비 현상은 누구와 결혼하느냐가 아닌 언제 결혼하느냐는 문제를 두고 가장 최고의 선택을 하려고 하기 때문에 나타난다.

좋은 기회를 놓칠까 봐 걱정하는 마음

또 다른 유형의 만성적인 망설임은 좋은 기회를 놓칠까 봐 걱정하는 마음(Fear of Missing Out, FOMO. 이하 포모)* 에서 유래한다. 즉 기회를 놓칠까 봐 모든 기회의 가능성을 유지하려 하고, 모든 선택지와 모든 방향으로 난 길 가운데 어느 쪽도 절대 포기하지 않으려고 하

---

* 혼자서만 좋은 기회를 놓쳐 소외되고 뒤쳐질까 봐 걱정하는 마음. 포모 증후군 또는 포모라는 줄임말로도 많이 사용된다.

는 것이다. 포모로 인한 만성적인 망설임은 선택을 하지 못하는 일과 관련이 있다. 이때 선택을 하지 못하는 것은 어떤 선택이 대안적 선택을 불가능하게 만든다는 점에 매우 깊은 상실감을 느끼기 때문이다. 포모는 다른 직업적 가능성을 잃을까 봐 한 가지 직업적 경로를 선택하지 못하는 식으로 나타나거나, 막상막하로 매력적인 또 다른 선택을 포기해야 해서 하나의 행동 계획에 정착하지 못하는 방식으로 나타날 수 있다. 또한 포모는 신나는 경험일 수 있는 어떤 일도 포기하지 않으려고 기진맥진할 정도로 과도한 스케줄을 잡는 결과로 이어질 수 있다. 또는 어떤 색상의 지갑을 사지 않았다가 나중에 필요할 수 있다는 두려움 때문에 어떤 선택지도 제외하지 못하고 모든 색상을 다 사는 일도 있을 수 있다. 접근-회피 갈등(approach-avoidance conflict, 어떤 것을 원하지만 원하는 대상에 다가가기 두려운 점이 있음)*과 달리 접근-접근 갈등(approach-approach conflict, 모든 것을 갖고 싶지만 불가능함)**에 해당한다.

---

* 어떤 목표에 긍정적인 속성과 부정적인 속성이 모두 있어 선택에 갈등을 느끼는 상황. 목표에 다가갈수록 불안이 나타나지만, 물러나고 나면 다시 다가가고 싶어진다(예: 야식을 먹고 싶지만 살찔까 봐 두려운 상황).
** 두 가지 목표에 동일하게 긍정적인 속성이 있지만 그 가운데 하나만을 선택할 수 있어 갈등을 느끼는 상황.

포모가 일상에서 나타나는 모습

(미국의) 대학 원서 접수 비용은 평균 50달러가 넘는다.[6] 대학들은 이렇게 높은 비용을 책정한 한 가지 이유가 정말 입학할 생각이 있는 지원자들만 받기 위해서라고 말한다. 그러나 여러 대학이 전부 다 좋아 보이고, 그 가운데 자신에게 최고로 적합한 대학을 놓칠까 봐 두려워하는 사람에게 어떤 일이 벌어지는지 다음 사례를 보면 알 수 있다. 이것이 바로 포모의 사례다.

로이스는 B플러스 성적을 유지하는 고등학교 졸업반 학생이다. 그는 예술과 경영을 전공하고 싶어 한다. 로이스에게 양질의 교육을 제공할 만한 무수한 대학들이 있었는데, 그는 선택지를 좁혀 나갈 수가 없었다. 어떤 대학을 조사할 때마다 매번 그는 자신이 절대적으로 바라는 것들 가운데 적어도 한 가지 이상을 그 학교가 갖고 있다는 것을 발견했다. 그래서 각각의 대학을 선택한다면 모두 그 나름의 고유한 장점이 있을 것 같았다. 진로 상담 교사는 안전하게 합격할 것으로 보이는 세 곳을 포함해 최대 10개 대학에 지원하라고 말했다. 그러나 로이스는 자신에게 최고로 적합한 대학을 놓칠까 봐 선택의 폭을 제한할 수가 없었다. 결국 그는 총 3500달러가 넘는 접수 비용을 내고 53개 대학에 지원했다.

다음 사례에 등장하는 신디 역시 기회를 놓칠까 봐 두려워한다.

신디는 딱 알맞은 사람을 만날 기회를 놓치고 싶지 않아서 데이팅 앱(6곳)에 가입했다. 그는 매일 밤 스크롤바를 움직이며 모든 선택지를 훑어보고, 모든 이의 프로필을 읽고, 수십 개의 문자 메시지에 답을 하면서 몇 시간을 보냈다. 그는 모든 사람을 기억하고 구별하는 데 애를 먹었고 완전히 압도되었다. 그는 너무 바빠서 실제로는 어느 누구와도 데이트를 못했다.

망설이기를 정당화하기

만성적으로 망설이는 이들 중에는 의식적으로는 어떤 예기불안도 경험하지 않는 사람들이 있다. 그들은 자신이 계속해서 조사하고 결정을 미루는 일이 정당하다고 느낄 수 있다. 그리고 자신이 적당히 신중하다고 생각하며, 쉽게 결정을 내리는 다른 사람들을 너무 충동적이거나 무신경하다고 볼 수도 있다. 그들은 일이 얼마나 오래 걸리든지 '제대로 하는 것'이 소중한 미덕이라고 생각할지도 모른다. 또한 자신이 행동하지 않음으로써 일어나는 부정적 효과에 덧붙여 다른 사람들의 불만까지도 기꺼이 겪어내려고 한다. 이런 사람들은 망설임 때문에 일어나는 문제들을 고통스럽고 난처하고 불안을 유발하는 일로 경험하지 않기 때문에, 이 책을 읽거나 자신의 문제에 대해 도움을 구할 가능성이 낮다. 그러나 가족이나 연인은 그들을 이해하고 함께 지내기 위해서 이 책을 읽을 수 있다.

망설이기를 정당화하는 태도가 일상에서 나타나는 모습

때때로 사람들은 자신이 어떤 것을 싫어하거나 원치 않거나 신경 쓰지 않는다고 스스로와 타인에게 주장함으로써 결정하지 못하는 태도를 정당화한다. 이러한 자기합리화는 다른 사람들에게 공허한 거짓말로 들리기도 한다.

앤트원은 구식 폴더폰을 쓰고 있다. 그는 새로운 기술이나 첨단기기를 만드는 회사들을 좋아하지 않는다고 말한다. 하지만 그는 무언가를 검색하고 길을 찾기 위해 끊임없이 다른 사람들의 스마트폰을 빌린다. 그는 자신이 공공연히 혐오감을 드러내면서도 이미 상당히 많은 첨단기술을 이용하고 있다는 것을 인정하지 못한다. 그리고 이것이 자기의 신조를 지키는 문제라고 생각한다. 심지어 자신은 글자 하나를 입력하기 위해 세 번이나 클릭을 해야 하는 옛날 방식으로 문자 메시지를 보내는 일도 아무렇지 않다고 주장하고 싶어 한다. 그는 새 휴대전화를 구입하지 않는 태도가 정당하다고 생각한다.

다음은 망설이기를 정당화하는 또 다른 사례다.

심브리아가 개를 키우고 싶어 한다는 것은 그를 아는 모든 사람들이 보기에 명백했다. 그는 끊임없이 어떤 개를 선택할 것인지 이야기한다. 유기견을 입양할지 아니면 순혈종의 개를 입양할지, 털이 긴 개를 선택할지 짧은 개를 선택할지, 소형견을 선택할지 일반적인 크기의 개를 선택할지 등에 대해서 말이다. 그는 공원을 거닐 때마다 마주치는 개들을 쓰다듬느라 늘 멈춰 선다. 그는 준비가 되면 개를 키울 것이라고 말한다. 그 준비는 어떤 때는 더 큰 아파트를 의미하고 어떤 때는 개를 훈련시킬 수 있는 휴가가 생기는 것을 의미한다. 어떤 때는 더 많은 저축을 하는 것을 의미한다. 그러나 준비된 시점은 절대 오지 않았다.

행동하지 않았을 때 생기는 대가

만성적으로 망설이는 사람들에게서 흔히 나타나는 한 가지 특징은 행동하지 않았을 때 얻는 대가를 유독 인식하지 못하는 점이다. 다시 말해, 잘못된 행동이 초래할 수 있는 부정적인 결과들을 상상하는 일에 빠지거나, 무엇이 딱 알맞은 행동인지 알아내는 데 너무 몰두한 나머지 아무런 행동을 하지 않아서 손실을 겪을 수 있다는 사실을 간과할 수 있다. 어떤 행동을 후회할 수도 있다는 상상이 행동하지 않아서 생기는 실질적인 결과를 깨닫는 일보다 강력한 힘을 발휘하는 경우다. 하지만 행동하지 않았을 때 역시 부정적인 대가가 뒤따를 수 있다. 아직 어떤 일을 할 기회가 남아 있는 시기를 놓치는 것,

불만족스러운 상황에 갇혀 나아가지 못하는 것, 또래, 친구, 가족 들에 뒤처지는 것, 타인을 실망시키는 것, 자기 비난과 부끄러움을 낳는 것 등이 있다.

어떤 결정을 내려야 할 때 느끼는 예기불안은 종종 '만약 ~하면?'이라는 형태로 시작된다. 또한 이러지도 저러지도 못한 채 아무 행동도 할 수 없다고 느끼는 것은 뭔가 다르게 행동했기를 바라는 '~했다면 좋았을 텐데'와 같은 생각이나 감정을 피하려는 시도 때문이다. 즉 행동하면 어떻게든 후회할 것 같다고 느낀다. 그 결과, 아무 것도 하지 않는 편이 더 안전하게 느껴진다. 행동하지 않을 때에는 일시적으로 해결되지 않은 상황 속에 있다고 느끼기 때문에 (다시 말해, '긍정적인' 결과가 나타날 잠재력이 있는 상황), 그동안 행동하지 않는 것 자체에 대한 평가는 미루고 따지지 않는다.

만성적인 망설임의 잠재적 결과는 즉각적으로 분명하게 나타나지 않을 수도 있다. 예를 들어, 좌절감을 주는 자신의 행동을 지적하는 사람이나 도우려고 하는 사람도 있겠지만 어쨌든 만성적인 망설임이 자신에 대한 평가에 영향을 미칠 수 있다는 점을 알아야 한다. 만성적으로 망설이는 사람들은 타인에게 이기적이고, 배려 없고, 고집 세고, 믿을 수 없거나 미성숙하다고 비춰질 수 있다. 어떤 한 내담자는 사촌이 자신을 이기적이고 자기중심적이라고 비난했을 때 큰 충격을 받았다. 사촌은 그가 막판에 계획을 변경하는 일이 빈번하고,

옷을 입는 데 엄청나게 많은 시간을 보내느라 남을 기다리게 만들며, 계획을 세우면 종종 약속을 거부하고, 겨우 몇 번 약속을 한다 해도 90퍼센트는 취소해 버린다고 불평했다.

✔ 유용한 사실

망설임으로 인해 마비되었을 때, 우리는 행동하지 않았을 때 생기는 대가를 간과하기 쉽다.

스스로 해보기

이 장에서는 만성적인 망설임의 서로 다른 유형을 이야기했다. 어떤 유형에 해당하는가? 자신이 겪는 만성적인 망설임 때문에 삶에서 하고 싶었던 어떤 일을 하지 않았거나 할 수 없었던 경우를 생각해낼 수 있는가? 이런 경험들에 대해 스스로 어떻게 느끼는가? 자신의 삶에서 현재 이러지도 저러지도 못하면서 앞으로 나아가지 못하는 것처럼 느껴지는 일들의 목록을 만들어보라.

이번 장에서는 만성적인 망설임, 그리고 결정을 회피하는 네 가지 전형적인 방법들을 소개했다. 또한 만성적인 망설임을 보이는 사람들이 왜 이러지도 저러지도 못하는 상태가 되는지, 그 아래에 놓인 여섯 가지 주된 문제도 소개했다. 그리고 만성적인 망설임이 실생활에서 어떤 모습으로 나타나는지, 그 다양한 사례도 살펴보았다. 만성적인 망설임은 결정하지 않아서 인생의 어떤 측면에서 결국 더 나아가지 못하는 상태나 습관이다. 예기불안과 마찬가지로 그것은 회피를 낳는다. 이런 패턴이 생활 속에서 어떻게 작동하는지 알아보면 자신이 원하는 삶을 살지 못하도록 막는 장애물들을 극복하기 위한 준비를 할 수 있다.

다음 장의 주제는 예기불안의 생물학적인 기원이다. 태어날 때부터 우리의 뇌는 어떻게 예기불안에 준비되어 있는지, 왜 우리의 마음이 경보 반응을 자극하는 것들을 떨쳐내지 못하고 결국 이러지도 저러지도 못하는 상태가 되는지에 대해 알아본다.

3

우리 뇌가 잘못된 경보에 반응하는 방식

불안한 감정이 솟구치다

이번 장에서는 예기불안이 어떻게 시작되는지, 예기불안의 원인이 되는 생물학적·환경적 요인에 대해 알아본다. 편도체의 역할이 무엇인지, 그리고 우리가 명백하게 위험에 직면했을 때 뇌 회로가 어떻게 투쟁-도피-경직 반응-fight-flight-freeze response⁺ 을 일으키는지도 살펴본다. 또한 불안 민감성이 높은 유전적 성향과 '떨쳐내기 어려운 마음sticky minds'에 대해서도 알아본다. '떨쳐내기 어려운 마음'이란 이 책에서 우리가 걱정의 수렁과 돌고 도는 생각에 쉽게 빠져드는 성향을 표현

⁺ '투쟁-도피 반응'은 생존에 위협을 느끼는 상황에서 일어나는 신체·생리적 반응으로, 이 때의 각성 상태는 우리 몸이 위급한 상황에 맞서 싸우거나 도망칠 수 있도록 준비시킨다. 한편 위협의 대상이 너무 압도적이어서 투쟁이나 도피 가능성이 없어 보일 때 신체는 경직 반응을 보이기도 한다. 이를 종합해 투쟁-도피 혹은 경직 반응이라 부르는 것이 최근의 추세다. 경직 반응의 예로는 동물이 포식자를 만났을 때 죽은 듯이 움직이지 않는 행동이 있다.

하기 위해 사용하는 용어다. 마지막으로 이번 장에서는 위와 같은 생물학적 토대를 지닌 사람들에게 환경적 스트레스가 영향을 미치는 방식도 살펴본다.

뇌는 어떻게 예기불안을 일으키는가

우리는 모두 예기불안을 모른 채 태어난다. 신생아는 세상에 피해야 하는 대상이 있다는 사실을 모른다. 또한 앞으로 어떤 일들이 일어날지 마음속에 그리지 못하며 지금 이후에 어떤 일이 일어날지 상상할 수 없다. 그러나 곧 여러 패턴이 형성됨에 따라 아기들도 예측하는 능력을 발달시킨다. 예를 들어, '엄마가 나를 들어 올리면 조금 이따 우유를 먹는다'는 식으로 생각할 수 있다. 어떤 일이 다가오는지 예측하기 시작하는 것이다.

또한 모든 생명체는 살아남으려면 정말로 위험한 것들을 피할 수 있는 능력이 필요하기 때문에, 위험을 상상할 수 있는 능력이 자연스럽게 발달한다. 아이들은 이내 무서운 사람, 귀신, 어두운 곳에 있는 괴물을 상상한다. 또한 나쁜 일들이 일어날 수도 있다는 사실을 더 잘 알게 되면서, 낯선 사람, 밤에 자는 일, 어두운 장소들을 두려워하기 시작한다. 성장하면서 우리는 뜨거운 냄비를 만졌다가 고통을 느꼈던 기억을 갖게 되면서 냄비, 스토브, 심지어 부엌을 피하기도 한다. 그리고 더 성숙한 정서적 경험을 발달시킬수록 난처함, 분노, 거절, 부끄러움, 혐오감, 실수 등을 두려워하고 회피하기도 한다.

고통스럽고, 압도적이고, 언짢은 경험에 대한 기억이나 어떤 위험을 만날 수 있는지에 대한 상상을 불러일으키는 자극을 '촉발 요인'이라 한다. 촉발 요인은 예기불안이나 대부분의 만성적인 망설임이 형성되고 유지되는 데 있어서 필수다. 그리고 촉발 요인은 생각, 이미지, 느낌, 감각 등의 형태를 띨 수 있다. 현실에서 어떤 것을 보거나 듣는 일(예: 영화, 대화, 과거의 일을 상기시키는 무엇)은 기억 속 촉발 요인을 자극할 수 있다("아기가 우는 소리를 들으면 아기를 해치는 무서운 생각을 했던 것이 기억난다"). 또는 잠들기 전 멍하니 공상을 하다가 감각적 촉발 요인이 일어날 수도 있다("자려고 누워 있는데 갑자기 심장이 두근거리는 것을 느꼈다"). 또한 실재하는 어떤 것들이 촉발 요인이 되기도 한다. 예를 들어 엘리베이터 타기를 두려워한다면 엘리베이터가 촉발 요인이 될 수도 있고, 거미, 길을 잘못 드는 일, 아니면 선택하는 일 등이 촉발 요인이 될 수도 있다. 아니면 침투적 사고나 이전에 전혀 일어난 적이 없는 어떤 일에 대한 걱정처럼 전적으로 마음속에만 존재하는 어떤 것이 촉발 요인이 될 수도 있다.

예기불안은 촉발 요인과 함께 시작되는데, 그런 다음에는 언짢은 감정이 솟구쳐 오른다. 이때 언짢은 감정은 불안이나 공포인 경우가 가장 많지만, 혐오감, 분노, 부끄러움, 후회, 굴욕감 또는 그 밖에 원치 않고, 받아들일 수 없고, 견딜 수 없는 어떠한 종류의 감정도 솟구칠 수 있다. 〈그림 1〉은 촉발 요인이 일으키는 초기 반응이 어떻게 나타나는지를 보여준다. 촉발 요인은 감정을 빠르게 '솟구치게' 한다.

✔ 유용한 사실

촉발 요인은 생각, 이미지, 기억 또는 감각의 형태를 띨 수 있다.

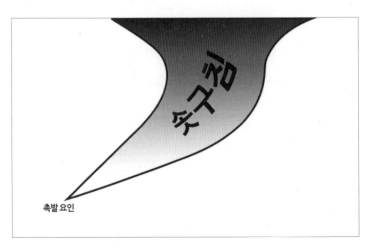

촉발 요인

그림 1. 자동반사적 각성의 솟구침

우리 뇌의 경보센터

감정이 솟구치는 뇌의 부위를 '편도체'라고 하는데, 편도체는 변연계에 속한다. 그리고 변연계는 뇌의 영역 중에서 느끼고 반응하는 부위에 해당한다(뇌의 영역 중에서 사고하는 부위와 반대되는데, 이 사고하는 부위에 대해서는 조금 뒤에 다룬다[7]).

편도체는 (그리고 편도체를 둘러싼 뇌의 특정 구조들은) 뇌의 경보센터다. 이 경보센터는 위험에 처했을 때 경고를 보내 몸과 마음이 위협에 반응할 수 있게 준비시키려는 진화적 목적이 있다. 아마도 들어본 적이 있겠지만, 이것이 바로 투쟁-도피-경직 반응이다.

편도체의 핵심 특성 중 하나는 뇌의 영역 가운데서 사고를 담당하는 구조가 아니라는 점이다. 편도체는 합리적인 반박, 논리, 재확인 등이 아니라 짝을 이룬 연합을 통해 학습한다. 예를 들어 이 책을 읽고 있으면 책에 나오는 단어들과 생각들은 당신의 편도체가 아닌 대뇌 피질에 말을 건다. 반면에 편도체와 경보 반응에 변화를 가져오기 위해서는 새로운 연합을 경험하고 그 새로운 연합을 충분히 학습할 수 있을 때까지 연습해야 한다. 이것은 마치 우리가 자신을 논리적으로 설득해서 분노나 배고픔을 느끼지 않게 만들 수 없는 것처럼, 절대 스스로를 설득해서 '감정의 솟구침'을 멈추게 할 수 없다는 사실을 뜻한다. 우리는 어떤 새로운 언어에 대한 설명을 읽어서 그 언어로 말하기를 배우거나, 독서만으로 피아노 연주를 배울 수 없다. 마찬가지로 예기불안을 개선하려면 새로운 경험을 통해 새로운 연합을 연습하는 과정이 반드시 필요하다.

편도체는 확률을 평가하거나 진위를 확인하고 판단하는 일을 할 수 없다. 또한 편도체는 전전두엽 피질의 어떠한 실행 기능, 즉 뇌의 어떠한 사고 기능에도 참여할 수가 없다. 편도체는 '아마도', '거의 확실하게' 또는 '거의 절대로 불가능' 따위의 말을 하지 못한다. 편도체는 오로지 예, 아니오만 판단할 수 있다. 편도체의 기능에는 미묘한 차이를 감지하는 섬세함이 존재하지 않는다. 이것이 바로 가능성과 확률의 세계를 이분법적 경보시스템의 언어로 옮겼을 때 일어나는 결과다. 경보시스템은 켜지든지 꺼지든지 둘 중 하나다. 뇌의 공포회로 역시 활성화되든지 활성화되지 않든지 둘 중 하나다.

편도체의 진화적 기능이 우리를 위험으로부터 보호하는 일이라고 했던 것을 기억하는가? 즉 편도체는 당신이 생존해 다음 세대로 DNA를 넘겨줄 때까지 살도록 돕는다. 그 때문에 편도체는 위험한 기미가 아주 조금만 있어도 경보를 울린다. 설령 잘못된 경보를 울린다 해도 생존에 영향을 미칠 만한 불이익이 없기 때문이다. 이때 일어날 수 있는 최악의 일이라고 해봐야 불필요하게 투쟁, 도피, 혹은 경직을 위한 준비를 하는 정도다. 하지만 반대로 편도체가 만약 진짜 위험을 경고하는데 실패하면 재앙적인 결과를 맞이할 수 있다. 다시 말해 편도체는 지금 당장 점심거리를 찾는 일보다, 지금 당장 자신이 절대로 누군가의 점심거리가 되지 않는 일이 더 중요하다는 원칙에 따라 작동한다.

그 결과 대부분의 경보신호가 틀릴 만큼, 편도체가 수많은 거짓 경보를 울린다. 선사시대와 달리 경보는 검치호랑이가 쫓아오는 상황 같은 신체적 위험이 있을 때뿐 아니라, 원치 않는 생각이나 감정, 반대, 거절, 실패, 상실을 경험할 가능성이 있을 때도 울린다. 하지만 다행히도 거짓 경보신호를 평가할 수 있는 방법이 있다. 그 방법을 설명하기 전에, 우선 경보가 울리는 과정을 살펴보자.

편도체의 촉발

뇌의 '시상' 부위는 일종의 데이터 중계소인데, 촉발 요인이 감지될 때마다 그 정보를 받아들여 곧바로 편도체로 전달한다. 이 일은 5분의 1초도 되지 않는 시간 동안 극히 빠른 속도로 일어난다. (눈을 깜빡이는 것보다 더 짧은 시간이다!) 전달 속도가 중요한 것은 어떤 위험에도 최대한 빨리 준비할 수 있어야 하기 때문이다. 다행히 시상에서부터 편도체까지의 경로는 직접 연결되어 있어서 더 고차적인 뇌 기능들을 건너뛰도록 되어 있다. (이렇게 직접 경로로 이어진 뇌의 영역을 '파충류 뇌'라고 부르기도 한다.)

신경과학의 새로운 장을 연 연구자이자 대중을 위한 수많은 심리학 책을 쓴 클레어 위크스Claire Weekes는 촉발 요인에 대한 자동반사적 반응을 설명하기 위해 '1차적 공포'라는 말을 사용했다.[8] 이는 원시적인 뇌 부위가 우리의 의식적 통제 바깥에 존재한다는 사실을 이해하기 위한 핵심이다. 즉 경보 반응은 의지나 의도와는 아무 상관이 없다. 아무리 열심히 시도해도, 아무리 큰 의지를 갖고 노력해도 우리는 이와 같은 각성의 솟구침을 멈출 수 없다. 그냥 솟구침이 일어날 뿐, 스스로가 어떻게 할 수 있는 일이 아닌 셈이다. 〈그림 2〉는 촉발 요인이 어떻게 경보시스템과 그 결과로 일어나는 경보 반응을 활성화하는지 보여준다.

자동반사적 경고와 반응의 구체적인 예로 다음과 같은 것들이 있다. 첫 번째는 길을 막 건너기 시작하다가 어떤 차가 자신을 향해 돌진해오고 있다는 것을 알아차리는 경우다. 이때 당신은 위험을 알아차리고 급히 뒷걸음질 쳐서 안전한 인도 쪽으로 돌아간다. 또 다른 예로는 길을 걸어가고 있는데 큰 소리가 들리는 경우다. 편도체가 경보를 울려 두려움이 솟구친다. 이때에도 경보시스템이 즉각적으로 활성화된다. 우리 몸은 즉시 싸우고, 숨고, 얼어붙은 듯 숨죽이고 있을 준비를 갖춘다.

위의 두 가지 예에는 중요한 차이가 있다. 첫 번째 예에서는 경보에 대한 즉각적인 반응 덕분에 목숨을 구했다. 편도체가 촉발한 올바른 경보였기 때문이다. 그러나 두 번째 예는 조금 다르다. 편도체

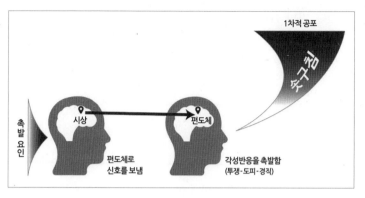

그림2. 1차적 공포: 촉발 요인으로부터 솟구침까지의 과정

가 거짓 경보를 울렸을 수도 있지만, 경보의 진위는 곧바로 알 수 없다. 지금 들려오는 시끄러운 소음은 차량에 엔진 역화가 일어나는 소리일까, 폭죽일까, 아니면 총소리일까? 우리는 뛰어야 할까, 싸워야 할까, 바닥에 엎드려야 할까? 아니면 들려오는 소리를 그냥 무시하고 계속 앞을 향해 가야 할까? 만약 그 소리가 별 문제 없는 엔진 역화 현상 때문이라면 편도체는 거짓 경보를 울린 셈이다. 하지만 비상 대응시스템은 소리의 정체가 확인될 때까지 기다릴 수 없다. 그것이 만약 총소리라면 어쨌든 즉시 행동해야 하기 때문이다. 그렇기 때문에 우리는 위험 경보의 진위 여부와 상관없이 즉각적으로 두려움이 솟구치는 것을 느낀다.

다행히도 우리의 뇌는 경보의 진위를 파악할 수 있도록 설계되어 있다. 다만 이는 몸이 반응을 하고난 뒤 1, 2초 뒤에 가능한데, 다음은 그 과정을 설명한다.

편도체에 도달하는 두 가지 경로

시상에서 편도체로 가는 경로에는 (파충류 뇌를 통하는) 직접 경로 외에 또 다른 경로가 있다. 그것은 보다 고차적인, 사고하는 뇌 부위(전전두엽 피질)를 거치는 방법이다. 이 경로를 통과하면 편도체에 위협의 가능성을 전달할 뿐 아니라 '실행' 기능이라고 불리는 고차원적 사고를 이용해 촉발 요인의 성격을 평가하고 그것이 진정한 위협인지 확인할 수 있다.[9] 이 과정에는 시간이 조금 걸린다. 바로 이런 이유로 촉발 요인을 평가한 두 번째 신호는 첫 번째 신호보다 0.5초가량 늦게 편도체에 도착한다.

그럼 앞에서 제시했던 사례들로 돌아가보자. 첫 번째는 차를 발견하고 찻길 밖으로 뛰쳐나온 경우다. 이와 같은 반응은 어떠한 생각도 하기 전에 일어난다. 투쟁-도피-경직 반응의 반사적인 측면에 해당되는 것이다. 그런 다음 편도체가 처음 촉발된지 0.5초 후에 전전두엽 피질로부터 메시지가 도착한다. 그리고 다음과 같이 말한다. "적절한 반응이었어. 그 차에 치였으면 죽었을지도 몰라." 이때 당신은 여전히 떨리는 상태고 조금 전에 솟구친 아드레날린 때문에 아직까지도 심장이 방망이질 치고 있을 수 있다. 그러나 서서히 흥분이 가라앉고 차분해진다.

두 번째 예에서는 전전두엽 피질이 경보가 잘못 울렸다고 확인하고 이렇게 알려줄 수 있다. "그건 자동차 엔진 역화 소리였어. 위험하지 않으니 흥분하지 않아도 돼." 전전두엽 피질은 촉발 요인의 성격을 평가해 이와 같은 메시지를 전달한다. 전전두엽 피질의 메시지는 도움이 되는 경우도 있지만 이 때문에 다른 수많은 문제가 일어나기도 한다. 우리의 뇌가 전전두엽 피질의 메시지를 통해 불안을 창조하고 사실은 안전한 상황 속에 있는데도 불구하고 위험에 처한 것처럼 느끼기도 하기 때문이다. 어떻게 이런 일이 일어나는지 살펴보자.

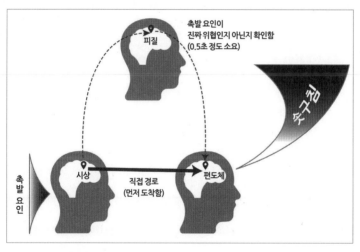

그림 3. 편도체로 가는 두 가지 경로

앞의 두 가지 예에서 당신이 집으로 돌아와 안전하게 있는 상태라고 할 때 다음과 같은 상황을 가정해보자. 그때 다가오는 차를 알아차리지 못했다면 어떤 일이 일어났을지 전전두엽 피질이 상상하기 시작하는 것이다. 전전두엽 피질은 이렇게 생각할 수 있다. 나는 오늘 죽었을 수도 있어! 만약 길 밖으로 나오지 못했다면? 다음번에 만약 차가 다가오는 것을 못 알아차린다면 어떻게 될까? 이런 생각들이 편도체를 촉발시키면 또 다시 경보가 울릴 수 있다. 하지만 외부로부터의 위협이 존재했던 지난번과 달리 이번에 경보를 울리는 촉발 요인은 자신의 생각, 즉 스스로의 능동적인 상상이다. 이런 생각들을 적당히 진지하게 받아들이면, 길을 건너는 데 좀 더 신중해지는 긍정적인 효과가 있을지도 모른다.

그렇지만 만약 그런 생각들을 지나치게 진지하게 받아들이면, 즉 상상에 완전히 사로잡히면, 찻길 건너기가 너무나 두려운 나머지 이를 피할 수 있다. 길을 건너는 일에 대한 예기불안이 발달된 것이다. 이를 〈그림 4〉로 표현할 수 있다.

이제 두 번째 예, 즉 시끄러운 소음이 났던 상황을 생각해보자. 그 소리는 즉시 촉발 요인으로 작용해 두려움이 솟구쳤고 각성을 경험했다. 그런 다음 0.5초 후에, "괜찮아. 그냥 엔진 역화 현상이야"라는 신호가 왔다. 당신은 긴장을 이완하기 시작해 1, 2분 안에 아무

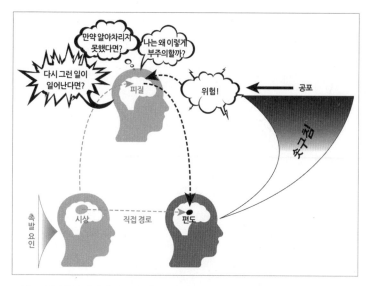

그림 4. 전전두엽 피질이 예기불안을 유발하는 과정

일도 없었던 것처럼 평소 모습으로 돌아왔다.

그러나 만약 전전두엽 피질이 그 소리가 무엇인지 확실히 알 수 없으며 총소리일지도 모른다는 판단을 했다고 가정해보자. 생각하는 뇌가 말한다. "목숨이 위험할 수도 있어. 몸을 피해. 언제라도 다칠 수 있어." 그리고 이번에는 편도체가 경보를 계속 울릴 것이다. 당신은 투쟁-도피-경직 반응에 돌입한다. 도망치거나, 숨거나, 겁에 질려 어쩔 줄 모르기도 한다. 물론 나중에 알고 보니 실제로는 전혀 위험하지 않은 상황이었을 수도 있다. 그러나 그런 경우에도 확실치 않은 상황 속에서 큰 두려움을 느꼈다는 점은 변하지 않는다. 이때의 경험은 다음번에 길을 걷는 일을 생각할 때 계속 떠오를 수 있다. 그리고 겁에 질려 어쩔 바를 몰랐던 기억이 다시 경보시스템을 자극할 수 있다.

정리하면 다음과 같다. 파충류 뇌는 제일 처음으로 촉발 요인을 편도체로 전송하는 뇌의 부위다. 이때는 생각, 평가, 세부사항에 대한 섬세한 판단, 의지력 같은 것들이 개입되지 않는다. 뇌의 자동반사적인 회로가 작동하는 상태다. 우선적으로 일어나는 이런 각성의 솟구침은 스스로 무언가를 통제할 수 있는 여지가 전혀 없다. 하지만 그 이후로는 당신의 전전두엽 피질이 계속되는 위험 요소가 있거나 있을 수 있다고 판단하는 경우에 한해서만, 그 판단이 타당하건 타당하지 않건, 편도체가 계속해서 경보를 울릴 것이다.

이때 상상, 기억, 기분 상태, 예기불안에 대한 민감성이 어떤 결합을 일으켜 '만약에 ~하면'이라는 생각을 자극하면 경보시스템이 켜질 수 있다. 보통 정신적인 이미지는 말로 표현되는 생각보다 훨씬 더 불안을 자극하곤 한다.[10]

〈그림 5〉는 '만약에'라는 생각, 기억, 이미지가 어떻게 촉발 요인으로 작용하는지 보여준다.

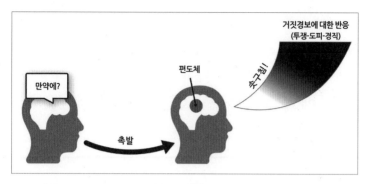

그림 5. '만약에'라는 생각이 경보반응을 자극하는 과정

✔ 유용한 사실

'만약에'라는 생각은 외부의 위험과 마찬가지로 경보시스템을 자극할 수 있다.

공포와 불안은 어떻게 다른가

우리의 안녕과 행복을 위협하는 외부요인이 실제 존재할 때, 우리는 그에 대한 반응을 '공포'라고 부른다(예: "퓨마가 보여. 도망쳐야 해. 무서워."). 반면에 위협을 느끼는 원인이 내면적인 것이고 상상 또는 기억으로 위험 경보가 울린다면, 이는 일종의 거짓 경보라 할 수 있다. 이런 때의 반응을 우리는 '불안'이라고 부른다(예: "만약 통제력을 잃고 바보 같은 짓을 하면 어떻게 하지? 불안해."). '공포'와 '불안', 이 두 감정은 동일하게 보일 수 있지만 불안함을 느낄 때 당신은 사실 위험하지 않다.

이것이 바로 불안이 사기꾼이나 마찬가지인 이유다. 또한 불안 가운데서도 예기불안이 가장 까다로운 문제인 이유이기도 하다. 불안은 안전한 상황에서도 자신이 위험에 처해 있다고 느끼게 만든다. 이런 느낌 때문에 예기불안은 강한 회피를 유발한다. 이렇게 회피하며 자신이 위험을 피하고 있다고 생각하지만 사실은 위험이 아니라 불편하거나, 불쾌하거나, 스스로가 감당할 수 없어 보이는 감정을 피하는 것이다.

거짓 경보 때문에 신체적으로 각성된 감각을 경험하는 일은 우리 몸의 자연스러운 비상대응시스템이 작동한 결과다. 따라서 그러한 감각은 전혀 위험하지 않다. 그러나 이런 사실에도 불구하고, 어떤 사람들은 경보 반응으로 인한 빠른 심장박동과 호흡 패턴의 변화가 해롭다고 잘못 생각한다. 이는 사실이 아니다. 만약 (사실은 그렇지 않지만) 투쟁-도피-경직이라는 비상시의 반응이 위험하다면, 이는 우리의 신체적 진화가 설계상 거대한 결함이 있다는 의미일 것이다. 경보시스템이 외부로부터의 신체적 위험이 있다고 잘못된 신호를 보내고, 이에 대해 진짜 위험이 존재하는 것처럼 반응하는 일은 현실적으로 당신에게 어떠한 해도 끼치지 못한다.

더 나아가, 예기불안을 극복할 수 있는지 없는지는 어떠한 감정이나 생각을 피하지 않아도 된다는 사실을 이해하는 일과 상당한 관계가 있다. 어떤 감정이나 생각이 고통스러워도 우리는 피하지 않아도 된다. 그럼에도 불구하고 당신은 어떤 특정한 감정적 경험들은 위험하다고 믿을 수 있다. 그리고 자신이 그런 감정들을 겪는다면 이를 견딜 수 없어 '모든 것'을 잃거나 무너져 내릴 것이라고 생각할 수 있다. 고통스러운 감정이나 생각이 위험할 수 있다는 이와 같은 잘못된 믿음은 흔히 과거의 경험에서 생성된다. 이런 믿음은 이해받고, 다루어지고, 반박되고, 수정되어야 한다.

✔ 유용한 사실
생각과 감정 자체가 위험할 수 있다는 믿음은 틀렸다.

예기불안에 영향을 미치는 생물학적 요인들

거짓 경보가 울렸을 때 사람들의 반응을 결정짓는 몇 가지 요인이 있다. 이제 우리가 예기불안을 경험하는 데 영향을 미치는 생물학적 요인을 하나하나 살펴보자.

불안 민감성

1장에서 신체적 감각이나 느낌에 대한 지나친 공포심으로 예기불안이 나타나는 경우도 있다고 이야기했다. 심리학자들은 유전적 성향에 해당하는 이러한 성격적 특성을 '불안 민감성'이라고 부르는데, 이에 대해서는 많은 연구가 이루어졌다. 불안 민감성은 정신적·정서적인 불안함 내지 각성된 상태에서 느껴지는 정상적인 신체 감각들을 두려워하는 기질로 형성된다. 간단히 말해 두려움을 두려워하는 특성이다. 이는 지속적으로 유지되는 성격 특성일 수 있는데, 보통 불안을 유발하는 상황을 피하고 불안이 엄습할까 걱정하는 성향과 함께 나타난다. 그러다 보니 이런 특성이 있는 사람들은 예기불안을 더 많이 경험한다. 이것은 집안 내력인 경우도 많은데 생물학적인 유전뿐 아니라 성장 과정에서 세상에 존재하는 수많은 위험에 대한 메시지들을 통해 대물림되기도 한다.

중요한 것은 불안 민감성이 유전과 학습으로 대물림되지만, 새로운 학습과 적절한 치료를 통해 상당히 바뀔 수 있다는 점이다. 불안 민감성이 어떻게 작용하는지를 이해하면 매우 쉽게 증상을 회복하는 길을 찾을 수 있다. 사실 어떤 사람의 불안 민감성이 감소되는지 여부는 그가 향후 예기불안을 극복할 수 있는지를 안정적으로 예측하는 측정치다.[11] 그만큼 불안 민감성은 중요하다.

〈그림 6〉은 각성 상태에서 느끼는 정상적인 신체 감각을 위험으

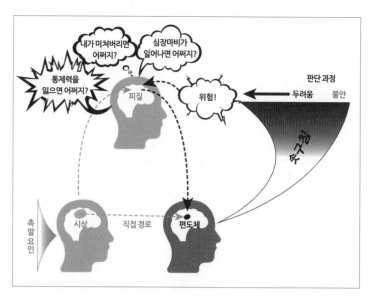

그림 6. 2차적 공포: 불안 민감성의 신경학적 과정

로 잘못 해석할 때, 이것이 지속적으로 경보시스템을 자극하는 과정
을 보여준다. 또한 이 그림은 불안 민감성이 높은 사람들의 신경학적
메커니즘을 시각화한 것이다. 이를 통해 그들이 어떻게 불안 각성anx-
ious arousal 과 관련된 모든 감각을 만성적으로 두려워하는지 알 수 있

* 스트레스 상황이나 극심한 공포로 인해 신체적, 생리적으로 과도한 각성 반응을 보이는
  상태를 의미한다. 불안 각성 상태에서는 심장 박동과 호흡이 빨라지고 손바닥에 땀이 나
  는 등 교감신경계의 활성화를 나타내는 신체 증상들이 생긴다.

다. 결국 불안 민감성이 높은 사람들은 감각에 대한 두려움으로 인해 예기불안이 증가하는 결과를 얻는다고 할 수 있다.

이 그림에서는 각성이 솟구치는 것을 '2차적 공포'라고 지칭한다.[12] 이때 느끼는 공포가 실제로는 위협이 존재하지 않는 상황에서 신체적 감각을 잘못 해석해서, 즉 스스로가 견디지 못하거나 살아남지 못할 것이라는 믿음을 가지면서 만들어진 공포이기 때문이다.

생각과 마음을 잘 떨쳐내지 못하는 성향

'떨쳐내기 어려운 마음'은 예기불안과 만성적인 망설임에 영향을 미치는 또 다른 생물학적 요인이자 현상이다.

반복적으로 돌고 도는 생각이나 걱정의 수렁에 잘 빠지며, 파국적인 이미지나 생각 속으로 상상력 넘치는 여행을 잘 하는 사람들이 있다. 또한 마음속을 스쳐가는 불필요한 생각들을 그냥 흘려보내지 못하고 그로 인해 마음이 잘 시끄러워지고 오랫동안 영향을 받는 성향이 있다.

이 책에서는 이런 특성을 서술하기 위해 '떨쳐내기 어려운 마음'이라는 용어를 사용한다. 이러한 특성은 집안 내력인 경우가 많기 때문에 떨쳐내기 어려운 마음을 가진 부모, 조부모, 형제자매, 이모, 삼촌이 있다면 당신도 그런 경험을 할 가능성이 높다. 그러나 잘 떨쳐내지 못하는 성향이 정신질환이나 어떤 문제의 징후는 아니다. 그런 자신의 특성을 잘 이해하기만 하면 충만하고 의미 있는 삶을 살아갈 수 있다.

뇌의 작은 조직인 전측대상회피질은 전전두엽 피질과 편도체 사이의 가교로 작용한다. 잘 떨쳐내지 못하는 유전적 성향이 있는 사람들은 이 조직의 일부가 쉽게 활성화되어 돌고 도는, 기이하고 반복적인 걱정을 하는 것으로 보인다.[13]

잘 떨쳐내지 못하는 특성을 보이는 사람들은 사실 그리 중요하지 않은 생각도 중요하다고 느끼곤 한다. 그리고 반응하지 않아도 될 때에도 마음의 내부 작용에 강한 관심과 반응을 보이기 쉽다. 그러므로 결국, 떨쳐내기 어려운 마음을 지닌 채 살아가는 가장 효과적인 방법은 마음에 반응하는 태도를 변화시키는 것이다. 이는 판단, 경보, 절박감 대신, 한 걸음 물러나 더 넓고 더 주의 깊은 시각으로 생각하거나 호기심, 유머 있는 태도를 갖는 것을 의미한다. 이 책을 계속 읽어나가면 스스로가 떨쳐내지 못하는 생각을 찾아내고 이름 붙이는 법을 배울 수 있다. 그리고 어떤 생각이 계속 든다고 해서 곧 비상사태나 경고, 나쁜 징후가 나타나는 의미가 아니라는 사실을 알아차릴 것이다.

떨쳐내기 어려운 마음은 예기불안과 만성적인 망설임을 경험하는 데 중요한 역할을 한다. 떨쳐내기 어려운 생각들을 너무 심각하게 받아들이면, 어떤 위험도 전혀 감수하지 않은 채 불편한 감정을 일으키는 걱정이나 긴장되는 경험을 피하려고 한다. 그 결과 회피를 유발하는 불안(예기불안)이 대두되고, 크고 작은 결정을 내리기가 힘들어진다. 이러지도 저러지도 못하는 느낌은 생활에 제약을 가져오고 스스로가 위험하고 나약하고 결함이 있다는 생각과 심각한 고통으로 이어진다.

떨쳐내기 어려운 마음은 오래 지속되는 특성이다. 그러나 이 모든 특성을 잘 이해하고 나면, 적절하게 관리하면서 더 이상 비참함에 빠지지 않을 수 있다.

스트레스와 예기불안의 관계

스트레스와 예기불안, 스트레스와 만성적 망설임 사이의 관계는 양쪽 모두 복잡하다. 일반적으로 스트레스를 경험할 때는 생각과 감각이 촉발 요인이 되어 잘못된 위험 경보를 울릴 가능성이 높아진다. 그뿐 아니라 불안을 느끼는 증상도 그 정도가 심해진다. 신체적인 스트레스 반응은 결과적으로 절박감을 증가시키고, 신체적 긴장을 불러오며, 호흡 방식에 변화를 가져오고, 집중을 방해할 수 있다. 또한 스트레스를 받을 때는 회피하고 싶은 충동을 더 강하게 느끼며 결정을 내리는 데 확실히 더 큰 어려움을 겪을 수 있다.

그러나 여기에서 중요한 것은 스트레스가 예기불안의 원인이 아니라는 점이다. (불가능한 일이지만) 어떤 방법으로 스트레스 지수를 0으로 낮출 수 있다 할지라도, 결정할 때 겪는 어려움과 회피하고자 하는 욕구는 여전히 사라지지 않는다. 따라서 스트레스 피하기는 예기불안을 극복하는 올바른 방법이 아니라 오히려 또 다른 형태의 회피가 될 뿐이다. 그리고 회피는 유연한 삶을 살아가고 도전에 직면해 자신감을 키울 기회를 제한한다. 다시 말해 모든 형태의 불안은 스트레스에 민감한 영향을 받지만 스트레스가 원인은 아니다.

사람들은 종종 스트레스를 피하기 위해 불안을 유발하는 활동이나 선택에서 손을 떼는 일을 합리화하곤 한다. 하지만 이런 합리화는 스스로에게 도움이 되지 않는다. 불안 각성 자체는 사실 심신에 대한 스트레스가 아니며 위험하지도 않고 피할 필요도 없다. 또한 예기불안을 피하는 것 역시 적절한 스트레스 관리 방법이 아니다. 좋은 결과를 얻기 위해서는 우선 자신이 어떻게 매번 상상력에 사로잡히는지를 이해하는 데 시간과 노력을 들여야 한다. 그러면서 불안 각성이 일어날 때 이에 대해 취해야 할 새로운 태도를 배우고, 자신의 불안한 감정과 새로운 관계를 정립시켜 나가는 방법을 선택해야 한다.

✔ 유용한 사실

예기불안을 피하는 것은 적절한 스트레스 관리 방법이 아니다.

한편 스트레스를 받을 때는 떨쳐내기 어려운 마음 또한 심해진다. 피곤하거나, 감기가 걸렸거나, 월경 전이거나, 전날 술을 너무 많이 마셨을 때는 더 생각을 떨쳐내기 어려울 수 있다. 또한 배가 몹시 고프거나, 외롭거나, 무언가에 대해 화가 났거나, 너무 열심히 일하느라 잠을 못 잤을 때 더 심해질 수 있다. 하지만 왜 다른 날보다 더 생각을 떨쳐내기 어려운지 확실치 않을 때도 있다. 원인이 무엇이든 떨쳐내기 어려운 불안하고 괴로운 생각들은 반복되고, 주위를 맴돌고, 계속 다시 찾아오기 때문에 더 진짜 같고, 더 중요하고, 더 시급하며, 더 주의를 요하는 것처럼 느껴진다. 이것은 물론 착각이다. 그럼에도 불구하고 떨쳐내기 어려운 생각과 느낌은 예기불안으로 인한 어려움을 확실히 가중시키고, 결정을 내리는 데 필요한 자신감을 빼앗아갈 수 있다.

자신이 어떤 특정한 순간에 더 예민해지는지를 파악하면 예기불안이 일어날 때 상황을 이해하고 스스로를 객관적으로 바라보는 데 도움이 된다. 즉 이런 이해는 자신이 느끼는 위험이 과장될 때가 있다는 사실을 기억하게 해줄 수 있다. 또한 어떤 느낌이나 생각이 단순히 강렬하고, 반복적이고, 요란하고, 떨쳐내기 어렵다는 이유로 사실이거나 정확한 예측이 될 수 없다는 점을 기억하게 할 것이다.

실제 일어난 사건들은 예기불안에 어떤 영향을 미치는가

미디어나 다른 사람들과의 대화를 통해서 알게 되는 사건들뿐 아니라, 직접 겪은 경험들 때문에 '만약에 ~하면'이라는 생각에 더 예민하게 반응하는 경우도 있다. 또한 자신이 직접 경험한 일들 때문에 의심과 걱정에 더 신경을 쓰고, 자신이 더 취약하다고 느끼거나, 무언가를 결정하는 일을 더 망설일 수 있다. 또한 어떤 개인적인 위기 상황이나 현재 진행 중인 시련 또는 비극을 겪고 있다면 한동안 매우 민감한 것이 당연하다. 안전성이나 예측성에 대한 믿음이 산산조각 나는 경험을 하면 모든 것이 예전보다 위험하게 보일 수 있다. 예를 들어 질병, 실직, 가난, 차별 같이 안정감을 상실한 상황을 마주한다면 상상할 수 있는 잠재적인 문제들뿐 아니라 현실 문제들도 더욱 불확실하게 느끼고 걱정하는 것이 정상적인 반응이다.

하지만 실제 어떤 스트레스를 받고 있는 중일수록 상상력에 사로잡히지 않도록 주의하고 당면한 현실에 집중하는 태도가 중요하다. 한편 미디어에서 보도되는 테러 공격이나 다리 붕괴 같은 매우 극적이지만 자주 일어나지 않는 사건들에 사로잡혀 자신이 안전한지를 살피는 데 신경쓰고 있는 것은 아닌지 생각해봐야 한다. 누군가가 예기치 못한 심장마비로 쓰러졌거나, 평범치 않은 상황이나 부정적인 결과를 겪었다고 해서 나의 현실이 바뀌지는 않는다. 그럼에도 불구하고 잘 떨쳐내지 못하는 성향의 사람들은 이런 사건들을 접했을 때 그것을 자신의 새로운 걱정거리로 받아들이곤 한다.

중요한 일일수록 선택의 고뇌도 크다

어떤 행동이나 선택이 자신에게 중요한 문제일수록 예기불안이나 결정을 내리는 데 겪는 어려움은 더 심해질 수 있다. 만약 어떤 사건의 결과가 어떻게 되든 그다지 중요하지 않다면 좋지 않은 일이 일어나는 상상을 하거나 후회할까 봐 걱정할 가능성도 더 적다. 선택의 결과에 무심할수록 선택의 고뇌도 적다.

그러나 더 소중하고 중요한 일일수록 예기불안은 증가한다. 개인적으로 걸려 있는 위험부담이 클수록 안 좋은 생각을 떨쳐내기 어렵고 불안은 더 커진다. 예를 들어, 정말로 원하는 자리를 얻기 위한 구직 면접을 앞두고 있다면 더 큰 예기불안을 경험할 것이다. 반면 다른 제의를 받았거나 그 일을 별로 원하지 않는다면 예기불안은 감소할 것이다. 만약 인심을 후하게 베푸는 것이 자신에게 중요한 가치라면, 특정 자선단체에 기부할 금액을 결정하는 일은 어렵다 못해 심지어 회피하고 싶을 수도 있다. 반면 다른 지출 결정은 비교적 쉬울 수 있다. 또는 친절함을 소중히 여기는 가치관 때문에 어떤 것이든 해를 끼치는 행동을 무척 경멸한다면, 신체적, 정신적으로 상처받기 쉬운 사람들이나 자신이 책임지고 있는 어떤 사람들과 소통하는 일이 다른 사람들을 만날 때보다 훨씬 더 큰 예기불안을 일으킬 수 있다.

스스로 해보기

1. 예기불안 가운데 일부는 자동반사적인 뇌의 처리 과정에 해당하며 의식적으로 통제할 수 없다. 반면 의식적인 노력을 통해 훨씬 더 많이 변화를 줄 수 있는 부분들도 있다. 자신이 예기불안을 경험했던 경우를 한 가지 떠올려보고 그 경험에서 어떤 부분이 자동반사적인 과정이었는지, 어떤 부분이 의식적으로 변화를 줄 수 있는 과정이었는지 생각해보자. 즉 무엇이 자신의 통제 하에 있었고 무엇이 통제 밖에 있었는지 찾아보라.

2. 자신이 얼마나 높은 불안 민감성을 지녔는지 평가해보자. 불안 민감성을 측정하는 척도는 불안 민감성 지표ASI, Anxiety Sensitivity index라고 불리는데 다음과 같은 항목들로 이루어져 있다. 심장이 빠르게 뛰면 겁이 난다, 가슴이 답답한 느낌이 들면 숨을 제대로 쉬지 못할까 봐 겁이 난다, 머리가 맑지 않을 때는 내가 뭔가 잘못된 것이 아닐까 걱정스럽다. 다른 항목으로는 난처한 일을 겪을지도 모

른다는 두려움, 심장의 두근거림이나 가슴통증으로 인한 공포감, 땀을 흘리거나 다른 사람들 앞에서 얼굴이 붉어질 수도 있다는 걱정, 미쳐버리면 어떻게 하나 하는 두려움 등이 있다. 당신이 불안 민감성 때문에 두려워하는 것이 있다면 그것은 무엇인가?

3. 삶에서 원치 않는 감정과 생각을 떨쳐내기 더 어려운 때가 언제인 지 적어보고 혹시 특별한 패턴을 발견할 수 있는지 살펴보라.

이번 장에서는 뇌의 정상적인 공포회로가 특정한 생각, 감각, 기억, 상상으로부터 직접적으로 자신이 위험에 처해 있다는 잘못된 느낌을 일으키는 과정을 살펴보았다. 또한 불안 민감성과 떨쳐내지 못하는 마음에 대해서도 살펴보면서 이 두 가지 특성이 각각 어떻게 예기불안과 만성적인 망설임의 경험을 증가시키는지 알아보았다. 이에 덧붙여, 불안에 영향을 미치는 환경적 스트레스도 소개했다.

다음 장에서는 회피가 어떤 중요한 역할을 하는지 살펴볼 것이다. 회피는 위험이 임박했을 때 나타나는 자연스러운 방어적 반응이다. 그러나 회피는 진짜 위험이 아니라 걱정, 부정적 감정, 견디기 어렵다고 생각되는 감정에 대한 반응으로 나타나

기도 한다. 이런 종류의 회피는 역효과를 낳고 더 큰 예기불안을

낳는다.

4

불안, 걱정, 회피의 사이클

우리 삶에 교묘히 자리 잡다

예기불안은 회피하고 싶은 동기를 갖게 만드는 강력한 힘이 있다. 이는 우리가 예기불안으로 인해 어떤 일의 파국적인 결과를 예측하고, 일어날 수 있는 일들 가운데 부정적인 측면에 초점을 맞추는 경우가 많기 때문이다.

이번 장에서는 반대로 왜 회피가 예기불안을 생성, 유지, 강화하는 강력한 원동력이 되는지 설명한다. 앞서 말한 것처럼 파국적인 결과를 예측하는 특성은 정상적인 능력을 발휘하지 못할 만큼 심한 불안과 회피하고 싶은 강렬한 욕구로 이어진다. 그리고 이러한 회피 욕구는 불안이나 다른 불편하고 불쾌한 감정, 감각, 생각 등을 경험하지 않기 위해 일어난다. 하지만 불편하고 불쾌한 경험을 하지 않으려는 과정에서 발생하는 생활의 여러 제약에서 벗어나 자유를 얻기 위해서는 반드시 회피를 멈추는 단계를 거쳐야 한다. 따라서 이번 장에서는 회피가 나타나는 다양한 양상을 소개한다. 분명하게 잘 드러나지 않는 방식들까지 포함해서 말이다. 이것은 자신이 어떤 방식으로 불안을 회피하는지 이해해야 문제를 개선할 수 있는 방법을 배울 수 있기 때문에 매우 중요하다.

회피는 예기불안과 만성적인 망설임을 활성화하고 유지시키는 데 매우 중대한 역할을 한다. 따라서 회피가 삶의 일부분으로 자리 잡는 무수히 많은 방식들도 이번 장에서 살펴본다. 회피의 유형은 자신과 타인 모두에게 명백하게 드러나는 경우부터 미묘하고 찾아내기 어려운 경우까지 다양하다. 궁극적으로는, 자신의 회피 방식이 어떤 유형인지를 알아내는 것이 회복을 향해 가는 첫 번째 발걸음이다. 그것이 행동적 회피(행동하거나 행동하지 않는 일들)든지 아니면 경험적 회피(불안이 발생할 때 생각하거나 느끼는 것들)든지 관계없이 말이다.

행동적 회피

행동적 회피behavioral avoidance 란 행동하거나 행동하지 않는 회피로, 결정을 미루거나 선택하기를 거부하는 경우처럼 보통 타인이 감지할 수 있다. 행동적 회피는 약속을 취소하거나, 도전을 거부하거나, 고속도로를 피하기 위해 다른 경로로 운전하거나, 다른 사람에게 운전해서 다리를 건너달라고 부탁하는 일처럼 의도적이거나 계획된 것일 수 있다. 아니면 좀 더 미묘해서 감지하기 어려운 경우도 있다. 불안감을 낮추고자 친구를 데려오거나, 원치 않는 생각을 피하기 위해서 아이와 단둘이 있지 않는다거나, 너무 무서울 때 빠르고 조용하게 자리를 뜨려고 통로 쪽 좌석만 예약하는 일과 같은 경우가 이에 해당한다.

행동적 회피는 자동반사적이고 무의식적이어서 회피하고 있다는 사실이 그 즉시 명백하게 드러나지 않을 수 있다. 단지 스트레스에 대처하는 방법, 습관, 또는 항상 해오던 방식처럼 보이기 때문이다. 자동반사적인 행동적 회피의 예는 매일 저녁 너무 바빠서 데이팅 앱을 체크할 수 없다거나, 조용히 상념에 잠기지 않으려고 텔레비전을 켜놓고 잠이 든다거나, 무슨 일이 있어도 핸드폰을 꼭 몸에 지니고 있는 습관 같은 것들이다. 심리학자들은 이런 유형의 행동을 '안전 행동safety behavior*'이라고 부르기도 한다. 행동적 회피는 어떤 경험을 하지 않으려고 멀리하는 여러 방법 가운데 하나일 뿐이다.

---

*　어떤 나쁜 일이 발생할까 봐 두려운 마음이 들 때 그것이 현실화되는 것을 방지하고 불안을 감소시키기 위해 미묘한 방식으로 회피 행동을 하는 것. 현실적인 위험이 존재하지 않는 상황에서 안전 행동을 계속하는 경우, 나쁜 일이 일어나지 않은 것이 안전 행동 덕분이라고 여기는 오류를 범한다.

경험적 회피

경험적 회피experiential avoidance는 원치 않는 어떤 경험을 피하기 위해 능동적으로 다른 것에 주의를 집중하거나 초점을 다시 맞추는 일과 관련된다. 이는 현재 일어나고 있는 생각, 감정, 감각 등을 경험하지 않으려고 노력하는 것을 의미한다. 경험적 회피는 의도적으로 시작될 수도 있고 의식적인 자각 없이 자동반사적으로 일어날 수도 있다.

때때로 경험적 회피는 주의산만의 형태를 띤다. 그리고 현재 일어나는 일이 아닌 다른 어떤 것에 주의를 기울이려고 시도하는 경우처럼 매우 명백하게 드러나기도 한다. 예를 들어 멜로디를 흥얼거리거나 배경 음악에 귀를 기울이는 것이다. 하지만 화가 나는 감정을 피하기 위해 호흡에 집중하거나 불편한 대화의 주제를 바꾸는 것처럼 좀 더 미묘한 회피일 때도 있다. 경험적 회피는 자신만의 세계에 빠져 있거나, 겨울잠을 자는 동물처럼 칩거하거나, 싫증을 내거나, 축 늘어져 있거나, 잠만 자거나, 어떤 것에도 관심이 없거나, 뒤로 물러나 참여하지 않는 형태로 나타나기도 한다. 또는 싸움을 걸거나, 성질을 부리거나, 다른 어떤 주제에 대해 열정적인 대화를 시작하는 것처럼 주의를 끄는 다른 극적인 사건을 만드는 모습으로 나타나기도 한다.

경험적 회피의 또 다른 형태는 뇌의 경보를 동반하는 절박감을 어떻게 다루는가와 관계가 있다. 뇌에서 거짓 경보가 울린다면 스스로가 큰 위험에 처했거나 무언가를 급히 피해야 한다고 느끼는 절박감은 거짓이기 때문에 무시하는 것이 당연하다. 그러나 급히 결정해야 할 일이 실제로 있는데도 그때 느껴지는 절박감에 주의를 기울이지 않는다면 큰 문제가 될 수 있다. 특히 만성적인 망설임을 겪는 경우, 절박감을 무시하려는 시도가 분명하게 드러나는 때가 많다. 그런 시도는 거부, 합리화, 편리한 망각처럼 보일 수 있다.

급하지 않다고 스스로에게 되뇌면 일시적으로는 결정에 직면해야 하는 스트레스를 없앨 수 있다. 하지만 이런 처리 방식을 습관적으로 선택하면 예기불안과 만성적인 망설임이 오히려 증가하는 단계가 온다. 스트레스를 회피하면 일시적으로 괴로움이 사라지는데, 이것이 결정을 미루는 행동에 대한 보상으로 작용한다. (이번 장의 뒷부분에서 이에 대해 좀 더 자세히 다룬다.) 절박감에 대한 경험적 회피는 종종 행동적 회피와 만나 미루기, 지체하기, 기회 상실, 그리고 이러지도 저러지도 못하는 결과를 낳는다.

여기에서 매우 중요한 점이 한 가지 있다. 일상에서 가장 흔한 형태의 경험적 회피는 전혀 회피처럼 보이지 않는다. 그래서 사람들은 자신이 회피한다는 사실을 쉽게 인지하지 못한다. (이 경험적 회피는) 바로 *생각으로 감정을 대치하기*다. 생각으로 감정을 대치하면 적극적인 인지 활동을 개입시켜 불안, 혐오, 수치심, 슬픔, 불확실성, 비탄 같은 다양한 부정적 감정을 직접 경험하지 않고 건너뛸 수 있다. 즉 생각이 빠르고 '시끌벅적하게' 오가면서 불쾌한 감정들을 몰아내는 것이다.

✔ 유용한 사실

생각으로 감정을 대치하는 것은 회피의 한 형태다.

1장에서 걱정이 서로 다른 두 가지 부분으로 이루어져 있다고 언급했다. 즉 최초의 걱정하는 생각(만약 [어떤 나쁜 일이 일어나면]?이라는 형태를 띠는)과 이 생각이 유발하는 불안감을 줄이기 위해서 뒤이어 하는 또 다른 생각이 있다. 또한 걱정하는 생각 가운데 '만약에 ~하면' 부분이 예기불안임을 설명했다. 그리고 두 번째 부분, 즉 불안을 없애려는 시도는 이성적인 논쟁, 계획, 분석이나 '대응 전략'으로 이루어져 있는 경우가 많다고 밝혔다. 이런 시도들은 사실 경험적 회피에 해당한다. 걱정의 두 번째 부분이 계속 반복되고, 순환되고, 돌고 돌 때, 이를 '반추rumination*'라고 부른다.

우리는 무언가에 대해 반복적으로 반추하는 경우가 있다. 이는 감정을 사고활동으로 바꿈으로써 해결할 수 없는 문제를 해결하거

＊　어떤 부정적인 사건이나 스트레스 요인을 반복적으로 집요하게 생각하고 음미하는 것을 뜻한다. 보통 생각이 반복되는 것을 제어하기 어려워한다.

나 답할 수 없는 질문에 답을 하려는 시도다. 이것은 또한 불확실하거나 의심이 들거나 확실히 모른다고 느낄 때 발생하는 불편한 감정을 막기 위해 자신도 모르게 하는 시도다. 반추는 그저 걱정의 일부로 보일 수 있다. 그러나 자세히 들여다보면 걱정의 두 번째 부분에 해당하는 이 반추가 계획적이고 의도적이라는 사실을 알 수 있다. 따라서 반추가 무엇인지를 잘 이해하면 이를 변화시키는 것도 가능하다.

감정을 사고로 대치하는 것이 역효과를 가져온다는 주장은 직관에 반대된다고 느낄 수 있다. 이에 대해 명확히 이해하려면 걱정의 두 가지 서로 다른 부분을 잘 기억해야 한다. 간단한 예로 혼자 다음과 같은 내적대화를 나누는 경우를 생각해보자. '그 사람에게 데이트 신청을 했다가 거절당하면 어떡하지?' (불안이 자동반사적으로 증가한다.) '글쎄, 그러면 언제든지 다른 사람을 찾아볼 수 있잖아, 안 그래?' (의도적인 노력으로 불안이 줄어든다.) '그래, 그렇지만 만약 아무도 찾지 못하면 어떻게 하지? 나는 항상 혼자일거야.' (불안이 자동반사적으로 증가한다.) '걱정하지 마, 분명 누군가와 함께 할 거야.' (의도적인 노력으로 불안이 줄어든다.) '하지만 확실히 알 수는 없잖아.' (불안이 다시 자동반사적으로 증가한다.)

걱정이 참으로 특이한 경험인 이유는 다음과 같다. 걱정은 경보 시스템을 자극해 불안을 높이지만 그와 동시에 전전두엽 피질의 활동을 증가시킴으로써 불안을 낮추기도 한다. 또한 전전두엽 피질의 활동에 따른 불안의 감소는 경보 반응을 생성하는 시스템을 진정시킨다. 뇌가 사고, 계획, 분석, 즉 전전두엽 피질의 활동을 끌어내는 기능에 몰두할 때, 그와 동시에 뇌의 공포회로 활동이 감소된다.[14] 이는 '만약에 ~하면'이라는 생각에 대한 해결책을 찾으려는 시도인 걱정의 두 번째 부분이 실제로 대뇌 변연계의 활동(경보 반응을 울리는 뇌회로)을 줄임으로써 불안을 감소시킨다는 의미다. 그러므로 걱정 가운데 반추하는 부분에는 회피 기능도 있다.

✔ 유용한 사실
걱정은 계속되는 순환 고리 안에서 불안 각성을 높이기도 하고 낮추기도 한다.

감정을 사고로 대치하는 것 외에 경험적 회피의 또 다른 형태는 불안을 다른 부정적 감정으로 대치하는 것이다. 이것은 흔히 자동반사적인 반응으로 나타난다. 불안한 생각이나 이미지와 함께 각성이 솟구치면, 불안이라는 감정을 완전히 건너 뛴 채 곧바로 화가 나거나, 자괴감이 들거나, 심지어 슬픈 감정이 드는 것은 흔하다.

한 내담자는 어린 딸이 놀이터에서 사고가 났다는 소식을 듣고 불안했다. 실제로는 크게 다치지 않아 금방 다시 놀이를 시작했음에도 불구하고, 그는 곧바로 딸이 심각한 부상을 입은 장면을 상상했다. 그리고 아이들을 인솔한 부모에게 점점 화가 났다. 그러다가 그는 자신이 그 부모와 놀이터의 안전조치에 대해 충분히 알아보지 않았다며 스스로를 탓하기 시작했다. 그는 자신의 반응이 매우 지나치다고 인정하면서도 속고 기만당했다는 느낌이 들었다. 이런 감정은 짧은 순간이나마 그가 불안을 직접 경험하지 않도록 만들었다.

불안보다 분노의 감정에 동요를 덜 느끼는 사람들의 경우, 불안 대신 습관적으로 짜증이 나고, 좌절감이 들고, 화가 나는 경험을 할 수 있다. 또 다른 경우에는 불안할 때 순간적으로 겪는 감정이 자기비판적인 수치심, 절망감, 패배감일 수 있다. 이렇게 불안을 다른 부정적 감정으로 대치하면 기분이 좋아지지는 않지만 경험적 회피를 할 수 있다. 그러나 이는 결국 예기불안을 더 심하게 느끼도록 만든다. (이번 장 마지막 부분에서 그 이유를 자세히 설명한다.)

불안이 느껴질 때 이에 대처하는 수단으로 회피를 자주 사용하고 있다면 이 방법이 매우 비효율적이라는 사실을 이미 깨달았을 수도 있다. 사실, 모든 유형의 회피는 장기적으로 불안을 증가시키기 때문에 회피하려는 노력은 궁극적으로 문제를 키우고 만다. 예기불안에 대한 이런 기본적 진실을 이해하면 어떻게 하는 것이 훨씬 더 생산적인 방향으로 가는 길인지를 알게 될 것이다.

다음은 행동적, 경험적 회피 전략의 일부를 보여준다. 다음 전략들 가운데 자신의 생활 속에서 찾아볼 수 있는 것이 있는지 생각해보라. 하지만 이는 대표적인 몇몇 사례일 뿐 절대로 모든 회피 전략을 다 포함하는 목록이 아님을 기억해야 한다. 이밖에 불안한 느낌을 경험하지 않기 위해 거리를 두는 다른 방식들도 회피라고 볼 수 있다.

완벽한 행동적 회피의 예:

- 하지 않는다.

- 미룬다.

- 가지 않는다.

- 다른 사람이 일을 하도록 만든다.

- 다른 사람이 결정하거나 선택하도록 한다.

부분적인 행동적 회피의 예:

- 어떤 일을 경험하는 시간을 줄인다.

- 일의 일부를 생략한다.

- 혼잡한 시간대나 붐비는 엘리베이터를 피하고, 어느 정도 높이 이상의 장소에는 올라가지 않는다.

- 반드시 동행자, 휴대전화, 신경안정제가 있는 경우에만 외출한다.

- 어떤 상황에서 다른 사람과 연락이 끊어지지 않게 계속 문자를 한다.

- 상황이 여의치 않을 때 빠져나올 수 있는 방법을 마련해둔다.

- 어떤 일을 하는 동안 예전에 심한 불안이나 불쾌한 감정을 유발했던

자극만 선택적으로 피한다.

- 팟캐스트 같은 것을 들으면서 일한다.
- 의도적으로 주의를 분산시키는 활동을 한다.

인지적 의식 행위:

- 나쁜 일이 일어나지 않도록 딱 맞는 셔츠를 입는다.
- 엘리베이터에 탈 때 자신만의 규칙에 따라 왼쪽이나 오른쪽 중 딱 알맞은 쪽 발로 디딘다.
- '하나님은 선하시니 나를 보호해주실 것이다'와 같은 안심시키는 경구를 반복해서 되뇐다.
- 언제든지 신경안정제를 복용할 수 있다는 사실을 스스로에게 상기시킨다.
- 불안해질 때마다 '그냥 조금 불안할 뿐이야. 나는 괜찮아'라고 반복해서 되뇐다.
- 장점과 단점 목록을 보고 또 본다.

효력이 없는 대처기술(안전 행동):

- 누구에게 도움을 요청할 수 있을지 상상한다.
- '만약의 경우'를 위해 언제나 물, 반려동물, 휴대전화 등을 챙긴다.
- 나중에 닦거나, 정리하거나, 고칠 생각을 한다.

- 일단 전부 다 구입하고 나중에 거의 다 반품하기로 계획한다.

- 나중에 결정하기로 한다.

- '만약의 경우'를 위해 안전한 장소와 안전을 위한 사람들을 계획하고 배치한다.

- 참사가 일어날 확률이 얼마나 낮은지를 스스로에게 반복적으로 상기시킨다.

경험적 회피:

- 화나는 감정을 느끼지 않으려고 호흡에 집중한다.

- 선글라스를 쓰고 아무도 자신을 볼 수 없을 것이라 생각한다.

- 어떤 상황이 끝날 때까지 속으로 숫자를 센다.

- 준비가 됐다고 느껴질 때까지 낮잠을 잔다.

- 주의를 다른 곳으로 돌리기 위해 게임을 한다.

- 자신이 현재 다른 곳에 있다고 상상한다.

- 어떤 일을 하는 내내 빠져나갈 수 있는 가능성에 대한 계획을 짠다.

- 걱정 가운데 '만약에 ~하면' 부분을 곱씹고 반추한다.

- 불안이 유발될 때 화를 낸다.

이제부터는 회피와 걱정의 이차적인 부분(합리화, 자기 위안, 분석, 반추, 문제 해결)이 어째서 예기불안의 해결책이 되지 못하는지 알아본다. 표면적으로 그것은 마치 불안을 해결하는 것처럼 보이지만 실제로는 악화시킬 뿐이다.

성공의 기회를 막는 미묘한 회피

우선 회피가 어떻게 부적 강화negative reinforcement 인자로 작용하고 예기 불안을 악화하는지 살펴보자. 그 다음에는 회피가 어떻게 새로운 학습을 하기 위한 연습이나 할 수 있다는 증거를 발견하거나 성공의 기회를 상실하게 만드는지 살펴보자. 이런 기회의 상실은 예기불안과 만성적인 망설임을 유지하는 역할을 한다.

부적 강화

부적 강화라는 용어를 듣고 사람들은 흔히 처벌을 떠올린다. 그러나 부적 강화는 처벌과는 아무 상관이 없으며 서로 전혀 다른 개념이다.

어떤 행동에 대한 반응이 그 행동을 더 강력하게 만들 때, 심리학자들은 '강화'라는 용어를 사용한다. 대부분의 경우, 강화는 보상으로 여겨진다. 예를 들어, 개가 앉고 당신이 말한다. "우리 강아지 착하네." 그런 다음 개를 쓰다듬고 간식을 준다. 개가 명령에 따르도록 훈련시키는 것이다. "우리 강아지 착하네"라는 말, 쓰다듬는 행동,

간식은 모두 보상이다. 심리학 용어로는 '정적 강화 인자positive reinforcers'라고도 한다.

정적 강화는 어떤 행동이 더 강하게 나타나도록 그 행동이 일어난 직후에 무언가 긍정적인 것을 덧붙이는 일이다. 반대로 부적 강화는 어떤 행동이 일어난 직후에 이미 존재하던 부정적인 것을 제거하는 일이다. 부적 강화는 정적 강화와 마찬가지로 해당 행동이 더 강하게 나타나도록 만든다. 즉 통증의 감소나 (불안 같은) 불편한 감정의 감소는 즐거움의 증가와 마찬가지로 어떤 행동이 더 강하게 나타나도록 만든다는 점을 이해하는 것이 중요하다.

부적 강화의 예는 다음과 같다. 심한 두통을 없애기 위해 아스피린을 먹고 효과를 보면, 다음에 두통이 생겼을 때 다시 아스피린을 찾을 가능성이 높다. 왜냐하면 아스피린을 먹었을 때 고통이 줄어든 경험이 바로 부적 강화이기 때문이다. 아스피린을 먹는 것은 강화된 행동이다.

부적 강화의 또 다른 예로는 다음과 같은 것이 있다. 한참 자고 있는데 알람이 울린다. 당신은 그 소리에 짜증이 나서 잠자리에서 일어나 알람을 끈다. 짜증나는 소리는 사라졌고 잠자리에서 일어나 알람을 끄는 행동은 강화된다.

한 가지 예를 덧붙이면 다음과 같다. 운전을 하는데 비가 오기 시작한다. 자동차 앞 유리에 빗물이 떨어져 길이 잘 보이지 않는다.

와이퍼를 작동시키자 시야가 훨씬 더 또렷해지고 운전하기도 한결 수월해진다. 시야가 흐릿한 불편함이 감소하는 것은 와이퍼를 켜는 행동을 부적으로 강화한다. 이처럼 부적 강화는 정적 강화와 마찬가지로 우리가 무언가를 배워 나가는 방식 가운데 하나다.

때로 심리학자들은 정적 강화를 '추가적 강화addition reinforcement', 부적 강화를 '제거적 강화removal reinforcement'라고 부르기도 한다. 이런 용어들은 개념을 좀 더 기억하기 쉽게 만들어준다.

회피는 예기불안을 부적 강화한다

회피는 거의 즉각적으로 불안한 감정을 완화시키기 때문에 우리는 매우 강력한 회피 욕구를 느낄 수 있다. 그런데 불행히도 회피를 통해 얻는 불안의 완화는 일시적이다. 불안의 감소가 그에 앞서는 회피 충동과 예기불안을 부적 강화하기 때문이다. 회피는 예기불안의 영향력이 커지게 만드는 동시에 스스로가 가진 통제력은 줄어들게 만든다.

〈그림 7〉은 회피와 부적 강화가 결합해 계속해서 더 강한 회피 충동과 예기불안을 일으키는 과정을 보여준다. 부적 강화는 여느 강화와 마찬가지로 강화된 것이 무엇이든 그 빈도, 강도, 지속성을 더 강력하게 만든다. 따라서 회피는 부적 강화 인자로서 매우 강력한 힘을 발휘해 '만약에 ~하면'이라는 생각을 더 많이 하게 만들고 그런

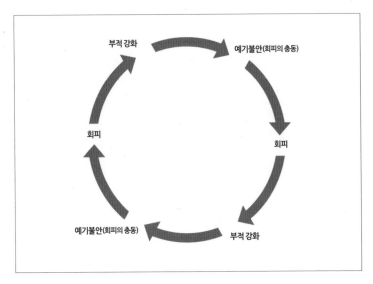

그림 7. 회피와 부적 강화의 순환

생각과 함께 붙어 있는 불안한 감정의 강도와 지속성을 증가시킨다.

회피는 새로운 배움을 차단한다

회피는 '만약에 ~하면'이라는 생각과 상상 속의 재앙이 과연 사실로 나타날지 그 결과를 확인할 수 없게 만든다. 그래서 회피를 하면 예기불안이 다가오는 사건을 부정확하게 예측할 수 있다는 점을 배울 여지가 사라진다. 즉 회피함으로써 어떤 일을 굳이 피하지 않아도 잘 지낼 수 있다는 사실을 깨달을 기회를 박탈당한다. 이 때문에 회피를 하다 보면 생존, 아니면 최소한 자신이 느끼는 안도감이 회피 덕분이라고 여긴다. ("신경안정제, 다른 사람의 도움, 중간에 자리를 빠져나올 계획, 시간 줄이기 등이 아니었다면 그 일을 할 수 없었을 거야.") 그리고 자신이 종이호랑이에 속아 넘어갔다는 사실을 절대로 알 길이 없다.

두려운 경험을 통과하는 일을 회피하면, 당신은 자신이 충분히 전화 통화를 할 수 있었고, 버스에 탈 수 있었고, 두려워했던 일이 사실은 그렇게까지 나쁘지 않았다는 사실을 인식할 기회를 잃는다. 또한 스스로 믿는 것보다 자신이 더 강하고, 현명하고, 능력 있고, 유연하며, 실수를 해도 잘 대처할 수 있다는 사실을 절대 알 수 없다. 그리고 누군가 함께 가줄 필요가 없었다거나 휴대전화 없이도 한 시간 이상 살아남을 수 있다는 것을 절대로 알 길이 없다. 어떤 자리에 갔을 때 즉석에서 상황에 적응할 수 있고, 어떤 새로운 것을 배울 수 있으며, 후회, 난처함, 거절을 당하더라도 괜찮을 수 있다는 것을 경험할 기회를 전혀 갖지 못한다. 절대로 자신감을 쌓을 수 없다.

자신에 대한 잘못된 가정을 부정하는 새로운 경험을 하지 못한 채, 당신은 예전 기억과 상상에만 의존하면서 이러지도 저러지도 못하는 상태가 계속된다. 뇌가 항상 지나던 오래된 경로만을 따르기 때문이다. 그러므로 이를 벗어나 성장하고자 한다면 회피를 회피해야만 한다.

회피는 성공을 경험할 기회를 박탈하고, 불안을 부적 강화한다.

스스로 해보기

당신이 만약 앞으로 나아가지 못한다면, 그래서 두려움을 극복하고 스스로 삶의 결정을 내릴 수 있다는 자신감을 얻지 못한다면, 회피가 어려움의 원인일 가능성이 높다. 생활 속에서 나타나는 행동적 회피와 경험적 회피의 패턴을 찾아보라. 회피는 바로 분명하게 알아보기 힘들 때도 있다. 그러나 미묘한 형태의 회피가 어떤 식으로 일어나는지 이해함으로써 이제부터 치유를 향한 발걸음을 옮길 수 있다.

이번 장에서는 회피가 왜 우리를 계속 불안하고 이러지도 저러지도 못하게 만드는지 깊이 있게 살펴보았다. 또한 뇌가 촉발 요인에 반응해 회피를 일으킬 때 어떤 일이 일어나는지도 설명했다. 그리고 행동적 회피와 경험적 회피의 분명한 형태와 좀 더 미묘해서 감지하기 어려운 형태도 소개했다. 회피가 어떻게 새로운 학습을 차단하는지와 부적 강화 인자로 작용하는지 보여주었다.

다음 장에서는 불안에 사로잡힌 사고가 어떻게 우리의 지각을 왜곡하고, 상상력을 장악하고, 객관적 상황에 맞지 않게 지나친 위험을 느끼게 하고, 상식적 판단을 막는지 보여줄 것이다.

5

불안에 사로잡힌 사고

늘 최악을 상상한다

이 책의 공저자인 나(세이프 박사)는 공항에 거점을 두고 있는 비행 공포증 치료 프로그램을 17년 넘게 운영했다. 미국에서 가장 큰 규모인 이 프로그램에서 참가자들은 공항에 모여 지상에 있는 비행기에 타보는 등 6주간의 치료에 참여한다. 그리고 프로그램 마지막에는 뉴욕에서 보스턴까지 직접 비행기를 타는 체험을 한다. 이들은 모두 비행을 매우 두려워하는 사람들로 어떤 이들은 10년, 20년 동안이나 비행기를 타지 않았다. 한 번도 비행기를 타지 않은 사람들도 있었다. 여행 계획을 짜고 비행기에 탑승도 했지만 극심한 공포에 질린 나머지 이륙 직전에 도망친 사람들도 있었다. 그밖에도 대부분 여러 번 항공편 예약을 취소한 경험이 있었다. 이런 두려움 때문에 직장을 잃은 사람도 있었고, 대륙 건너편, 또는 바다 건너에 살고 있는 사랑하는 이들을 만날 수 없는 사람들도 있었다.

이들은 각자 서로 비슷한 걱정을 했는데 보통 다음과 같은 내용이었다. "일단 비행기에 타고 나면 돌이킬 방법이 없잖아요. 극도로 공포에 질리거나 비행기가 충돌하거나 지독한 난기류를 만나도 나올 수가 없어요. 그냥 하늘에서 그 금속 튜브 안에 갇히는 거예요. 그런 생각 때문에 너무나 겁이 나요. 그래서 비행기를 못 타겠어요."

그러나 이 프로그램에 참가했던 대부분의 사람들은 자신이 비행기를 못 탈 것이라고 예상한 것이 터무니없었음을 깨달았다. 다른 참가자들과 함께 비행기를 타기로 용기를 냈던 사람들 대부분이 스스로의 예상과 달리 비행기 여행을 너무나도 훌륭히 해냈기 때문이다. 예기불안은 앞으로 일어날 일을 예측한다고 생각하게 만들지만 그것은 착각에 불과하다.

사실 비행공포증을 겪는 모든 사람들은 자신만의 상상력에 현혹되어 예기불안의 먹잇감이 된다. 왜 이런 일이 일어나는지 한번 살펴보자.

불안에 사로잡힌 사고를 멈추기 어려운 여섯 가지 이유

불안이 유발된 상태에서는 마치 마음을 납치당한 듯 상상력이 온 마음을 장악하기 쉬워진다. 또한 자신이 본래 가지고 있었던 건강한 상식을 잃어버리기 쉬워진다. 우리의 정신이 불안으로 인해 '불안에 사로잡힌 사고'를 하는 의식 상태로 바뀌기 때문이다. 불안에 사로잡힌 사고는 위험을 상상했을 때 나타나는 신경학적 경보시스템의 정신적 결과다. 우리의 뇌는 위험에 준비되어 있고 몸 또한 자율신경계가 발동되어 외부 정보에 대한 모든 인식은 원시적 생존을 위해 고안된 규칙을 따른다. 즉 그렇지 않다는 것이 입증되기 전까지 몸과 뇌가 위험이 존재한다고 가정한다. 이에 따라 우리는 주의의 폭이 좁아지고 더 조심성 있게 위험에 주목할 수 있다.

이런 이유로 불안에 사로잡힌 사고는 '일반적인' 사고와 비교했을 때 조금 다른 일련의 규칙들을 따른다. 따라서 예기불안이나 어려운 선택을 해야 하는 압박에 대처할 때 세상은 다르게 보인다. 의식 상태가 바뀌기 때문에 스스로가 판단하고 이것이 좋은 판단이라고 믿기가 너욱 어려워진다. 그러나 불안에 사로잡힌 사고가 어떻게 자신의 관점을 바꾸는지 이해하고 나면, 판단력을 회복하는 일이 훨씬 쉬워진다.

다음은 불안에 사로잡힌 사고를 멈추기 어려운 여섯 가지 주된 이유다. 이는 과도한 상상이 떠오를 때 그런 상상이 자신에게 중요한 사실들을 암시한다고 잘못 믿기 쉬운 이유이기도 하다.

불안에 사로잡힌 사고는 선택적으로 재앙을 예측한다. 불안에 사로잡힌 사고에는 파국적인 결과를 상상하고 예측하기가 포함된다.[15]

불안에 사로잡힌 사고는 우리가 파국적인 결과와 최악의 경우를 상상하게 만든다. 그리고 거의 전적으로 위험에만 초점을 맞추게 하고 돌아올 수 있는 보상에는 훨씬 덜 주목하게 만든다. 어떤 일에 대해 천 가지 결과가 가능하다면 대부분은 무해한 결과일 것이다. 그러나 불안한 상태에서 생각하다 보면, 참사를 일으킬 수 있는 드물지만 가능한 한두 가지 결과에 불균형적으로 많은 시간과 정신 에너지를 쏟는다. 이런 일은 예기불안과 선택에 대한 고민으로 고심할 때 특히 더 많이 일어난다.

가족 모임을 앞두고 있는 어떤 사람이 헤어진 배우자가 모임에 나타나 당황한 나머지 공황 상태에 빠지거나 사람들 앞에서 창피를 당할 수 있다는 생각을 한다고 해보자. 이런 이유로 자신이 가족 모임을 감당할 수 없을 것이라고 계속 되뇐다면 이는 파국화catastrophizing*의 한 예가 될 수 있다. 또한 위통의 원인을 진단하기 위한 MRI 검사 예약을 계속 취소하는 어떤 사람이 있다고 해보자. MRI 기계 안에 들어가 있는 것을 참지 못해 도중에 검사를 중단할까 봐, 또는 치명적인 질병을 진단받을까 봐 걱정되어서 예약을 취소한다면, 이것 역시

---

* 비합리적인 생각에서 파생한 인지적 왜곡 현상 중 하나로, 어떤 경험을 하던 최악의 결과를 얻을 것이라고 가정하는 태도를 뜻한다. 실제 겪고 있는 것에 비해 훨씬 더 좋지 않은 상황에 처했다고 스스로 평가하거나, 상황의 위협적이고 어려운 측면을 과장해서 생각한다. 또는 고통을 극복할 수 있는 자신의 능력을 과소평가한다.

또 다른 파국화의 예가 될 수 있다.

어떤 상황에서 최악의 시나리오를 생각한다고 할 때, 이 시나리오가 실현될 가능성은 아주 없지 않지만 매우 낮다. 그러나 불안에 사로잡힌 사고의 선택적 부정성 selective negativity 은 그 가능성이 매우 높은 것처럼 보이게 한다. 그리고 최악의 가능성을 상상하면, 자율신경계 각성의 증가로 과도한 반응을 보인다.

불안하지 않을 때는 세상에 어떤 것도 완전히 보장되는 일은 없다는 점을 인식하고 받아들일 수 있다. 그리고 모든 일이 별 문제없이 괜찮을 가능성이 가장 크고, 그렇지 않다고 해도 상황을 어떻게든 헤쳐 나갈 것이라고 생각하며 앞으로 나아갈 수 있다. 하지만 마음이 불안한 상태에서는 재앙이 일어나는 생생한 장면을 그리고 다른 모든 긍정적인 가능성들을 무시한 채 최악의 이미지에 사로잡혀 능력을 발휘하지 못한다.

불안에 사로잡힌 사고는 위험하다는 느낌을 심화한다. 어떤 행동을 취하려고 할 때마다 우리는 그 행동에 따르는 위험부담이 존재한다는 것을 알고 이득을 볼 가능성과 위험성을 은연중에 저울질한다. 집 주변 산책을 예로 들어보자. 산책을 하다 보면 차에 치일 수도 있고 넘어져서 다리가 부러질 수도 있다. 하지만 당신은 어쨌든 산책을 한다. 산책 중에 어떤 끔찍한 일이 일어날 가능성이 극히 낮다고 은연중에 판단하기 때문에 그 가능성을 무시한 채 산책에 나서는 것이다. 사실 당신은 매일 하는 많은 일들의 위험성을 대부분 생각조차 하지 않을 수 있다. 이것은 위험성이 극히 낮기 때문에 그냥 무시하는 것이 낫다고 이미 판단했기 때문이다.

우리가 일반적인 상태에 있을 때, 특정 행동이 얼마나 위험하다고 느끼는지는 나쁜 일이 얼마나 일어날 것 같은가(일어날 확률)와 나쁜 일이 정말 일어난다면 과연 얼마나 심각하게 나쁠 것인가(얼마나 많은 것을 잃을 것인지)라는 두 가지 요인의 자연스러운 조합으로 결정된다.

그러나 불안에 사로잡힌 사고는 이 조합에 변화를 가져온다. 불안에 사로잡힌 사고는 위험부담에만 초점을 맞추고 확률은 무시한다. 산책을 막 나가려는 참에 집에서 한 블록 떨어진 인도에서 통제불능 상태의 차가 사람을 쳤다는 지역 뉴스를 들었다고 해보자. 당신은 겁에 질려 이렇게 생각할지 모른다. '세상에, 내가 그 자리에 있을 수도 있었는데! 내가 다치거나 죽을 수도 있었잖아!' 이런 상태에서 불안에 사로잡힌 사고는 산책이 위험하다고 느끼게 만들 수 있다. 그럴 확률이 극히 낮다는 것은 중요하지 않고, 얼마나 큰 것을 잃을지에만 온통 신경 쓰는 것이다. '내가 만약 그곳에 있었다면 어찌 되었을까? 내가 만약 차에 치였다면? 내가 만약 산책을 하다 죽었다면?' 당신은 산책을 피하려는 강한 충동을 느낄 것이다.

다음은 기묘한 생각이 들 때 우리가 불안한 상태인가 아닌가에 따라서 그것을 어떻게 다르게 처리할 수 있는지 보여주는 예다. 대부분의 사람들이 발코니에서 뛰어내리거나 떨어지는 생각을 하는 침투적 사고를 경험한다. 그런데 만약 어떤 사람이 정신건강에 대해 전반적으로 불안을 느껴서 자신이 확실히 괜찮은 상태인지 확인 중이라고 생각해보자. 침투적 사고는 그런 사람에게 경보를 울릴 수 있다. 그리고 마치 이것이 위험에 대한 의미심장한 경고처럼 느껴져 곧바로 발코니를 떠나 안으로 들어가고자 하는 충동을 느낄 수 있다.

사실 인간은 위험 평가에 굉장히 서투르다. 우리가 어떤 활동을 얼마나 위험하다고 여기는지 결정하는 데 가장 중요한 요인은 얼마나 자주 우리가 그 활동에 관여하는가다. 즉 어떤 활동에 자주 노출되면 위험하다는 느낌을 덜 받는다. 명백하게 위험한 일을 하는 사람들조차 한동안 그 일을 하고 나면 작업 중에 안전하다고 느낀다고 보고된다. 이것이 바로 무엇이 안전하고 무엇이 안전하지 않은지, 무엇을 선택하고 무엇을 피할지 판단하는 데 있어서 "직감을 믿으라"는 말이 별 도움이 되거나 믿을 만한 제안이 아닌 이유다.

✔ 유용한 사실

안전과 관련해서 "직감을 믿으라"는 말은 그리 믿을 만한 제안이 아니다.

불안에 사로잡힌 사고는 기억을 선택적으로 강조한다. 58세 한 여성은 공개적인 자리에서 발표하는 일을 굉장히 두려워했다. 그녀는 최근 발표하는 동안 경험했던 두 번의 강렬한 불안에 대해 들려주면서 자신이 기억하는 한 발표할 때마다 두려움을 느꼈다고 했다. 하지만 성공적으로 치료를 받고 비교적 낮은 불안 상태를 유지하며 발표를 하고 난 후, 불현듯 그녀는 지난 40여 년간 자신이 과도한 불안을 겪지 않으면서도 수많은 발표를 해왔다는 사실을 떠올렸다.

이는 드문 현상이 아니다. 처음에는 일상적으로 문제없이 잘 지냈던 과거를 기억하지 못할 수 있다. 그러나 회복 후에 사람들은 갑자기 타인과 긍정적으로 교류했던 기억, 끝없는 망설임 없이 성공적으로 과제를 마쳤던 경험, 사람과 상황에 대해 불안함을 느끼지 않고 접촉했던 예전의 일들을 떠올린다. 강렬한 예기불안과 망설임을 겪는 사람들은 자신이 언제나 그런 문제들을 겪었다고 생각하지만 사실은 그렇지 않다.

기억은 과거를 사진 찍듯 기록하지 않는다. 기억은 믿기 어렵고 회고할 때 수정되기도 한다. 아마 당신은 확고하게 믿었던 자신의 기억이 사실은 잘못되었거나 왜곡되었거나 다른 누군가의 기억과 극명한 차이를 보인다는 것을 경험한 적이 있을 것이다. 심리학자들은 누구든지 강렬한 감정을 느끼지 않았던 경험보다 팽팽한 긴장감을 느꼈던 경험을 훨씬 더 생생하고 강렬하게 기억한다는 점을 발견했다.[16] 이것이 바로 불안에 사로잡힌 사고를 하다보면 기억에서 과거의 성공이나 중립적인 감정을 느꼈던 사건들이 축소되고, 실수, 실패, 상실, 난처함의 기억만이 떠오르는 이유다. 그리하여 당신은 앞으로도 과거의 좋지 않은 기억들처럼 고통스러운 일들을 마주할 것이라고 믿는다.

심리학자들은 또한 자이가르닉 효과Zeigarnik effect를 발견하기도 했다.[17] 자이가르닉 효과는 마무리해서 목록에서 지워진 과제보다 마무리하지 못했거나 중단되었던 과제를 사람들이 훨씬 더 잘 기억하는 현상을 말한다. 무언가를 하려다가 회피하거나 이러지도 저러지도 못하면서 더 이상 나아가지 못할 때, 그것은 마무리하지 못한 과제가 된다. 이런 경험은 그 일을 해보려고 노력하면서 느꼈던 불안, 망설임의 감정과 함께 당신의 기억 속에 남는다. 그래서 과제를 해내려던 노력을 그만두면 그 일이 정교하게 기억되는 반면, 완료된 과제는 더 쉽게 잊힌다.

불안에 사로잡힌 사고는 생각의 오류를 심각한 경고로 받아들이게 한다. 이제 생각에 대한 다양한 오해와 근거 없는 믿음을 살펴보자. 다음은 예기불안과 만성적인 망설임이 심해지게 만드는 근거 없는 믿음의 예다.

근거 없는 믿음 1: 무언가를 생각하면 그 일이 일어날 가능성이 높아진다. 이는 사람들이 생각에 대해 갖는 완벽한 오해다. 심리학자들은 이런 근거 없는 믿음을 '사고-행동 융합thought-action fusion*[18] 또는 '마술적 사고magical thinking**'라고 부른다. 생각은 앞으로 일어날 일에 대한 메시지가 아니다. 다시 말해, 생각은 미래에 일어날 사건이나 누군가의 끔찍한 행동을 예언하고 경고하지 않는다. 또한 생각은 비행기 추락, 자동차 사고, 자연 재해를 경고하지 않는다. 그리고 절대로 생각만으로 누군가의 어떤 행동이나 어떤 사건이 발생하도록 만들 수 없다. 생각은 현실 세계에서 어떤 일이 일어날 확률을 높이지 못한다. 어떤 생각을 함으로써 사물을 움직이거나 사람들을 해칠 수도 없다.

근거 없는 믿음 2: 무언가를 생각하면 그 일이 일어나지 않을 가능성이 높아진다. 이는 앞에서 말한 믿음과 정확히 반대다. 이런 믿음의 예로 누군가를 걱정하는 것이 그 사람을 보호하거나 충실한 태도로 대하는 방법이라는 생각이 있다. 하지만 생각은 현실 세계에서 어

---

* 머릿속에 떠오르는 불쾌하고 용납할 수 없는 생각들이 외부 세계의 사건에 영향을 미칠 수 있다는 믿음. 부도덕한 생각(예: 사람을 죽이는 생각)은 실제로 부도덕한 행동을 하는 것과 거의 마찬가지라는 믿음이나, 어떤 생각(예: 여자 친구가 심각한 질병에 걸리는 생각)이 실제 그 사건이 일어날 가능성을 높인다는 믿음 등을 말한다.

** 생각, 행동, 말, 또는 상징을 사용해서 물리적 세계에 일어나는 사건들에 영향을 미칠 수 있다고 생각하는 태도로, 사람의 내면적 경험과 외부 세계 사이에 인과 관계가 있다고 여긴다.

떤 일이 일어나거나 일어나지 않을 확률을 높이지 않는다. 우리는 누군가를 걱정하면서 자신이 그들을 보호하기 위해 무언가를 하고 있다고 느끼기도 한다. 하지만 실제로는 자신의 뇌를 훈련시켜 걱정의 사이클을 강화할 뿐이다. 그러므로 현실에서 일어나는 일들을 생각으로 통제하려는 시도를 그만 둔다고 해서 누군가에 대해 무책임하거나 애정이 없다고 생각하지 않아도 된다.

근거 없는 믿음 3: 모든 생각은 생각할 가치가 있다. 마치 케이블 TV처럼 우리는 동시에 마음을 지나가는 서로 다른 여러 가지 생각 채널을 갖고 있다. 그 모든 생각을 한꺼번에 다 하는 것은 불가능하다. 그리고 그 가운데 어떤 채널은 쓸모없는 내용이나 (인포머셜 채널infomercial channel *** 이나 지역 고등학교의 공지사항 같은) 상관없는 정보들로만 가득하다. 다시 말해, 모든 생각이 다 생각할 만한 가치가 있는 것은 아니다. 하지만 두려움을 일으키는 침투적 사고가 발생할 경우, 모든 생각이 생각할 가치가 있다고 믿으면 그러한 생각(침투적 사고)에 몰두한 나머지 그것에 불필요한 의미와 관심을 부여할 수 있다. 쓸모없는 생각들에 관심을 온통 사로잡히는 것이다.

근거 없는 믿음 4: 반복되는 생각은 중요하다. 어떤 생각의 중요

*** 'information(정보)'과 'commercial(광고)'의 합성어로, 광고처럼 보이지 않도록 어떤 주제에 대해 길게 정보를 제공하는 텔레비전 광고를 뜻한다.

성이나 의미는 그것이 얼마나 자주 반복되는지와 상관이 없다. 또한 생각은 저항하거나 밀어내면 더 반복된다. '가려운 부분은 생각하지 마', 또는 '그 사람 이에 낀 음식 찌꺼기를 자꾸 신경 쓰지 마' 하는 것처럼, 어떤 생각이든 애써 짓누르려 하면 더 계속 반복되기 쉽다. 우리가 어떤 생각에든 에너지를 쏟으면, 그것이 신경망의 연결을 키우고 그런 생각이 더 많이 들게 만든다.[19] 이런 원리는 중요성과 상관없이 어떤 생각이든 적용된다. 즉 특정한 생각이 마음에 들어오지 못하도록 막으려는 시도가 바로 그 생각이 다시 돌아와 고착되는 이유다.

불안에 사로잡힌 사고는 자기충족적 예언self-fulfilling prophecy이 이루어질 조건을 마련할 수 있다. 불안에 사로잡힌 사고는 세상을 적대적이고 위협적인 곳으로 바라본다. 만약 숲 속을 걷는데 가까이에 위험한 동물이 돌아다닌다는 이야기를 듣는다면 당신은 사람들이 많이 다니는 길로만 다녀야 한다고 확신할 것이다. 극도로 위험을 피하는 삶은 안전한 선택에 머무르고, 창의적인 도약을 제한하고, 새로움과 미지의 대상을 피하는 것을 의미한다. 하지만 새로운 시도를 하는 일에 너무 겁을 먹는다면 어떻게 무언가에 성공할 수 있겠는가? 그래서 내담자들을 만났을 때 종종 이런 말을 한다. 무언가 새로운 시도를 하는 일이 절대 성공을 보장하지는 못하지만 어떤 시도도 하지 않는 행동은 확실히 실패를 보장한다. 그러므로 만약 당신이 어떤 상황을 처리할 수 없을 것이라 생각하고, 데이트 신청을 망칠 것이라고 생각하고, 운전해서 다리를 건너는 것이 너무 무섭다고 여기고, 어떤 색깔의 매니큐어를 사야 할지 결정하지 못할 것 같고, 그래서 아무것도 시도하지 않는다면 당신은 자신의 끔찍한 예상이 현실이 될 가능성을 극적으로 키우는 것이다.

이에 대해서는 많은 예가 있다. 임금 협상을 시도하고 싶지만 너무 불안해서 임금 인상을 위한 논쟁을 충분히 하지 못할 수 있다. 몇 시간이나 몰래 노래 연습을 했음에도 불구하고 막상 누군가가 노래방 기계를 틀고 노래할 사람이 없는지 찾을 때는 망설이다가 기회를 놓칠 수 있다. 전 세계로 출장 다니는 직급으로 올라가기 위해 승진 심사에 지원하는 일을 '잊어버리면서' 절대 자신은 성공하지 못할 것이라고 믿을 수도 있다. 스스로의 안전지대를 넓힐 수 있는 일들을 시도하기가 지나치게 두려운 나머지 아무 것도 하지 않으면, 예상치 못했던 성취를 해서 놀라는 기회 역시 사라진다.

불안에 사로잡힌 사고는 문제를 급히 해결해야 한다는 절박감을 키우고 때때로 도움을 주는 적당한 해리를 감소시킨다. 우리 모두에게는 더 가까운 미래의 일로 다가오거나, 반드시 행동을 취해야 할 상황이 생기거나, 더 많은 정보를 얻을 때까지 별다른 어려움 없이 한쪽으로 잠시 치워둘 수 있는 잠재적 문제들이 있다. 그러나 우리가 불안할 때는 불안의 대상이 무엇이든지 그것이 굉장히 다급하고 주의를 기울여야만 하는 일처럼 느낀다. 그리고 그 불안의 대상으로부터 주의를 환기시키고, 옆으로 치워두거나 어떻게든 '그 일을 상자 안에 넣어'두는 능력을 잃는다. 일단 불안에 사로잡힌 사고가 시작되면, 걱정이 마음을 장악하면서 뇌리에서 떠나지 않고 주의를 완전히 사로잡는다. 그러면서 다른 모든 것을 밀어낸다. 예기불안의 경우 특히 이런 일이 잘 일어난다. 이것이 불안에 사로잡힌 사고를 하는 경우 "그냥 내버려두라"는 조언을 따르기 힘든 이유다. 그냥 잠시 내버려두고 초점을 다른 쪽으로 바꾸려 해도 걱정을 떨쳐 버리기가 너무 힘든 것이다.

심리학자들은 무엇인가를 알면서도 알지 못하는 능력을 '해리dissociation*'라고 부른다. 이는 '건강한 억압 healthy repression'이라고도 불린다.[20] 해리는 경우에 따라 쓸모가 있다. 예를 들어 우리는 해리 덕분에 다음 날 어떤 큰 일이 있어도 취침 전 텔레비전 쇼를 보고 쉽게 잠들 수 있다. 또한 이런 능력 덕분에 우리는 치명적인 차 사고가 종종 발생한다는 것을 추상적으로 알면서도 매일 여전히 편안한 마음

＊　생각, 기억, 감정, 행동, 정체감 사이의 연결이 끊어지는 상태로, 기억의 상실, 자신이나 자신의 감정으로부터 분리된 느낌, 외부환경이 이상하거나 현실적이지 않게 느껴지는 현상, 정체감이 흐려지는 경험 등을 할 수 있다. 누구나 일시적으로 경험할 수 있는 정신 과정이지만 지나칠 경우 부적응을 초래하는 병리적 증상일 수 있다.

으로 운전할 수 있다. 따라서 자신을 걱정과 분리함으로써 새로운 시각을 얻고, 더 큰 그림을 보고, 시간이 흘러가도록 내버려두는 여유를 갖기 위해 도움이 되는 정도의 적당한 해리를 겪는 것이 필요하다. 하지만 불안에 사로잡힌 사고는 도움이 되는 정도의 (충분한) 해리를 접하는 우리의 능력을 제한한다.

다만 해리에는 적정한 수준이 있다. 불안이 과도하게 높을 때는 지나친 괴로움으로 해리가 너무 심하게 일어날 수 있다. 이런 일은 트라우마가 있는 경우 특히 잘 나타나지만, 과도한 자동반사적 각성으로 고통스러운 상태에서는 누구에게나 심한 해리가 일어날 수 있다. 이는 예기불안을 겪는 동안 왜 어떤 사람들이 중요한 날짜, 약속, 책무를 무의식적이고 편리한 방식으로 망각하는지를 설명한다. 또한 만성적으로 망설이는 사람들이 지체하고 미루는 이유를 설명하기도 한다.

노력이 역효과를 낼 때

- -

'노력의 역설'이란 원치 않는 불안한 생각, 감정의 경우 노력하는 것이 오히려 역효과를 낸다는 의미다. 이러한 견해는 불안에 사로잡힌 사고가 어떤 상황에서 빠져나가야 한다는 절박감을 증가시키고 초점이 좁아지게 만든다는 점 때문에 특히 설득력이 있다. 절박감은 종종 무언가를 더 열심히 시도하려는 충동이 커지도록 만든다.

외부 세계에서 노력은 직접적인 결과를 낳는다. 만약 테이블을 옮기고 싶다면, 옮기고 싶은 곳으로 테이블을 밀거나 나르면 된다. 쏟은 노력과 이루어진 진전 사이에 정적 상관관계*가 있는 것이다. 구멍을 파거나 방을 정리하기 위해 더 열심히 노력하면, 더 큰 구멍이 생기고 더 깨끗한 방을 얻게 되는 것과 마찬가지다.

하지만 내면의 세계, 특히 예기불안과 만성적인 망설임에 있어서는 이런 상관관계가 뒤죽박죽이 된다. 괴로운 생각이나 불안한 감정에서 벗어나려고 더 열심히 노력할수록 그것들은 더욱 더 고착화되고 뿌리 깊이 스며든다. 심리학자이자 불안 전문가인 데이비드 카보넬David Carbonell은 "최선의 노력을 다 함에도 불구하고 불안한 것이 아니다. 최선의 노력을 다 하기 때문에 불안한 것이다"라고 말한다.[21] 노력이 역설적인 효과를 낼 때, 할 수 있는 최선은 (보통 이것이 가장 어려운 일이지만) 아무 것도 하지 않고 그저 시간이 지나가도록 내버려두는 태도다.

순전히 좋은 의도에서 시작된 노력과 의지력으로 이런 문제들

---

* 한 변수의 값이 증가할수록 다른 변수의 값도 선형적으로 증가하는 관계. 본문에서는 노력을 많이 할수록 더 큰 진전을 이룰 수 있다는 의미를 표현하기 위해 사용되었다.

을 극복할 수 있다면, 당신은 애초에 이 책을 읽고 있지 않을 것이다. 갑자기 불쑥 튀어나와 의식을 침범하는 원치 않는 생각, 감정, 이미지, 감각은 노력해서 멈추거나 사라지게 할 수 없다. 아무리 열심히 노력해도 레스토랑 옆 자리에서 일어나는 말다툼 소리를 '안 들을' 수 없는 것처럼, 심장이 쿵쾅거리거나 손바닥에서 땀이 나는 것과 같은 불안 각성의 감각은 '안 느낄' 수가 없다. 그리고 어떤 역겹거나 혐오스러운 것에 대한 침투적 사고를 겪는 경우, 없애려고 노력하면 할수록 그런 생각이 오히려 더 강력하게 머릿속을 떠나지 않고 계속 떠오르는 것을 경험한다.

물론 주의를 다른 쪽으로 돌리거나, 불안한 생각과 감정을 인식한 상태에서 의도적으로 다른 어떤 것을 생각할 수도 있다. 그리고 자신에게 억지로 무언가를 하도록 강요할 수도 있다(예: 감내하기). 그러나 그런 경우, 자신이 시련에서 살아남았을 뿐, 어려운 경험을 통과하고서도 자신감이 생기지 않거나 미래에 대한 예기불안이 줄어들지 않는다는 점을 알게 될 뿐이다.

사실 주의를 다른 쪽으로 돌리거나 감내하라고 스스로를 다그치는 것과 같은 임시방편들은 4장에서 소개한 회피의 양상에 해당된다. 그리고 회피는 장기적으로 불안을 강화한다. 단순히 더 열심히 노력하거나 의지력으로 불안을 날려버리면 결국 지속적으로 유익한 결과를 얻을 수 없다. 아무리 용기 있고 좋은 의도를 가지고 있다고 해도 마찬가지다.

예기불안은 가만히 내버려두었을 때 오히려 진정된다. 만약 그것에 대해 곰곰이 생각하거나 해결하고자 애를 쓰면, 즉 계속 반추하거나 회피하면 예기불안은 더욱 심해진다. 빨리 진정해야 한다는 절박감과 압박을 느끼는 가운데 예기불안을 가라앉히려고 열심히 노력하는 것은 마치 "빨리 잠들지 않으면 가만 두지 않겠어"라고 자신에게 소리를 지르는 것만큼이나 역설적이고 불합리한 일이다.

다리를 건너다 공황발작이 왔던 일이 다시 떠오르거나, 앞으로 창피한 상황이 벌어지는 시나리오를 상상하거나, '최악을 생각'하는 성향이 나타날 때가 있을 수 있다. 일단 이렇게 되면 스스로를 설득해 예기불안을 무시하거나, 부인하거나, 멈추기가 쉽지 않다. 더 열심히 노력할수록 생각을 떨쳐내기는 더욱 어려워지고 스스로를 안심시키려 애써도 불과 몇 분만 효과가 지속될 뿐이다.

노력의 역설은 왜 많은 사람들이 결국 포기하고, 자신의 문제를 고칠 수 없거나 '원래 그냥 그런 것'이라고 여기는지를 설명한다. 하지만 이 책을 쓴 우리는 사람들의 이런 결론에 절대 동의하지 않는다. 우리는 예기불안과 만성적인 망설임을 극복할 전혀 다른 접근 방식을 제안하고자 한다.

충분히 벗어날 수 있다

오래 전부터 예기불안이나 만성적인 망설임을 겪어온 사람들은 대개 자신을 바라보는 견해에 이 두 가지를 반영한다. 즉 자신의 성격에 대해 비판적이고 판단적이다. 그리고 이렇게 말한다. "나는 일을 잘 미뤄요. 믿기 어려운 사람이죠. 그리고 나는 게을러요. 내가 어떤 일을 헌신적으로 하거나 마감시간을 지킬 거라고 기대하지 마세요." 또 어떤 사람들은 자신이 불안하고 어떤 것도 실행에 옮기지 못하는 이유를 자존감이 낮기 때문인 것으로 해석한다. "나는 의존적이고, 취약하고, 자신감이 없고, 보살핌이 필요하고, 용감하지 않아요."

몇몇 사람들은 자신의 행동을 정당하고 바람직한 성격에서 비롯된 특성으로 여기기도 한다. 이들은 자유를 제약받는 것까지 감수하면서 그러한 성격 특성을 지켜내려고 노력한다고 생각한다. "나는 단지 대부분의 사람들보다 좀 더 꼼꼼하고, 주의 깊고, 빈틈없고, 적당히 신중할 뿐이에요." 그들은 자신의 회피 행동이 정당하다고 느끼는 반면, 선택이나 적당한 수준의 위험부담을 피하는 태도가 가져오는 부정적 영향은 인정하지 않는다.

그리고 또 어떤 사람들은 자신을 불안하게 만드는 모든 것을 회피하는 데 익숙한 나머지 성장하고, 탐험하고, 실험하고, 모험하고, 새로운 경험을 시도할 의욕을 완전히 상실한 상태에 있다. 그들은 이렇게 말한다. "나는 여행을 별로 좋아하지 않아요." "나는 집순이(집돌이)예요." "나는 그냥 반복되는 일상대로 사는 것이 좋아요."

스스로를 '늘 걱정이 팔자인 사람' 또는 새로운 일을 즐기지 않거나, 결정을 내리는 데 '젬병'인 사람으로 정의하는 것은 당신이 원래 이런 식으로 태어났다는 생각을 넌지시 알리려는 의도가 담겨 있다. 그러니 다른 사람들은 이를 받아들여야 하며 심지어 자신조차 스스로가 달라지거나 새로운 행동 패턴을 배울 수 있다고 기대하면 안된다고 암시하는 것이기도 하다. 하지만 '내가 그냥 원래 이런 사람'이어서 예기불안과 만성적인 망설임을 겪는다고 얼마나 여러 번 확신했던지 간에, 이는 자신의 한계를 불필요하게 제한하는 사고방식이다. 예기불안과 만성적인 망설임으로 인해 나타나는 행동 방식들은 불안의 증상이지, 사라지지 않는 성격 특성이 아니다. 당신이 언제나 이런 식이었고 가족들 역시 대를 이어 비슷하다고 해도 마찬가지다. 불안과 관련된 내적 대화, 불안을 유발하는 거짓 경보, 마음속에 일어나는 의심에 대해 다른 방식으로 접근하기를 기꺼이 생각해 본다면, 당신은 현재의 상태에서 충분히 벗어날 수 있다.

예기불안과 만성적인 망설임은 불변하는 성격 특성이 아니라 반응 패턴에 불과하다.

스스로 해보기

이번 장에서는 예기불안이 어떻게 나타나서 끝없이 지속되는지 살펴보았다. 불안에 사로잡힌 사고가 어떻게 상상력에 마음을 장악당하기 쉽게 만드는지 그 과정을 찾아보라. 또한 이번 장에서는 생각의 의미와 생각이 현실에 미치는 영향에 대한 근거 없는 믿음에는 어떤 것들이 있는지 알아보았다. 자신이 이 가운데 얼마나 많은 근거 없는 믿음을 가지고 있는지 생각해보라. 그리고 혹시 자신이 바람직하지 않은 방식으로 스스로의 '직감' 또는 '느낌'에 의존하지는 않는지 살펴보자.

불안에 사로잡힌 사고는 상상력을 장악하고, 위험의 절박성을 과장하고, 예기불안과 만성적인 망설임을 부추긴다. 불안이 커질 때 우리의 사고 패턴은 변하기 쉬우며, 합리적으로 위험을 측정하고 걱정보다 사실에 근거해서 결정을 내리는 평소의 상식적인 능력 또한 놓치기 쉽다.

6

완벽주의, 확실성에 대한 갈망,
후회에 대한 두려움

망설임에 불을 지피다

2장에서는 만성적인 망설임을 결정을 피하는 습관이라고 정의했다. 이때 결정은 중요한 것일 수도 있고 겉보기에 하찮은 것일 수도 있는데, 결정을 피하는 이러한 습관 때문에 이러지도 저러지도 못하고 선택해야 하는 지점에서 더 나아가지 못한다. 또한 2장에서는 예기불안과 만성적인 망설임 사이에 종종 어떤 상호작용이 있다고 이야기했다. 즉, 예기불안 문제가 만성적인 망설임의 기저에 깔려 있는 경우가 많고, 망설임 역시 종종 예기불안을 악화시키고 부채질한다.

구체적인 상황이 어떠하든지 만성적인 망설임은 이번 장에서 검토할 세 가지 문제 때문에 심화된다. 그 세 가지는 바로 완벽주의, 확실성에 대한 갈망, 후회에 대한 두려움이다.

완벽주의: 모 아니면 도라는 사고방식

'완벽주의'는 나무랄 데 없거나 나무랄 데 없이 보여야 한다는 욕구 또는 강한 열망으로 정의할 수 있다. 완벽주의는 스스로에게 지극히 높은 기준을 세우고 그런 기준에 도달하기 위해 나서는 일과 관련이 있다. 완벽주의인 사람들은 자신이 그런 기준에 도달했는지를 바탕으로 엄격하게 자기를 평가한다. 또한 완벽주의는 모 아니면 도라는 식의 유연성 없는 생각이 바탕에 깔려 있다. 그래서 완벽주의자들은 자신을 완벽하거나 형편없다고 평가한다.

완벽주의는 회색지대를 허용하지 않는다. 어떤 두 가지 비교 대상 사이에 차이가 있다면 그것은 조금 더 괜찮거나 조금 더 나쁜 정도의 차이가 아니다. 하나는 완벽하게 옳고 하나는 완전히 틀리다. 따라서 스스로의 선택과 성취도 똑같이 편향된 시각으로 바라본다. 자신의 선택과 성취를 나무랄 데 없이 완벽하거나 형편없다고 본다. 이런 태도가 아주 극단적인 형태로 나타나면 내부적, 외부적으로 완벽하다는 평가를 받지 못하면 자신의 성취에서 조금도 즐거움이나 만족을 얻지 못한다.

대부분의 완벽주의자들은 너무 정교하게 따지는 편이기 때문에 스스로가 아무 결점도 없다고 믿기 어려워한다. 사실 인간은 실수하는 존재인데도 불구하고, 절대적인 완벽주의는 이런 인간의 특성을 전혀 고려하지 않는다. 완벽주의자들은 자신이 그저 '할 수 있는 범위 안에서 최대한 잘 하기'를 원한다고 말할지도 모른다. 하지만 불행하게도 그런 경우조차 최대한 완벽하고 싶은 갈망과 모 아니면 도라는 식의 사고방식이 사라지지 않는다. '내가 할 수 있는 최선' 아니면 '내가 할 수 있는 최선이 아님' 둘 중 하나밖에 없다고 생각하기 때문이다.

이런 사고방식은 막대한 부담감과 괴로움을 불러옴에도 불구하고 가치 있게 여겨질 수 있다. 그런 사고방식이 성공의 주된 이유라는 착각 때문이다. 예를 들어 자신이 성취한 것들이 완벽주의 덕분이라고 여기고 이를 소중한 가치관으로 생각한다. 또한 스스로의 성취에 대해 성공, 존경, 인정 같은 큰 보상을 받았기에 완벽주의를 포기하는 것을 꺼릴 수 있다. 완벽주의 성향을 버리면 동기가 없고, 엉성하고, 그저 평범한 수준밖에 안 되는 사람이 될 것이라고 생각할 수 있다.

하지만 가능한 완벽에 가까워지려 하다 보면 결점과 실수에 초점을 맞추는 평가 방식의 덫에 걸려든다. 완벽주의자들은 자신이 무언가를 얼마나 잘 하는지에 따라 스스로를 평가하지 않고 바람직한 기준에 자신이 얼마나 못 미치는가에 초점을 맞춘다. 정답을 맞힐 때는 점수를 주지 않는데 오답에는 점수를 깎는 시험을 치른다고 상상해보라. 문제 하나하나를 푸는 데 조바심을 내고, 실수를 한 번만 해도 시험에 통과하지 못할 것이라고 걱정할 것이다. 이것이 바로 완벽주의자들이 사는 세상이다. 이런 세상에서는 당연히 결정이 극도로 고통스럽다. 완벽주의는 실수를 절대로 용납하지 않기 때문이다. 실수를 할 여지가 없는 것은 곧바로 모든 선택과 결정에 대한 극심한 압박감으로 이어진다. 만약 자신의 목표가 무언가를 배우고, 자신 있게 결정하고, 기술을 더하는 것이라면 완벽주의는 끔찍한 삶의 모습을 도출하는 공식이 된다.

새로운 경험 앞에서 우리 모두는 초심자. 최고의 전문가들이나 당신이 아는 가장 자신감 있어 보이는 사람도 초심자에서 시작했다. 초심자들은 거의 언제나 어색하고, 불안하고, 불편한 감정들을 느끼지만 그럼에도 불구하고 그런 감정들을 지닌 채 선택을 해나간다. 만약 어색함이나 불안이 다 녹아 사라질 때까지 선택을 미룬다면 영원히 기다릴지도 모를 일이다. 새로운 경험을 하며 앞으로 나아가는 일에 있어서도 완벽주의가 가져오는 모 아니면 도라는 식의 사고방식은 행동과 선택을 못하는 마비 상태를 가져온다.

완벽주의적인 기준에서 실수는 절대로 지워지거나, 잊히거나, 보상될 수 없다. 또한 완벽주의적인 기준은 ('두 번째 기회'가 없기 때문에) 첫인상이 지속적으로 중요한 영향을 미친다고 암시한다. 따라서 다른 사람들과 소통할 때는 언제든지 최상의 상태에 있어야만 한다고 생각한다. 완벽주의는 '그런대로 잘'한다는 개념이 끼어들 여지를 주지 않는다. 그리고 만약 실수를 완전히 피할 수 있는 유일한 방법이 아무 것도 하지 않는 것밖에 없다면, 어떠한 선택도 하지 않고 가만히 있는 습관이 그나마 완벽주의적인 기준에 정확히 부합할 것이다. 완벽을 추구하는 노력은 편도체가 투쟁-도피-경직 반응 가운데 경직에 머무르도록 고착화시키는 것과 비슷하다. 따라서 완벽주의는 자연스럽게 마비 상태로 이어진다.

그러나 스스로에게 완벽주의를 강요하지 않는다고 상상해보자. 자신이 하는 실수 하나하나가 다음에 더 잘 할 수 있는 기회를 준다고 믿을 수 있다면 우리에게는 어떤 변화가 있을까? 자신을 난처하게 만드는 일이 긍정적인 변화를 일으키는 일시적인 경험에 불과하다고 생각할 수 있다면? 불완전함의 파국적 측면이 아니라 긍정적 측면에 초점을 맞출 수 있다면?

기독교 철학자 길버트 체스터턴Gilbert Chesterton은 어떤 일이 정말로 해볼 만한 가치 있는 일이라면, 성공하지 못하더라도 한번 시도할 가치가 있다고 주장했다.[22] 다시 말해, 어떤 활동의 가치는 얼마나 많은 목표를 달성했는지, 과정이 얼마나 완벽했는지가 아니라, 그 활동이 가져오는 성장과 즐거움에 있다. 이때 어려운 점은 열심히 배우고, 실험하고, 성장해 고작 '그런대로 괜찮음'을 받아들이는 목표를 향해 가는 것이 역설적으로 느껴져도 그 역설을 견뎌야 하는 부분이다.

하지만 여기에는 아이러니한 면이 있다. 앞에서 말했던 것처럼 대부분의 사람들은 자신이 완벽주의 덕분에 성공할 수 있었다고 잘못 생각하기 때문에 완벽하려는 노력을 가치 있게 여긴다. 마치 그런 도달할 수 없는 이상을 포기하는 것이 필연적으로 자신을 평범함, 무감동, 실패의 나락으로 떨어지게 할 듯이 말이다. 그러나 사실은 근면하고 좋은 태도만 있다면 완벽주의를 버렸을 때 오히려 평범함을 넘는 뛰어난 결과를 얻는다. 그리고 어떠한 종류의 노력을 한다 해도 훨씬 더 즐거운 경험을 한다. 완벽주의자인 심술궂은 감독관이 일을 해나가는 과정에서 필연적으로 발생하는 불확실성을 견딜 수 없는 일로 만들고, 배움의 즐거움을 빼앗고, 선택과 결정 앞에서 우리를 마비시키는 것과 대조적이다.

완벽주의는 노력, 책임, 윤리라는 가치에 닻을 내리고 있을 가능성이 높다. 이런 가치들을 버릴 필요는 없다. 하지만 그런 가치들을 너무 엄격하고 무자비한 태도로 적용시킬 때의 결과를 생각해보아야 한다. 경직된 태도는 어떤 특정한 활동을 지나치게 강조한 나머지 인생의 다른 측면에 해를 끼칠 수 있다. 예를 들어 가족과의 시간을 전혀 갖지 못할 만큼 완벽하게 업무를 해내겠다는 목표를 추구하거나, 잠을 충분히 자지 못할 만큼 완벽한 이메일을 쓰는 데 너무 많은 시간을 투자한다면, 삶에서 소중한 또 다른 만족감의 원천을 잃어버릴 수 있다.

완벽주의는 창의성을 발휘하는 데 큰 장애물이 된다. 일을 잘 하려고 지나치게 신경 쓰다보면 위험을 회피하기 때문이다. 그러나 창조적인 노력에는 언제나 믿음을 가지고 무언가를 과감하게 시도하는 태도가 필요하다. 완벽주의적인 태도를 가질수록 이러한 시도는 점점 더 어려워진다. 애플 창립자인 스티브 잡스는 놀랍도록 창의적인 인물로, 기꺼이 위험을 감수하는 태도 덕분에 개인용 컴퓨터를 비약적으로 발전시켰다. 그 역시 비생산적인 결정도 많이 내렸다. 하지만 그는 자신이 틀릴 수 있다는 가능성을 받아들이면서 창의적인 선택을 멈추지 않았다. 사실 애플로 돌아오기 10여 년 전, 그는 전혀 다른 회사를 만들기 위해 애플을 떠나는 시도를 한 적이 있었다. 그때 그 회사는 벤처 기업으로서 전혀 성공하지 못했다. 하지만 사람들은 그의 경력에서 완벽과는 거리가 먼 이 부분을 잘 기억하지 못한다.

완벽주의는 비현실적인 기대가 무럭무럭 자라나는 환경을 만든다. 스스로가 완벽에 가까워지기를 기대하는 사람은 언제나 자신을 실망시킬 수밖에 없다. 또한 스스로에게 항상 알맞은 선택을 할 것을 기대하다 보면 자존감과 자부심에 쉽게 상처를 받는다. 스스로의 판단이 오직 훌륭하거나 끔찍하거나 둘 중 하나라고 생각하는 경우, 자신의 가치도 모 아니면 도로 평가하기 쉽다. 이렇게 되면 늘 자신감을 잃기 쉽고, 그 다음 번에는 정말로 완벽해지고자 자신에게 더 큰 압박을 가한다. 완벽주의는 스스로에 대한 자비로운 마음, 또는 성취 여부와 상관없이 자신을 소중히 여기는 마음을 전혀 인정하지 않는다.

어떤 완벽주의자들은 완벽주의가 타인의 시선에서 자신을 보호한다고 믿는다. 즉 완벽주의적인 태도 없이는 자신이 다른 사람들에게 존중받지 못할 것이며, 실수를 하면 사람들이 자신을 좋지 않게 평가하는 끔찍한 결과를 얻을 것이라고 생각한다. 그러나 사실 대부분의 사람들은 타인의 실수에 그리 신경 쓰거나 관심이 없다. 보통 그들 자신에게 신경 쓰는 것만으로도 너무 바쁘기 때문이다. 그리고 사람마다 완벽함에 대한 생각이 상당히 다르다. 칼 로빈스Carl Robbins는 사람들 앞에서 완벽하게 말하는 일에 지나치게 집착하는 문제를 겪는 이들을 돕는 훈련 프로그램을 진행했다.[23] 그는 참가자들에게 발표 중간에 말을 10~15초 정도 멈추어 나무랄 데 없는 발표를 의도적으로 '망치라고' 요구했다. 하지만 듣는 이들 대부분은 발표가 멈추었는지 알아차리지 못했고, 일부 알아차린 사람들도 그것이 어떤 다른 중요한 말로 넘어가기 위한 행동이라고 생각했다. 이런 잠깐의 침묵은 오히려 관심을 환기시켰고 발표를 더욱 흥미롭게 만들었다.

많은 연구에서 사람들은 완벽주의적인 사람을 그렇게 보이지 않는 사람들에 비해 더 비판적이고, 적대적이며, 호감이 가지 않는 사람으로 평가했다.[24] 이러한 연구 결과는 실수가 자신에 대한 존중과 호감을 떨어뜨릴 것이라는 (잘못된) 믿음과 정확히 반대된다. 사람들 앞에서 완벽하게 말하려고 너무 애쓰다 보면 발표일을 정하기꺼려하거나, 대본을 끝없이 수정하거나, 아무리 연습해도 발표할 준비가 되었다는 느낌을 전혀 받지 못할 수 있다. 그러므로 완벽한 발표를 하겠다고 나서는 것은 가능하지도 않고 현명한 생각도 아니다.

완벽주의는 본질적으로 모 아니면 도라는 사고방식과 연결되어 있기 때문에 흔히 파국적 사고를 동반한다. 완벽주의적인 기준에서 보면 선택은 맞거나 틀린 것, 결과는 좋거나 나쁜 것 둘 중 하나가 된다. 또한 모든 판단은 엄청나게 중요한 것이 된다. 왜냐하면 단 한 번의 잘못된 선택이 완벽한 결과를 얻기까지 반드시 거쳐야 할 '정확한' 중간 과정들을 연쇄적으로 완전히 붕괴시킬 수 있기 때문이다. 예를 들면 고등학교 쪽지 시험에서 사지선다형 문제 하나를 실수하는 것이 좋은 대학에 입학하고, 좋은 직업을 구하고, 인생의 동반자를 만나고, 가치 있는 인생을 살 기회까지 망치는 계기가 될 수 있다는 식이다. 이와 비슷하게 완벽주의적인 사고방식을 가진 사람들은 가격 상승이 보장되지 않는 집을 샀다가는 한 사람의 재정 계획 전체를 망칠 수 있다고 생각한다. 또 어떤 내담자는 친구가 자신에게 실망하는 상황을 스스로 견딜 수 없다고 믿어 결국 친구를 아예 사귀지 않았다. 완벽한 친구가 되어야 한다는 부담이 너무 컸기 때문이었다. 완벽주의로 인해 시작되는 파국적 사고는 선택 하나하나가 다 재앙을 불러일으킬 가능성이 있다고 여기게 만든다. 이 때문에 더 큰 예기불안을 경험하고 어떤 선택도 주저한다.

이것이 극단적으로 흘러가는 경우, 단순하고 사소한 결정조차 고통스러워하고 위험 부담이 너무 크다고 느낀다. 한 내담자는 개에게 보이지 않는 울타리 훈련°을 시켜야 할지 고심했다. 그러면서 그는 이런 선택이 잘못되어 개가 차에 치여 죽고, 딸이 자신을 비난하고, 결국 자신이 잘못을 속죄하고자 자살하는 상상을 했다. 또 다른 내담자는 어떤 신발을 살지 끊임없이 마음을 바꾸었는데, 선택할 수 있는 모든 신발들이 다 너무 비싸거나 너무 싸거나 너무 유행을 타거나 너무 유행에 뒤처지기 때문이었다. 그는 결국 새로운 신발을 사지 못했다. 그는 자신의 상상 속 이야기를 들려주기도 했는데, 이야기 안에서 그는 어떤 신발을 신어본 후 마음에 들지 않는데도 반품할 수 없는 상황을 마주했다. 그리하여 그는 돈을 낭비했다는 생각에 낙담하고 우울해졌으며, 여자 친구는 이런 그와 함께 있는 것이 싫어 떠났고, 다시는 진정한 사랑을 찾을 수 없었다는 이야기였다. 그는 이런 위험부담을 견딜 수 없다고 했다.

✔ 유용한 사실

어떤 실수도 용납하지 않는 완벽주의는 우리가 이러지도 저러지도 못하도록 마비시킨다.

° 개가 넘어가지 말아야 할 경계에 가느다란 전선을 보이지 않게 설치하고, 그 경계에 다가갈 때마다 개 목걸이에서 경고음이나 전기 자극이 방출되도록 해 정원을 비롯한 원하는 장소에 머무르게 개를 훈련시키는 방법.

확실성에 대한 갈망: 끝없는 의심

생각해보면 인생에서 우리가 확신할 수 있는 것은 많지 않다. 불확실
성은 삶의 가장 진지한 선택에서 (내가 배우자로 정말 적합한 사람을 고
른 것일까? 이 직장에 들어가면 나의 경력에 도움이 될까?) 가장 일상적인
선택에 이르기까지 (어떤 색깔 페인트로 방을 칠할까? 내가 지금 괜찮은
가격에 사는 것이 맞을까? 아침으로 뭘 먹지?) 우리가 내리는 모든 결정
에 내재되어 있다. 우리는 사실상 거의 모든 것을 의심할 수 있다 (나
는 정말 좋은 사람일까? 이 비행기는 추락할까? 나에게 증상이 아직 나타나
지 않은 질병이 있지 않을까?). 그럼에도 불구하고 대부분 우리는 자신
의 선택에 충분히 자신이 있거나, 어떤 선택을 하든 그다지 중요하게
생각하지 않는 경우가 많다. 그래서 의심이 들더라도 이를 대수롭지
않게 지나치고 약간의 확신만 있어도 충분히 계획을 세우고 일을 끝
마친다.

그러나 만성적으로 망설이는 사람들에게는 각각의 선택에 내
재된 불확실성과 의심이 결정을 중간에 멈출 만큼 큰 문제가 되기도
한다. 많은 사람들이 분명하게 알고 싶은 갈망 때문에 불확실성을 견
디기 어려워하는데, 연구에 따르면 이런 갈망은 그토록 많은 사람들
이 불안으로 고통받는 주된 이유다.[25] 또한 확실히 알고 싶은 갈망은
만성적으로 망설이게 만드는 가장 큰 요인으로, 그런 갈망 때문에 우

리는 이러지도 저러지도 못한 채 마비될 수 있다. 그렇다면 우리가 어떤 선택을 확신한다고 할 때 그것이 사실은 무엇을 의미하는지 생각해보자.

세상에 대해 우리가 기본적으로 가정하는 모든 것은 가장 사소한 것(내 펜에는 잉크가 있다)부터 가장 심오한 것까지(나의 부모, 배우자, 아이는 모두 살아 있다) 불확실성으로 가득 차 있다. 사실 각각의 가정을 점검하기 전에는 어느 것도 확신할 수 없다. 그리고 상황이 계속 변하기 때문에 점검한 직후부터 우리는 또 다시 확신할 수 없다. 그럼에도 불구하고 대부분의 사람들은 자신이 가정하는 것들이 충분히 확실하다고 느낀다. 그리고 하나하나 점검하지 않고서도 충분히 편안한 상태를 유지할 수 있다. 그러나 만성적으로 망설이는 경우, 너무나 많은 의심이 들기 때문에 더더욱 확실히 알려고 한다. 의심이란 어떤 상태인지 더 자세히 살펴보면 다음과 같다.

불확실성을 경험하는 것은 사실에 대한 충분한 정보가 없는 상태와는 다르다. 불확실성은 '메타인지metacognition*'라고 하는 감정을 동반하는 사고 유형에 해당된다. 6장에서 메타인지를 좀 더 자세히

＊ 　스스로의 인지 과정을 한 차원 높은 시각에서 관찰, 발견, 통제, 판단하는 정신 작용.

알아보겠지만 여기에서 잠시 설명하면, 불확실성이란 우리가 무언가를 확실히 알지 못한다는 의식이나 인식이다. 그런 의식은 대개 알지 못한다는 느낌이나 감정을 동반한다. 그 느낌은 흥분감일 수도 있고(이번 미식축구 경기에서 누가 이길까?), 두려움일 수도 있고(일어나는 상황을 내가 처리하지 못하면 어떻게 하지?), 수치심일 수도 있고(그런 일이 일어난다면 나 자신을 절대 용서할 수 없을 거야), 그밖에 다른 어떠한 감정도 될 수 있다. 그리고 가끔은 그저 중립적인 느낌의 불확실성도 있다(내가 그런 말을 했었는지 확실히 모르겠네. 하지만 어떻든 상관없어).

✔ 유용한 사실

우리를 불안하게 만드는 불확실성은 무언가를 확실히 알지 못한다는 사실이 불편한 감정과 함께 인식되는 것이다.

어떤 일상적인 의심은 몇 가지 사실을 확인해 충분히 해결할 수 있다(이게 이 영화배우의 정확한 이름이 맞나? 내가 아까 샌드위치를 다 먹었나, 아니면 접시에 남겨뒀나? 내가 아까 생각하고 있던 이메일을 보내는 걸 잊어버렸나?) 이런 종류의 의심은 자신의 감각을 이용해 현재 무엇이 사실인지를 살펴보면서 해결할 수 있다(맞아, 그 사람 이름이네. 맞아, 접시에 아무 것도 안 남아 있네. 맞아, 내가 잊어버렸어. 이메일을 안 보냈어).

그러나 앞과는 다른, 스스로의 상상력 때문에 나타나는 의심이 있다. 이런 의심은 사실 확인을 아무리 많이 해도 해결되지 않고 충분한 확신이 들지도 않는다. 상상력은 자신의 감각으로 인지한 것들조차 의심하게 만든다. 그 예는 다음과 같다. 내가 스토브를 껐던가? 그래서 당신은 스토브를 껐는지 확인하고, 스스로의 감각이 그렇다고 말한다. 잠시 확신이 든다. 하지만 그러고 나서 발걸음을 옮기려는 찰나 방금 본 것에 대해 몇 가지 상상이 떠오르면서 또 다른 의심이 일어난다. 내가 너무 급하게 점검했거나 점검하면서 스토브를 다시 켜버렸으면 어떻게 하지? 아니면 스토브를 완벽하게 끄지 않았으면? 만약 집이 홀랑 다 불타버리면 어떻게 하나? 한 번 더 점검한다고 해서 해가 되겠어? 이런 종류의 의심은 자신의 상상을 불 지피는 것이기 때문에 또 다른 '사실'을 확인한다고 해서 해결되지 않는다. 좋지 않은 결과를 일으키는 또 다른 경우의 수는 언제든지 다시 상상해낼 수 있기 때문이다. 따라서 아무리 여러 번 스스로를 안심시키거나 확인하는 행동을 한다 해도 절대 충분하게 확신할 수 없다.

또 다른 의심의 예는 미래에 대한 상상에서 비롯한다. 앞에서와 마찬가지로 이때에도 사실을 확인하는 일은 충분히 확신하는 데 전혀 도움이 되지 않는다. 이런 유형의 의심은 과거에 있었던 어떤 일이 나쁜 결과를 불러오면 어떻게 하나 하는 걱정일 수도 있고, 선택의 결과가 좋으리라는 보장이 없다는 점을 깨달아서 하는 걱정일 수도 있다. (그곳에 가면 공황발작이 일어날까? 내가 모르는 사이에 무심코 어떤 좋지 않은 결정을 내린 것은 아닐까? 내가 계속 건강하다고 어떻게 확신할 수 있지?)

달갑지 않은 어떤 일이 일어날 수 있다는 가능성만 인지할 뿐, 머릿속에 떠오르는 무시무시한 상상이 사실 자기 마음의 산물임을 명확히 인식하지 못하면 이런 의심들을 무시하기 어려워진다. 어떤 나쁜 결과가 일어날 확률이 아무리 희박하다고 해도 그것은 진짜 일어날 가능성이 있다. 그래서 나쁜 결과를 상상하다 보면 자신이 무언가를 해야 한다는 절박한 충동을 느낀다. 상황을 책임지고, 나쁜 일이 일어나지 않도록 막고, 의심이 드는 일을 해결하고, 어떤 것을 피할 방법을 찾는 일 같은 행동 말이다. 그런데 문제는 이렇게 막고 피하려는 대상에 구체적인 실체가 없다. 바로 이 점을 깨달아야 문제를 해결할 수 있다. 즉, 머릿속에 떠오르는 두려운 이야기들은 당신의 상상 속에 존재할 뿐이다. 그리고 이런 유형의 강박적인 의심은 두려운 결과를 더 많이 생각하거나 새로운 사실들을 확인하면서 그에 신경 쓰면 쓸수록 증가한다. 해결할 수도 없는 의심에 사로잡혀 상식을 묵살하는 것이다.

만성적으로 망설이는 사람에게 선택은 엄청나게 어려운 문제를 일으킨다. 선택을 어떻게 하느냐에 따라 각각 서로 다른 길에 서기 때문이다. 어떤 때 그것은 사소한 선택이지만(빨간 지갑을 고르면 그 색깔에 옷 전체를 맞추어야 해), 어떤 때는 중대한 선택이거나(이 집을 사면, 긴 통근 거리를 감수해야 해) 아니면 심지어 삶을 바꾸는 선택이기도 하다(이 일을 하기로 결정하면, 나는 이 분야에 계속 머무를 수밖에 없는 경력을 쌓게 되는 거야). 그렇다면 살면서 지금 자신이 알맞은 선택을 했다고 확신하는 경우가 정말로 있을까? 현실에는 이따금씩 예상치 못한 일들과 결과들이 나타난다는 사실을 인정하면, 그런 것은 절대 확실히 알 수 없다는 사실을 깨닫는다. 우리가 할 수 있는 일은 단지 확실하다고 느끼는 것뿐이다. 그럼에도 불구하고 많은 사람들은 불확실성을 뒤로 한 채 앞으로 계속 나아가기에 충분한 확신을 한다. 확실성이 변하지 않게 고정시키고, 의심을 제거하고, 더 많은 사실 정보를 모은다고 해서 확실히 아는 것은 아니다. 또한 스스로에게 확신해도 된다고, 모든 것이 잘 될 거라고, 어떤 의심도 가질 이유가 없다고 말한다고 되는 문제도 아니다. 이는 충분히 확실하다는 주관적인 느낌에 관한 문제이기 때문이다.

만성적으로 망설이는 사람들은 충분히 확신하기 힘들기 때문에 종종 선택을 고통스러워한다. 불안을 자극하는 여러 가지 걱정(혹시 내가 돌이킬 수 없는 실수를 하는 것은 아닐까? 감당하지 못할 길에 들어선 거라면 어쩌지? 이 일이 혹시 인생을 낭비하는 결과로 이어지려나? 만약 잘못된 선택을 하면 어떻게 하지?)에 휩싸여 어쩔 줄 모르게 되면 지체하고 회피하고 미루는 것만이 유일한 선택이라고 느낀다. 그리고 많은 사람들이 심지어 아주 사소한 결정을 내릴 때조차 충분히 확신하지 못해 이 같은 마비상태에 빠질 수 있다. 주차장에서 어떤 출구로 나가야 좋을까? 더블샷 라떼를 마실까, 그냥 커피를 마실까? 이럴 때 심지어 다음과 같이 자문할 수도 있다. 나는 왜 전혀 중요한 일이 아닐 때조차 마음 정하기가 이토록 어려울까? 아주 사소한 선택조차 이렇게 망설인다면 실수의 부정적 결과보다 불확실성이 유발하는 불안 자체를 회피할 가능성이 크다. 이로 인해 자신이 가지고 있는 여러 선택지들을 전혀 객관적이고 상식적인 기준으로 바라볼 수 없다.

✔ 유용한 사실
아주 사소한 결정조차 내릴 수 없다면 선택에 따르는 특정한 결과가 아닌 불확실한 느낌 자체를 회피하고 있는 것이다.

어떤 사람들은 최적의 타이밍을 기다렸다가 선택하는 전략을 사용하고자 한다. 우리는 다음과 같은 이야기를 얼마나 많이 하는가? 침실에 깔아놓을 카펫을 사려는 중이야. 하지만 다음 주, 다음달, 아니면 이번 대통령의 날에 세일을 크게 할지도 모르잖아? 사람들은 이와 비슷한 생각으로 기다리고 지체한다. 그리고 어떤 일이 일어날까? 침실에 카펫이 없는 채로 몇 년이 넘게 지냈지만 아직까지도 딱 알맞은 가격의 카펫을 찾지 못했을 것이다. 카펫을 사기에 제일 좋은 시점이 언제인지 확실히 알 수 없는 부분이 문제이기 때문이다. 불확실성을 피할 방법은 없다.

물론 딱 알맞은 주거지, 최고로 믿을 수 있는 차, 제일 잘 맞는 주치의를 찾기 위해 시간과 에너지를 쏟아 조사할 수도 있다. 아니면 이 사람, 저 사람과 잇따라 데이트를 하면서 부지런히 '딱 알맞은 사람'을 찾아 나설 수도 있다. 그러나 그렇게 해서 답을 찾는다 해도 곧이어 또 다른 의심과 질문들이 이어질 가능성이 높다. 그리고 결국 어떻게 해도 살 곳을 찾고, 차를 사고, 의사를 고르고, 헌신할 만한 연인을 찾는 데 필요한 충분한 정보를 얻을 수가 없다. 다시 말하지만, 이는 문제의 진정한 원인이 불확실성에 있기 때문이다. 어떠한 결정을 내린다 해도 이와 같은 불확실성은 피할 수 없다. 그리고 앞에서 말한 노력들은 불확실성을 견디는 일의 어려움을 해결해주지 못한다.

불확실성이 불러오는 불편함을 거부하는 노력의 일환으로 이해하기 어려운 희망을 품는 사람들도 있다. 자신이 해야 할 올바른 선택이 먼저 자신에게 말을 걸어와 확고하고 분명한 소통이 일어날 것이라는 희망이다. 예를 들어, "여기 내가 있어. 나를 선택해. 내가 바로 네가 해야 할 올바른 선택이야"라고 말하는 소리가 들릴 거라고 기다린다. 불행히도 그 목소리를 듣기까지는 매우 오랜 시간을 기다릴 것이다. 그리고 어쩌면 언제까지고 그런 목소리를 들을 수 없을지도 모른다.

결정을 내려야 한다는 부담이 자신을 짓누를 때, 넋을 놓거나 탈

진한 것처럼 무기력해지는 일은 드물지 않다. 이럴 때 많은 사람들은 동기와 자신감을 고취시키는 어떤 내면의 감흥이 일어나 다시 한번 움직일 수 있기를 기다린다. 하지만 문제는 동기와 자신감이 발달하는 순서가 그와는 반대라는 사실이다. 현실에서는 언제나 행동이 자신감, 동기보다 앞에 온다. 첫발을 내딛으면 그 다음 걸음은 더 쉽게 뗄 수 있다. 또한 우리의 뇌는 더 자주 하는 행동에 더 큰 편안함과 자신감을 느끼며 앞으로 나아갈 동기를 갖도록 설계되어 있다. 컴퓨터 제조업체인 IBM은 이와 같은 자명한 이치를 깨닫고 "생각하라"에서 "행동하라"로 기업의 좌우명을 바꾸기도 했다.

불확실성은 늘 존재한다

내개의 경우, 확실히 알지 못한다는 불안을 해결하려는 노력은 우리를 잘못된 방향으로 이끌고 간다. 최적의 타이밍을 기다리는 것, 모종의 영감과 동기가 다가오기를 희망하는 것, 조사를 너무 많이 하는 것, 이는 모두 어떤 결정에서 불확실성을 제거하려는 시도다. 이보다는 자신이 느끼는 불편함을 좀 더 편안하게 받아들이려고 노력하는 쪽이 훨씬 더 생산적인 접근 방식이다. 이런 접근 방식은 불확실성은 제거가 불가능하다는 사실을 직시하게 한다. 그리고 이런 방법은 불확실성이 존재하는 가운데서도 뇌와 몸이 잘 기능할 수 있도록 훈련하는 데 도움을 준다. 이 책의 목표는 독자들이 자신의 결정을 충분히 확신하고 자신감 있게 나아가도록 돕는 것이다. 7장부터는 치유를 향한 사고방식과 메타인지적 관점을 설명하면서 이를 더 자세히 다룬다.

후회에 대한 두려움: 모든 선택에 대한 부정적인 상상

후회에 대한 두려움은 나중에 후회할 어떤 일을 저지를까 봐 불안해하는 마음이다. 만성적으로 망설이는 사람들은 이런 두려움 때문에 어떤 행동을 취하지 못하고 마비 상태에 빠진다. 또한 이와 같은 두려움은 일이 잘못될 수 있는 모든 경우에 대한 풍부한 상상뿐 아니라, 실수나 부정적 결과가 있을 것이라는 믿음, 잘못된 선택이나 너무 위험한 일을 해서 책임지게 될 것이라는 생각, 참을 수 없을 만큼 후회할 것이라는 믿음이 더 심해지게 만든다.

예를 들어, 저축한 돈을 어떤 곳에 투자하거나 중고차를 살 때 자신이 지금 끔찍한 실수를 저지르는 중일지도 모른다고 앞날에 대해 넘겨짚을 수 있다. 아니면 어떤 곳에 전화를 걸었다가 어색한 대화를 나누면서 전화한 것을 후회하는 상상을 하고는 두려움이 느껴져 아예 전화를 못하기도 한다. 모든 것이 잘못되어버리는 끔찍한 결과를 자동반사적으로 상상하고 자신이 그런 결과를 견딜 수 없거나 계속 해나갈 자신이 없다고 느낀다. 특히 자신이 후회하는 감정을 잘 감당하지 못하는 편이라고 믿는 경우, 더 마비 상태에 잘 빠질 수 있다. 이런 경우, 자신이 후회라는 감정을 절대 극복하지 못하고 끝없이 고통받을 것이라고 상상하기도 한다. 마음속으로 그런 위험부담을 안고 있다면, 당연히 앞으로 나아가기 어렵다.

후회는 다양한 상황에서 일어난다. 어떤 선택을 했던 시점을 뒤돌아보며 우리는 후회하고 자신에게 말한다. 내가 왜 몰랐을까? 내가 어떻게 그런 짓을 했을까? 아니면 이렇게 말하는 경우가 가장 흔하다. 그렇게 하지 않았더라면 정말 좋았을 텐데. 후회는 도덕적 또는 실질적 의무를 저버리는 선택을 했거나 자신이나 타인에게 해를 입히는 사건의 발단이 되는 선택을 한 경우에 할 수 있다. 또한 의심과 걱정을 비롯한 정서적 고통을 자극하는 어떤 일을 한 경우, 현실적으로는 아무 문제가 없었다고 해도 후회할 수 있다. 돌이켜보았을 때, 그 행동이 '너무 위험하고' 충동적이고 신중하지 못했다고 느끼기 때문이다. 이와 비슷하게, 예전에 했다면 좋았을 것이라고 생각되는 어떤 행동을 하지 않고 넘어간 경우에도 후회할 수 있다.

또한 두 가지 선택 사이에서 갈등하는 경우, 앞으로 후회할 것이라고 예측하기 쉽다. 특히 두 선택지가 모두 동일하게 매력적이거나 고통스러워 보일 때, 그리고 한쪽을 선택하는 것이 곧 다른 쪽 선택지를 완전히 포기하는 것을 의미하는 경우 어느 쪽을 선택할지 망설일 수 있다. 어느 쪽도 좋아 보이지 않는 경우에는, 한쪽을 선택했는데 알고 보니 다른 쪽이 그나마 더 나을지도 모르기 때문에 생각이 마비될 수 있다. 이런 마비와 망설임은 심지어 버거를 먹을지 파스타를 먹을지, 이 호텔에 갈지 저 호텔에 갈지, 이 넥타이를 맬지 저 넥타이를 맬지 선택하는 일 같이 위험부담이 아주 적은 상황에서도 나타난다. 둘 가운데 한쪽을 더 이상 선택할 수 없게 되면 자신이 정말로 후회할 수 있다고 믿는 경우, 자리에 얼어붙은 채 큰 위험부담이 없는 선택지들 사이에서 흔들릴 수 있다. 이런 일은 전반적으로 어떤 감정을 털어내지 못할까 봐 불안해하는 성향을 가진 사람에게 잘 일어날 수 있다. 즉 감정이나 생각을 잘 떨쳐내지 못하고 불안 민감성이 높은 사람들에게서 흔하다.

후회는 우리 삶에서 꽤 큰 자리를 차지한다. 우리는 모두 실수한다. 그래서 모두들 과거에 자신이 했던 일이나 했다면 좋았을 것이라고 생각되는 행동을 떠올리면서 다른 선택을 하지 않은 것을 후회하곤 한다. 후회를 불러오는 행동은 화가 나서 이성을 잃은 일, 부정을 저지른 일, 잘못된 투자를 한 일, 심지어 배우자를 선택한 일 같은 것일 수 있다. 이에 더해, 하지 않은 일에 대한 후회도 있을 수 있다. 어떤 일자리에 지원하지 않거나, 일자리를 거절하거나, 연인에게 최선을 다하지 않아서 후회할 수 있다. 특히 만성적인 망설임으로 마비 상태에 빠져 있을 때는 행동하지 않는 일의 대가를 간과하기가 아주 쉽다. 그래서 사람들은 늘 좀 더 위험을 감수했다면 좋았을 텐데, 그 사람에게 데이트 신청을 했다면 좋았을 텐데, 딸에게 그 생일 선물을 사주었으면 좋았을 텐데 같은 후회를 한다.

또한 우리는 굴욕, 상실, 실패와 그밖에 여러 가지 후회할 수밖에 없는 결과를 상상하면서 고통을 느낀다. 이런 상상이 온갖 방향으로 가지를 뻗어나가면 세상 어떤 일도 다 위험하고 위태롭게 보인다. 후회를 두려워하는 이런 상태는 (대부분의 사람들이 그렇듯이) 과거를 돌이켜 보았을 때 정말로 잘못된 결정을 한 일이 있었던 경우 더욱 심해질 수 있다. 특히 생각과 감정을 잘 떨쳐내지 못하고 높은 기준을 가진 사람들은 실제 좋지 않은 결과를 불러 왔던 과거의 실수, 판단 착오, 충동적인 행동을 곱씹는 경우가 많다.

삶에서 우리가 내리는 모든 결정은 또 다른 선택을 할 수 있는 가능성을 낮춘다. 예를 들어 어떤 아파트를 빌리는 선택은 계약이 이미 체결되었으므로 좋든 싫든 그 지역에서 통근하고 아이들을 특정 학군의 학교에 보내는 것을 의미한다. 따라서 여러 가능성에 대한 상상력이 풍부할수록 가장 흔하고 일상적인 결정 하나하나에까지 후회에 대한 두려움이 스며들 수 있다. 예를 들면 이런 것이다. 납작 귀리 대신 스틸컷 귀리를 사면 후회할까? 교육 다큐멘터리 대신 코미디 프로를 보면서 시간을 보내면 후회할까?

아직 잘못된 일이 전혀 없음에도 불구하고 무언가를 결정할 때마다 순간적으로 의심이 들면 결정하기가 점점 두려워진다. 때늦은 의심은 무시하는 수밖에 없고, 되돌릴 수 없는 결정을 해 후회할 수 있다는 것을 알기 때문이다. 그리고 머릿속에 자동반사적으로 떠오르는 '만약'의 경우를 둘러싼 불확실성을 마주하고 싶지 않기 때문에, 결정 자체를 회피한다. 이것이 바로 결정을 내리는 데 있어서 예기불안을 다루는 일뿐 아니라 흔들림 없이 전념하는 태도가 매우 중요한 이유다. 결정을 내리자마자 자동반사적으로 의심이 떠올라도 이를 그냥 지나치기 위해서는 흔들림 없이 전념하는 태도를 지녀야 한다.

만성적으로 망설이는 이들에게 우리는 다음과 같은 제안을 하고자 한다. 순간적인 의심은 자동반사적으로 일어나는 만큼, 결정을 내리자마자 의심하게 될 것이라고 미리 생각하라. 실제로 그럴 것이기 때문이다. 또한 의심에 맞서 싸우고 저항하는 것은 좋지 않은 방법이다. 무방비 상태가 되었을 때 다시 흔들릴 수 있기 때문이다. 따라서 의심이 들면 내버려두고 차라리 그 상태를 반갑게 맞이하라. 다만 의심의 내용을 탐색하거나 그것에 반박하지 않겠다는 다짐을 해야 한다. 말 그대로 그저 개수를 세어 보기만 하자. 각각의 의심에 번호를 매겨 얼마나 많이 떠오르는지 살펴보라. 조금씩 변형된 형태의 여러 가지 의심이 떠오를 때, 그 사이의 미묘한 차이를 알아차려 정확한 숫자 세기에 도전해본다. 그리고 결정을 내린 직후에는 자신의 상상력이 얼마나 다양하게 자동반사적이고 불안한 의심을 만들어내는지 살펴보라. 그리고 그 다음 날에도 거듭 살펴봐야 한다. 자신이 계속해서 "그래, 하지만"이라고 말할 수 있는 놀라운 창의성과 능력을 가졌다는 것을 자축하되, 흔들리지 말아야 한다. 이와 같은 창의성이 매우 쓸모 있는 분야가 있겠지만 이 경우는 그렇지 않다. 7장에서 이런 태도와 관점의 전환을 더 자세히 설명한다.

✔ 유용한 사실

후회에 대한 두려움을 잘 다루기 위해서는 자동반사적으로 일어나는 의심을 그냥 지나칠 수 있어야 한다.

후회에 대한 두려움은 2장에서 이야기했던 포모라는 패턴과 관련이 깊을 때가 많다. 어떤 경로, 기회, 선택지든 포기하기를 주저하는 것은 나중에 뒤돌아보면서 지금의 이 선택 때문에 다른 선택을 할 수 없는 한계를 마주하고 후회할 거라는 예상 때문에 심해진다. 이런 주저함은 불안 민감성이 높은 사람들에게서 매우 흔한데, 이들이 여러 가지 추가적인 걱정을 하기 때문이다. 즉 후회할 수 있다는 두려움뿐 아니라 자신이 후회를 견딜 수 없거나 절대 극복하지 못할 것이라는 믿음, 또는 후회의 경험이 재앙 같을 것이라는 믿음이 그 원인이다.

후회에 대한 두려움은 우리가 앞으로 나아가는 것을 막는다. 여기에 더해 이미 선택한 길을 즐기는 데 있어서도 장애가 된다. 어떤 선택을 하자마자 의심이 일어나 미래에 좋지 않은 결과를 얻을 가능성이 있다고 느끼기 때문이다. 후회를 두려워하면 언제나 이렇게 과거에 했던 어떤 결정이 미래의 어느 시점에 후회를 불러올까 봐 걱정하기 때문에 선택을 잘 했다거나 어떤 일을 잘 해냈다는 만족감을 얻기 어려워진다.

✔ 유용한 사실

'만약에 ~하면'이라는 미래에 대한 불안이 '만약 ~했더라면'이라는 과거에 대한 후회로 바뀔 수 있다는 걱정 때문에 우리는 앞으로 나아가지 못한다.

결정을 하지 않은 채로 있는 것은 잠재적으로 발생할 수 있는 후회로부터 자신을 보호하는 방법 가운데 하나다. 그리고 이런 방법은 후회에 대한 두려움이 만성적인 망설임을 부채질하도록 만든다. 후회에 대한 두려움 때문에 어떤 것도 성취하지 못한 채 끝없이 심사숙고하고 의심하는 일은 고통스럽다. 역설적으로 고통을 피하려고 필사적으로 노력하다가 마지막에는 오히려 성급하고 충동적인 결정을 해 바람직하지 못한 결과를 얻는 경우도 종종 있다. 한 내담자는 말했다. "나는 너무나 오래 어정쩡한 태도로 지냈고 이제 그 상태를 견딜 수가 없어요. 어떤 선택을 하든지 이제 더 이상 상관없어요. 그냥 벗어나고 싶을 뿐이에요." 이런 경우, 불확실성이 주는 불편함을 빨리 제거하고 싶은 욕구가 갑자기 강박적인 의사결정 과정보다 우

선시 되면서 신중하지 못한 선택을 할 수 있다.

완벽주의, 불확실성, 후회에 대한 두려움 넘어서기

인식하지 못할 수 있지만, 다행히도 우리 모두에게는 마음대로 할 수 있는 일이 한 가지 있다. 스스로의 건강한 상식에 비추어보았을 때 무엇이 가장 좋은 답인지 짐작할 수 있다는 것이다. 강박장애 전문가인 조나단 그레이슨Jonathan Grayson은 상식에 비추어본 최선의 답을 찾는 한 가지 방법으로, 권총 테스트라는 사고 실험을 소개했다.[26] 다음은 그가 말하는 권총 테스트를 조금 각색한 예다.

자신이 어떤 선택을 앞두고 망설이는 상태라고 가정해보자. 그리고 어떤 낯선 사람이 무엇이 최선의 선택인지를 알고 있다고 상상해보자. 그는 당신의 머리에 권총을 겨누고 말한다. "나는 무엇이 올바른 선택인지 알고 있어. 그리고 네가 지금 당장 그 결정을 내려줬으면 좋겠어. 네가 만약 잘못된 선택을 하면, 나는 방아쇠를 당길 거야. 그리고 네가 10초 이상 지체해도 방아쇠를 당길 거야. 두 가지 경우 모두 너는 죽게 되어 있어. 자, 이제 목숨을 구하고 싶다면 최선을 다해서 맞춰봐. 시작!"

위험부담이 최고조에 다다른 위와 같은 상황에서는 이런저런 뜻밖의 결과들을 생각하거나 상상할 시간이 거의 없다. 이때는 그저 행동하고 선택해야 한다. 올바른 선택이 무엇인지 확신은 없지만, 머리에 총이 겨눠져 있다는 (상상 속의) 확실성이 우선시 된다. 그래서 목숨을 구하고자 최선을 다해 무엇이 올바른 선택인지 맞추려고 한다. 이것이 권총 테스트를 하는 의의다. 이 테스트는 올바른 선택이 무엇인지 최선을 다해 짐작하는 것만이 자신이 할 수 있는 유일한 일이라는 사실을 받아들이게 만든다. 그리고 확실히 알고자 하는 불가능한 욕구를 버릴 수 있게 한다.

✔ 유용한 사실

사실에 대한 모든 정보를 검토한 후에 우리가 할 수 있는 유일한 일은 올바른 선택이 무엇인지 최선을 다해 짐작하기뿐이다.

권총 테스트를 통해 막상 어떤 선택을 하면 그동안 자신이 완전히 확신하지 못했을 뿐, 사실 그 선택을 꽤 확신했다는 사실을 인정할 수 있다. 선택에 제동을 거는 것은 확실성에 대한 욕구, 완벽주의, 후회에 대한 두려움이다. 어떤 길로 가야 할지 심지어 99퍼센트 정도까지 확신했음에도 잘못 판단하거나, 조금 아쉬운 선택을 하거나, 나중에 후회할 수 있는 아주 약간의 위험을 감수할 수 없었다고 스스로 인정할지도 모른다.

이런 유형의 사고 실험을 적절히 사용하면 '충분히 확신하는', '충분히 괜찮은' 상태가 어떤 것인지 그 감각을 깨우고 후회할 가능성을 줄이는 데 도움이 된다. 그것은 또한 자신이 하는 회피의 핵심이 어떠한 외부 문제와도 상관이 없다는 것을 명확히 보여준다. 우리는 사실 외적인 문제가 아닌 자기 내면의 의심, 불완전함, 후회로부터 도망치려 한다.

이해를 돕는 또 다른 훈련이 있는데, 이 역시 만성적인 망설임이 만들어내는 주저함과 마비 상태를 넘어서도록 돕는다. 바로 '동전 던지기' 훈련이다. 동전을 한 개 찾아서 앞면과 뒷면에 고민 중인 두 가지 선택지를 하나씩 배정한다. 그리고 동전을 던진다. 그런 다음 결과를 확인하는 대신 자신에게 물어보라. "지금 나는 앞면이 나오길 바라는가 뒷면이 나오길 바라는가?" 이 방법을 통해 스스로가 최선을 다해 짐작하는 올바른 선택이 무엇인지 다시 한번 확인할 수 있다.

상상력 때문에 일단 어떤 의심을 하면 (그것이 실제로 일어날 수 있는 불완전성, 후회, 원치 않는 결과에 대한 의심이든 아니든), 그 이전의 상태로 되돌아갈 수 없다. 의심은 해결하고 없앨 수 있는 문제가 아니다. 어떤 것도 절대 전적으로 확신할 수 없기 때문이다. 하지만 의심이 남아 있다고 해도 우리는 적당한 수준의 위험부담을 안고 있는 경우처럼 계속 앞으로 나아갈 수 있다. 그리고 자신의 풍부한 상상력이 가리키는 가능성들을 꼭 심각하게 생각하지 않아도 된다는 사실을 인지할 수 있다. 의심이 드는 것은 안도감을 줄 수 있는 어떤 말이나, 사실에 대한 정보가 부족하기 때문이 아니다. 그러므로 이런 것들을 더 많이 찾아나서는 방법으로는 절대 의심을 해결할 수 없다. 전적으로 확신이 드는 느낌을 포기하는 것만이 우리가 할 수 있는 유일한 선택이다.

스스로 해보기

자신의 불확실성을 대하는 태도, 후회에 대한 두려움, 완벽주의가 어떻게 의사결정 과정에 영향을 미치는지 생각해보자.

이번 장에서는 예기불안과 만성적인 망설임이 어떻게 발생하며, 문제의 강도와 지속성에 기여하는 요인이 무엇인지 알아보았다. 7장부터는 패턴을 바꾸고, 회피를 극복하고, 앞으로 나아가기 위해서 무엇을 해야 하는지 체계적으로 알아보자.

7

치유를 향한 사고방식과
메타인지적 관점

생각은 생각일 뿐이다

이번 장에서는 예기불안과 만성적인 망설임에 대처하는 방식을 바꾸기 위해 필요한 것들을 소개한다. 무엇보다 먼저 메타인지적인 시각에서 자신의 경험을 관찰하는 관점 변화가 필요하다. 그런 다음 이 책에서 소개하는 '치유를 향한 사고방식'을 받아들여야 한다. 이와 같은 접근 방식을 통해 당신은 뒤로 한걸음 물러나 더 넓은 몸과 마음의 관점을 취하는 법을 배울 것이다. 또한 사고방식의 변화를 통해 예기불안을 대하는 자신의 태도를 바꾸어야 한다는 사실을 알게 될 것이다. 즉 예기불안을, 회피해야 할 비상사태가 다가오는 징후로 잘못 해석하지 않도록 주의하고, 가장 효과적으로 예기불안에서 벗어날 수 있는 방법을 찾아야 한다. 이때 행동과 의사 결정을 막는 자신의 불안한 감정과 불확실성에 대한 과민함이 유지되지 못하게 그 근원을 뿌리 뽑겠다는 목표를 세워야 한다. 또한 이 접근은 우리의 생각, 느낌, 감각이 무엇에 관한 것인지 그 내용보다, 그것들이 어떻게 우리를 계속 고통에 빠뜨리고 주저하게 만드는지 그 과정에 더 초점을 맞춘다. 불안한 감정이 서서히 모습을 드러내는 과정 동안 내면에서 어떤 일이 벌어지는지 관찰해야 우리는 변화할 수 있다.

이것은 쉽지 않은 과제처럼 보일 수 있다. 하지만 이 새로운 접근법을 배우는 동안 반드시 마주할 불안이라는 장애물을 잘 극복하기 바란다. 이 책을 읽고 있는 당신은 예기불안을 없애려고 이미 여러 가지 방법을 시도했지만 실패해 좌절하고 있을 가능성이 높다. 이 책은 특정한 불안 관리 기법이나 대처 기술에 대해 이야기하지 않는다. 이와 같은 기법들은 대부분 문제의 핵심에 접근하지 못하며 회피하는 모습을 보인다. 따라서 이런 기법 대신, 평소 자신의 몸과 마음에서 일어나는 감각, 느낌, 생각에 반응하던 방식에서 벗어나 새로운 관점을 배우기 바란다. 그리고 자신의 생각, 기억, 걱정, 신체적 감각, 기대, 감정, 그리고 특히 상상에 주의를 기울이기 바란다. 이것은 어떤 기법이나 대처 기술보다 더 깊이 있는 접근이기에 이를 배우고자 노력할 가치가 충분히 있다.

관찰하기와 분리하기: 메타인지적 관점의 핵심

'메타인지적' 관점의 핵심은 자신의 인지에 대한 의식이다. '메타인지'는 '생각에 대한 생각'이라고 정의되기도 하지만, '자신의 의식에 대해 의식하는' 상태를 포함하는 개념이기도 하다. 이 책에서 우리는 후자의 관점으로 접근했다. 또한 메타인지는 자신이 품고 있는 마음에 대한 스스로의 믿음, 자기 마음이 경험하는 것들에 대한 스스로의 평가, 그리고 생각, 기억, 감각, 감정을 대하는 자신의 태도 등을 망라한다. 그것은 관점을 넓히고, 뒤로 물러나 스스로를 관찰하는 일이다. 그리고 '내가 어떤 생각에 대해 생각하는 중'이라고 할 때, 생각하는 '나'를 생각 자체와 나누어 확인할 수 있는 능력이다.

한편 '분리하기'라고 부를 수 있는 메타인지적 과정이 있다. 이것은 스스로가 생각하고 느끼는 바를 인지하고 이를 거부하거나 밀어내지 않으면서도 '말려들지 않는' 의식적 행위를 말한다. 이것은 일단 뒤로 물러나 주의 깊게 살펴보면서 생각은 다만 생각일 뿐이고, 감정은 다만 감정일 뿐, 생각과 감정 모두 사실이 아님을 이해하는 상태를 의미한다. 이것을 이해하면, 자신이 '만약에 ~하면'이라는 생각으로 스스로를 겁주고, 수치스럽게 하고, 놀라게 만든다는 사실을 알게 된다. 또한 생각과 감정의 내용에서 자신을 분리하는 것은 자신과 자신의 생각, 또는 자신과 자신의 감정을 독립적으로 바라보는

'탈융합defusion [27]'개념과 유사하다.

✔ 유용한 사실

메타인지적 관점은 자신의 생각 또는 감정의 내용과 자기 사이에 얽힌 매듭을 풀어내고 분리한다.

여기까지 읽고 메타인지적 관점이 마음챙김mindfulness과 유사하다는 것을 알아차린 독자들이 있을지도 모른다. 실제로 마음챙김은 대상을 판단하지 않는다는 측면에서 메타인지적 자세와 같다고 할 수 있다. 하지만 '마음챙김'이라는 용어가 너무나도 광범위하게 사용되고 있기에 이 책에서 이것을 정확히 어떤 의미로 사용하는지 정의해야 한다. 이 책에서 말하는 마음챙김은 마음을 비우기 위한 명상이나, 긴장 이완 기법이나, 어떤 문제를 '주의 깊게' 심사숙고하는 것을 의미하지 않는다. 여기에서 말하는 마음챙김은 어떤 일이 일어나든지 그 일을 관찰하고, 판단하지 않으며, 있는 그대로 내버려두는 것을 뜻한다.

생각과 감정의 내용보다 과정을 중시하는 새로운 관점을 갖지

---

*   인지적 탈융합이라고도 한다. 생각이나 감정이 직접적으로 행동을 유발한다고 믿고 이에 반응하는 문제를 해결하는 치료 기법이다. 생각과 감정을 있는 그대로 바라보거나 관찰하도록 유도해 원치 않는 생각이나 감정에 거리를 두고 자신을 분리시킨다.

않는 한 우리는 미래에 대한 걱정은 물론, 회피할지 말지를 두고 고민하는 일이나, 그 밖의 문제와 장애물을 마주할 때마다 매번 이것들을 별개의 문제로 다루고 만다. 그 결과 연달아 일어나는 다양한 문제들을 해결하려고 동분서주하면서 하루하루를 보낸다. 각각의 문제는 서로 독립적이고 관련성이 없어 보이기 때문에, 불안을 유발하는 한 가지 사건을 겨우 성공적으로 피하고 나면 다른 사건이 또 불쑥 튀어나온다고 느낀다. 마치 놀이공원의 두더지잡기 게임처럼 언제나 또 다른 문제가 새로 등장하면서 삶 전체가 두려운 선택, 시험대에 놓이는 달갑지 않은 일, 새롭게 도전하고 성장할 기회를 놓치는 경험으로 점철되는 것이다.

반면에 메타인지적 관점을 가지면 본질적으로 동일한 과정이 반복되면서 미래에 대한 걱정, 회피하고 싶은 충동, 결정의 어려움이 다양한 표면적 문제로 나타난다는 것을 이해할 수 있다. 그리고 이 반복되는 과정을 통해 불안이 재생산되고 지속되는 것도 알 수 있다. 또한 우리는 메타인지적 관점을 통해 자신이 이런 부적응적인 과정에 관여하는 모습을 관찰하면서, 그 과정을 중단하고 달라질 수 있는 기회를 갖는다. 이러한 경험은 스스로가 원하는 것을 포기하지 않고, 편안한 태도로 불확실성에 대응하며, 망설임 없이 선택하는 자신감을 갖게 한다. 이와 같은 접근은 문제가 나타날 때마다 그 각각을 대처하려는 것보다 여러 가지로 훨씬 더 깊이 있는 변화를 가져온다.

그것은 문제를 만들어내는 습관이나 마찬가지인 마음의 과정에 변화를 주는 일이다.

메타인지적 관점은 앞에서 대략적으로 서술한 비생산적인 마음의 과정에 주의를 기울이고, 늘 하던 반응이 아닌 새로운 반응을 할 수 있게 돕는다. 또한 스스로가 상식을 벗어날 때나 자신의 상상력에 완전히 사로잡힐 때 그 사실을 관찰하게 만든다. 그리고 거짓 경보 반응이 자동반사적으로 일어나고 이를 진짜 위험으로 착각할 때, 그것이 착각임을 알아차릴 수도 있게 한다. 스스로를 일시적으로 안심시킬 공허한 위로를 찾는 시도를 하거나 과도한 '조사'를 할 때, 그 익숙한 패턴을 알아차릴 수 있으며, 그런 행동이 더 심한 불안과 마비상태를 불러오는 원동력임을 인지할 수도 있게 한다. 더불어 미묘한 회피, 완벽주의적인 행동, 불가능한 확실성을 발견하려는 시도에 주의를 기울이게 한다. 그리고 불안이 심해지게 만드는 몸과 마음에 대한 잘못된 믿음과 기대를 놓아 보낼 수 있게 한다. 메타인지적 관점을 취한다는 것은 자기 자신으로부터 한걸음 물러나는 일이다.

✔ 유용한 사실
메타인지적 접근은 불안 관리법도 대처 기술도 아닌 관점의 전환이다.

이 관점을 취하면, 대부분의 불안이 불안 각성이 처음 치솟을 때가 아니라 그로부터 도망치거나 싸워 물리치려는 시도를 할 때 일어난다는 것을 직접 확인할 수 있다. 5장에서 설명한 노력의 역설처럼 불안 문제를 다루는 데 있어서 노력은 역효과를 불러오며 저항은 헛되다. 불안한 감정과 싸울 때마다 그 감정은 더욱 더 강력하게 반격해온다.

한편 메타인지적 관점은 생각하는 과정에 초점을 맞춰 걱정 가운데서 구체적인 내용의 중요성이 희미해지게 만든다. 이렇게 생각이나 감정의 내용과 자신을 분리하면 회복에 필요한 중대한 실마리를 발견할 수 있다. 바로 우리가 맞서 싸우는 대상이 생각이나 상상의 내용이 아니라는 점이다. 우리는 피할 수 없는 불확실성 속에서 어떤 선택에 전념해야 한다는 점 때문에 일어나는 감정들에 맞서 분투하고 있다. 자신이 어떤 일을 처리하기에 무능력하다고 느끼거나, 실수를 후회하거나, 이상적이지 못한 결과를 얻을 가능성을 붙잡고 씨름하고 있다.

또한 우리는 예기불안이 미래, 즉 아직 일어나지 않은 일들에 대한 스스로의 상상에 기반한 것임을 알 수 있다. 당신의 두려운 감정은 사실 어떤 특정한 사건이 아니라 불안 자체에 대한 두려움이나 어떤 일을 얼마나 잘 처리할 수 있는지에 대한 스스로의 믿음과 관련 있다. 다리를 건너는 일, 예의상 나누는 중요하지 않은 이야기, 쥐 등이 정말로 무서운 것이 아니라 미래에 대한 자신의 상상이 현실로 나타나고 그 상황에 대처하지 못할까 봐 두려운 것이다.

메타인지적 관점으로는 특정한 유형의 촉발 요인이 자동반사적인 회피 모드를 불러온다는 것을 알아차릴 수 있다. 이때 어떤 생각들이 특히 문제가 된다는 것을 발견할 수 있는데, 그것은 주로 '만약에 ~하면'이라는 생각이다. 이런 생각은 우리가 상상에 사로잡히게만들고, 일상적인 상식을 떠나 불안에 사로잡힌 사고의 세계로 가는다리를 건너게 만드는 특효약이다.[28]

걱정에 대한 잘못된 믿음

메타인지적 믿음이란 생각에 대한 믿음을 의미한다. 자신의 메타인지적 믿음을 의식하지 못하는 경우에도, 이 믿음은 마음속에 일어나는 생각들을 대하는 태도를 지배한다. 그리고 불안을 일으키는 스스로의 생각에 얼마나 많은 힘을 부여하는지, 생각을 얼마나 흘려보낼수 있는지, 생각을 있는 그대로 존재하도록 얼마나 내버려둘 수 있는지 등을 결정한다. 이런 믿음의 상당수는 잘못된 것으로, 당신을 괴롭게 만드는 상상력의 힘이 커지는데 기여한다.

'만약에 ~하면'이라는 걱정은 예기불안의 기초가 된다. 이런 걱정을 두고 사람들은 흔히 잘못된 믿음을 가진다. 그런 믿음들을 하나하나 살펴보자.

다. 한번은 어떤 내담자와 불확실성에 대한 이야기를 나누던 중 내

담자에게 다음과 같은 예를 들은 적이 있다. "제 딸이 지금 여행 중인

데 말입니다, 저는 사실 아이가 현재 비행기에 타고 있는지 아닌지

잘 모릅니다. 아이의 여행 계획이 너무 복잡해서 지금 어느 나라에

있는지 확실치가 않거든요." 내담자는 아연실색하며 못마땅하게 말

했다. "딸에게 너무 무관심한 거 아닌가요? 그런 상황에서 어떻게 딸

걱정을 안 하고 견딜 수 있으세요? 저는 아이들이 어디에 가든지 꼭

문자를 보내게 해요. 떠날 때와 도착했을 때도요. 만약 그런 걱정을

하지 않는다면 그건 제가 아이들의 안전을 더 이상 상관하지 않는다

는 의미 아니겠어요?"

그에 대한 대답은 다음과 같았다. "물론 저는 딸을 사랑하고 딸

에게 관심이 있습니다. 저는 그저 확실히 알지 못한다는 사실을 기꺼

이 받아들이는 것뿐입니다. 그리고 제가 걱정한다고 해서 딸에게 어

떤 도움이 되지 않으니까요. 문제가 있으면 알게 될 것이라고 생각합

니다. 그리고 부모가 요구하는 대로 매번 하던 일을 멈추고 문자를

보내 걱정을 가라앉혀 줘야 한다면, 부모의 걱정이 오히려 귀찮지 않

을까 하는 생각도 듭니다."

사람들은 흔히 누군가를 사랑한다면 마땅히 그들의 건강, 안전,

행복을 걱정해야 한다고 생각한다. 이것을 반대로 이야기하면, 만약

예기불안을 겪거나 걱정하면서 사랑하는 대상과 계속 '연결되어' 있지 않다면 무관심하고, 충실하지 않고, 헌신적이지 않고, 사랑하지 않는다는 뜻이다. 하지만 이는 사실이 아니라, 잘못된 메타인지적 믿음일 뿐이다.

잘못된 믿음 2: 걱정은 실수를 방지한다. 어떤 내담자는 십대인 딸이 세 명 있었는데, 자신이 딸들을 매우 세심하게 챙기는 어머니라는 사실에 크게 자부했다. 그는 십대들에게 닥칠 수 있는 무수히 많은 위험을 끊임없이 걱정했다. 또한 딸들을 여러 스트레스로부터 보호하려 했다. 그는 자신이 이렇게 걱정하는 덕분에 계속 집중하고 경계심을 갖게 되어 아이들을 실수 없이 돌볼 수 있다고 믿었다. 경계를 늦춘다는 것은 가당치 않은 일이었다. 그러던 어느 날 세 딸 중 한 명이 그동안 학교에서 따돌림 당한 것을 비밀로 해왔다는 것을 알게 되었고, 그는 충격으로 몸서리를 쳤다. 딸은 어머니에게 말했다. "엄마는 언제나 끼어들어 도와준다고 나서니까, 엄마가 일을 더 망칠까봐 겁이 났어요." 이처럼 걱정은 모든 실수를 방지할 수 없으며 때로는 역효과가 날 수도 있다.

한 보험 판매원은 고객들에게 최선의 서비스를 제공하기 위해서 걱정을 멈추지 말아야 한다고 믿었다. 그는 수많은 밤을 잠 못 이루면서 낮에 작성한 모든 서류 내용과 모든 전화 통화를 머릿속으로 되새겼다. 상사나 고객의 마음을 상하게 할 만한 실수가 없었는지 확인하고 스스로를 안심시키기 위해서였다. 그 결과, 그는 매일 아침 졸음과 지나친 카페인 섭취로 오히려 더 집중하기가 어려워졌다. 결국 하루는 그 전날 아침에 작성한 서류에 고객 이름을 빠뜨렸다는 상사의 지적을 받고 몹시 당황하는 일이 생겼다. 여기에서 알 수 있는 것은 걱정이 실수를 방지하지 못할 뿐 아니라, 걱정 때문에 오히려 더 실수할 가능성도 있다는 사실이다.

잘못된 믿음 3: 걱정은 의심이 사라지게 만들 수 있다. 한 젊은이가 있었는데, 그에게는 대화가 매우 잘 통하는 동료가 있었다. 그는 동료에게 데이트 신청을 해야 할지 고민했다. 그는 거절당할까 봐 두려웠고 상대방이 자신에 대해 어떤 감정을 느끼는지 확신이 없었다. 그는 데이트 신청을 했다가 끔찍하게 거절당하고, 참을 수 없는 굴욕감 때문에 직장을 계속 다닐 수 없게 되는 상상까지 했다. 그것은 그에게 너무나 큰 위험부담이었기에 계속 걱정했다. 매일 밤 잠들기 전, 그는 그날 있었던 일들을 하나하나 곱씹고, 걱정하고, 다시 떠올리며 시간을 보냈다. 그리고 동료의 얼굴 표정, 목소리의 어조, 몸짓을 회상하면서 상대가 자신을 어떻게 생각하는지 확실한 감을 잡으려고 했다. 그는 자신이 충분히 심사숙고하고 나면 확신을 갖고 행동할 수 있다고 믿었다. 하지만 실제로는 동일한 패턴을 계속해서 되풀

이할 뿐이었고 확실성이라는 불가능한 목표에는 조금도 더 가까워지지 못했다.

잘못된 믿음 4: 걱정은 문제 해결을 돕는다.   사람들은 흔히 계획과 걱정의 차이를 혼동한다. 그 차이에 대해 명확히 설명하면, 우선 계획은 일련의 문제들에 대한 잠재적인 해결책을 생각하고 찾아내는 일과 관련된다. 예를 들어 사람들은 종종 '만약에 ~하면'이라는 생각과 함께 계획을 세우기 시작하고, 그 결과 실천 방안을 마련한다. 그러면 최소한 자신이 세운 계획이 문제를 해결하는지 여부를 알 때까지 '만약에 ~하면'이라는 생각을 하지 않는다. 그리고 계획된 행동을 실행에 옮겼을 때 문제가 해결된다면 더 이상 고민하지 않는다. 반면에 만약 문제가 지속되면, 대안적인 실천 방안을 세우기 위해 더 많은 생각을 한다. 간단한 예로 다음과 같은 경우를 생각해볼 수 있다. 차에 연료 부족 경고등이 들어왔다고 가정해보자. 그리고 주유소에 들렀다 가는 방법으로 이 문제를 해결하려는 계획을 세웠다. 그러나 주유소는 문을 닫은 상태였다. 그렇다면 나는 아마도 다른 주유소로 가는 대안을 세울 것이다. 그리고 마침내 다른 주유소에서 차에 기름을 채우면 문제는 해결된다. 이처럼 계획을 세우는 일은 생산적이다. 그리고 계획에는 행동하기로 마음먹고 실행에 옮길 수 있는 실천 방안이 있다.

계획과 마찬가지로 걱정 역시 '만약에 ~하면'이라는 생각이 떠오르면서 함께 시작되는 경우가 많다. 그러나 걱정은 실행에 옮길 수 있는 실천 방안이라는 결과로 이어지지 못한다. 걱정은 그저 돌고 도는 내적 대화의 되새김질일 뿐이다. 이렇게 되는 이유는 걱정이 해결할 수 없는 문제를 해결하고자 하고, 답할 수 없는 질문에 답하려고 하는 시도이기 때문이다. 또한 걱정은 충분한 정보가 없는 상태에서 무언가를 확신하거나 합리적인 행동 계획을 세우려는 시도다. 우리는 대개 상상 속에서 마주한 미래의 사건을 걱정하는데 아직 일어나지도 않은 미래의 사건은 불충분한 사실밖에 알 수 없는 것이 당연하다. 이 외에도 걱정은 진짜 있었던 과거의 사건들과 그로 인해 일어날 수 있는 끔찍한 결과에 대한 상상에 초점을 맞추기도 한다.

따라서 걱정은 생산적이지 못하며 문제를 해결하지도 못한다. 그것은 고통만 안겨줄 뿐이다. 그 예는 다음과 같다. 한 친구가 12월에 결혼을 하는데, 나는 그때 눈이 올까 봐 걱정이다. 나는 눈길 운전을 두려워한다. 만약 눈길에서 운전하다 결혼식에 못 가면 어떻게 하지? 만약 아무도 나를 데리러 올 수 없으면 어떻게 하지? 만약 친구를 실망시키면 어떻게 하지? 눈 때문에 갈 수 없을지도 모른다고 지금 이야기해야 할까? 그렇게 말하면 친구가 마음 상해할까? 지금이라도 4륜 구동 자동차를 사야 할까? 생산적이지 못한 걱정은 그렇게 계속되고 또 계속된다.

잘못된 믿음 5: 걱정은 나를 보호한다. 걱정이 자신을 보호한다는 믿음에는 두 가지 다른 방식이 있을 수 있다. 첫 번째는 걱정이 무언가 나쁜 일이 일어나는 경우를 '준비'하도록 만들어 자신을 보호한다는 생각이다. 두 번째는 걱정이 나쁜 일들이 일어나지 않도록 해 자신을 지켜준다는 생각이다. 이것을 '마술적 사고'라고 부른다.

어려운 일이 닥쳤을 때 필요한 정서적 지지를 걱정이 미리 제공한다고 믿는 경우도 있다. 갑작스럽게 나쁜 소식을 들을 때가 어떤 일을 이미 걱정했던 경우보다 더 마음을 다스리기 어렵다고 생각하는 것이다. 한 내담자는 언젠가 어머니가 돌아가실 일을 걱정했는데, 그런 걱정을 할 가치가 있다고 생각했다. 실제로 어머니가 돌아가시기 전에 큰 슬픔을 미리 생활화하면 나중에 그 죽음을 견디는 데 도움이 될 것이라고 믿었기 때문이었다. 하지만 어머니가 돌아가셨을 때, 그는 자신이 느끼는 슬픔이 미리 상상했던 것과는 견줄 수 없이 크다는 사실을 깨달았다. 그리고 그동안 수많은 고통을 무의미하게 겪어왔음을 알았다. 전부터 걱정해왔던 어떤 일을 실제로 겪을 때, 그동안 그 일을 걱정해왔기 때문에 더 쉽게 대처할 수 있다고 생각하다면 이것은 근거 없는 믿음이다.

걱정이 자신을 보호한다는 착각은 우리가 걱정하는 재앙이 대부분 실제로 발생하지 않는다는 사실 때문에 생겨난다. (인생에서 우리에게 닥치는 정말로 나쁜 일들, 예를 들어 사고, 처참한 질병, 재정적인 불행 등은 거의 언제나 생각지도 못한 방식으로 일어난다.) 그러나 반대되는 모든 명백한 증거에도 불구하고, 많은 사람들은 걱정하는 행위가 나쁜 일들이 일어나지 않도록 해 자신을 보호하고, 심지어 좋은 일들이 일어나게 돕는다는 믿음을 유지한다.

이러한 믿음의 전형적인 예는 다음과 같다. 비행을 두려워하는 사람들은 비행기를 타는 동안 자신이 깨어 있으면서 비행기 밖을 살펴보고 혹시 승무원들이 평상시와 다른 행동을 하지 않는지, 잘 비행하고 있는지를 끊임없이 평가해야 한다고 믿는 경우가 많다. 마치 자신이 이렇게 해야만 비행기가 공중에 잘 떠있는 것처럼 말이다. 그래서 이들은 잠이 들거나 책을 읽는 것이 어쩐지 너무 위험한 행동이라고 느낀다. 걱정이 자신을 보호한다는 믿음의 또 다른 예로는 친구들에게 계속해서 "우리 사이 괜찮은 거 맞지?"라고 물으며 여전히 친구로 지내고 싶은지 '확인하는' 경우, 불안을 자극하는 어떤 일을 할 때마다 꼭 행운의 티셔츠를 입는 것처럼 미신 행동superstitious behavior*을 하는 경우, 이제 겨우 네 살짜리 자녀가 대학에 들어갈 일을 벌써부터 열심히 걱정하는 일, 치매 초기 증상을 놓칠까 봐 매일 자신의 기

---

* 어떤 행동 뒤에 우연히 강화가 일어난 경우, 자신의 행동이 강화물 제공의 결과를 가져왔다는 잘못된 믿음을 갖고 그 행동을 반복적으로 하는 것. 어느 날 아침 우연히 세수를 하지 않고 시합에 나간 운동선수가 그날 시합에서 이긴 뒤, 세수를 하지 않는 행동과 우승은 인과관계가 없는데도 불구하고 시합 날마다 세수를 하지 않는 것이 그 예다.

억력을 테스트하는 행동 등이 있다.

　　잘못된 믿음 6: 끌어당김의 법칙.　일부 뉴에이지 철학에서는 비슷한 것들이 서로를 끌어당긴다는 믿음이 널리 퍼져 있다.[29] 다시 말해, 인간은 자신과 비슷한 사람을 끌어당기며 사람의 생각이 그 생각과 유사한 결과를 끌어당긴다는 것이다. 이는 긍정적인 생각은 바람직한 경험을 끌어당기고 부정적인 생각은 나쁜 경험을 끌어당긴다는 것을 시사한다. 또한 많은 사람들이 '자연은 진공 상태를 그대로 두지 않는다Nature abhors a vacuum'*고 믿는다. 따라서 부정적인 생각과 '독이 되는' 사람들을 자신의 삶에서 없애 긍정적인 것들이 들어올 자리를 만들어야 한다고 생각한다. 이러한 생각은 부정적인 생각이나 에너지를 없애는 방법을 통해 현실에서 어떤 일이 일어날지 통제할 수 있다는 잘못된 믿음이다. 이러한 믿음에 따르면, 걱정하는 생각은 그 자체로 위험하며 피해야만 한다고 인식될 수밖에 없다.

　　이러한 믿음은 또한 선택적인 기억, 잘될 것이라고 믿고 저질러보자는 생각, 좋은 사람이 되고 좋은 일을 하고 싶은 욕망 등에 의해 다져진 마술적 사고이기도 하다. 하지만 예기불안을 잘 느끼는 편이

---

*　생활에 변화가 생기거나 무언가가 없어졌을 때 그 자리를 채우는 다른 무언가가 반드시 나타난다는 의미의 관용구.

라면, 이런 믿음 체계를 따르기가 불가능할 뿐 아니라 나쁜 일이 일어났을 때 죄책감을 불러일으킨다. 또한 특히 타인에게 이런 메시지를 받으면 매우 짜증이 날 수 있다. 그러나 부정적인 생각을 머릿속에서 황급하게 지워버리는 것은 그런 생각들이 더 강하게 되돌아오도록 만들 뿐이라는 점을 다시 한번 기억해야 한다.

잘못된 믿음 7: 불현듯 떠오르는 걱정은 미래에 대한 경고다. 3장에서 살펴본 것처럼 '만약에 ~하면'이라는 생각은 경보의 울림과 함께 갑작스럽게 우리의 의식을 침범한다. 이런 갑작스러운 침입은 그런 생각이 중요하고, 의미 있고, 주의를 요하는 것처럼 보이게 만든다. 우리의 뇌는 설령 위험하지 않은 경우라 할지라도 위험이 존재할 수 있다는 기본 가정 하에 반응하도록 준비되어 있기 때문이다. 예기불안을 느끼는 사람들은 걱정이 곧 미래에 대한 예언이기라도 한 것처럼, 불현듯 떠오르는 생각들을 경고, 징후, 또는 미래를 살짝 엿볼 수 있는 기회로 여기기 쉽다. 그러나 이는 전혀 사실이 아니다. 걱정은 앞으로 있을 일을 예지하는 능력이 아닌, 우리 자신의 상상력에서 시작되었을 뿐이다. 예기불안은 앞으로 어떤 일이 일어날지에 대해서 아무것도 말해주지 못한다.

한 여성은 코로나19로 도시가 봉쇄되기 직전에 구입한 물건들 때문에 찬장이 바이러스에 노출되었을 수 있다는 생각이 갑자기 들었다. 그러자 너무 충격적인 나머지 그 생각이 계속 뇌리에서 떠나지를 않았다. 결국 그녀는 찬장 안에 있던 모든 것을 버린 다음 다시 새 물건들을 채워넣고 나서야 휴식을 취할 수 있었다. 또 어떤 남성은 자신이 무언가를 만질 때마다 그 대상과 '나쁜 생각'을 연결해버린다고 말했다. 한번은 양말을 신고 있을 때 갑자기 연로한 어머니가 돌아가실 수 있다는 생각이 떠올랐는데, 그때 그 양말이 오염되고 '불행을 가져오는 물건'처럼 느껴졌다. 그는 이것이 미래에 대한 경고처럼 느껴져 어머니가 확실히 괜찮으신지 확인하고 양말을 버렸다.

✔ 유용한 사실
걱정의 근원은 앞으로 있을 일을 예측하는 능력이 아닌 우리 자신의 상상력이다.

치유를 향한 사고방식으로 전환하기

치유를 향한 사고방식으로 전환하기는 예기불안을 극복하는 데 있어서 굉장히 중요한 요소다. 이는 불안을 대하는 태도와 사고방식을 바꾸는 것이며, 불안한 감정을 예상하고, 수용하고, 허용하는 쪽으로 변화하는 것이다. 다시 말해, 불안한 생각, 느낌, 기억, 감각에 반응하던 기존의 방식을 바꾸는 것을 의미한다. 이를 위해서는 자신의 내적인 경험을 대하는 태도를 근본적으로 바꿔야 한다. 그것은 스스로의 생각과 감정을 너그러운 마음과 쉽게 판단하지 않는 자세로 관찰할 수 있는 자신을 찾아가는 일이다. 또한 그것은 스스로의 상상력이 생각과 감정을 불러들이고, 자동반사적인 투쟁-도피-경직 반응이 다양한 감각을 유발할 때, 그 어느 것에 의해서도 괴롭힘을 당하거나 제압당하거나 수치심을 느끼지 않을 자신을 찾아가는 일이다. 노력은 역효과를 불러오고 회피는 궁극적으로 불안을 악화시킬 뿐이므로, 예기불안에서 벗어나기 위해서는 치유를 향한 사고방식이 반드시 필요하다. 즉 한걸음 물러나 자신의 경험을 관찰하고, 관찰되는 것들에 대해서 애쓰지 않고 반응하지 않아야 한다.

이러한 전환의 세 가지 필수 요소는 다음과 같이 요약할 수 있다. '예상'하고, '수용'하고, '허용'한다. 첫 번째로, 예기불안을 예상하는 일은 우리가 몸의 생명작용과 역사로 인해 불안 민감성을 갖게 되었으며, 그 결과 언제든지 두려움이 솟구치거나 상상에 사로잡힐 수 있음을 이해하는 것이다. 또한 예상은 불안을 느끼지 않기를 바라는 것과 반대된다. 불안한 감정을 느낄 것이라고 예상하면 정말 그 감정이 일어났을 때 기습당하는 느낌을 받거나 낙담하지 않는다. 반면 부정하기, 외면하기, 그 밖에 어떤 다른 방식의 회피도 치유를 향한 사고방식에 배치된다.

두 번째로, 예기불안을 수용하는 일은 자신이 예기불안으로 인해 회피하고 싶어질 수 있음을 인정하는 것이며, 그런 감정을 후회, 원망, 부끄러움, 분노, 비난하는 마음 없이 있는 그대로 인정하고자 노력하는 것이다. 또한 불안을 수용하는 태도에는 기꺼이 불안을 경험하려는 마음가짐 역시 포함된다.

마지막으로, 불안을 허용하는 일은 행동하기를 지양하고 치유를 위해 내려놓음을 실천하는 과정을 의미한다. 이는 8장에서 더 자세히 다룬다. (하지만 지금 8장으로 건너뛰어서 읽지 않기를 바란다. 중요한 것부터 순서대로 짚어나가는 것이 더 바람직하기 때문이다.) 허용한다는 것은 불안한 감정과 회피하고 싶은 충동을 인식하면서도 그것들을 있는 그대로 내버려두는 태도다. 그리고 불안을 느끼는 가운데서도 최대한 현재의 순간에 가까이 머무는 것을 의미한다. 다시 말해, 허용은 무엇을 할 것인지가 아니라 어떻게 있을 것인지에 관한 문제다.

치유를 향한 사고방식이 불안을 쳐부수는 기법이 아니라는 점은 아무리 강조해도 지나치지 않다. 우리는 불안을 제거하려는 어떤 시도도 도움이 되지 않는다는 것을 기억해야 한다. 무심코 불안한 감정과 맞서 싸우면, 이런 투쟁에 동반되는 조바심과 절박감이 생길 뿐 아니라 노력의 역설이라는 결과를 얻을 것이다.

그렇다면 기법이 아니라 사고방식의 전환이라는 말의 정확한 의미는 무엇일까? 이때 사고방식은 불안한 생각과 감각을 관찰하고 경험하는 동안에 취해야 할 자세나 태도를 뜻한다. 불안이 없어지도록 만드는 것이 아니라, 해변에 앉아 파도를 바라볼 때 그 가운데 어떤 파도가 특별하고, 더 빠르고, 더 커지기를 희망하거나 그렇게 만들려고 노력하지 않는 것처럼 무언가를 의도하지 않는 것이다. 사고방식의 전환은 모든 일이 있는 그대로 존재하는 가운데, 그저 시간이 흘러가도록 내버려두는 일이다.

✔ 유용한 사실
회복의 실마리는 생각, 감정, 기억, 감각, 상상을 향한 자신의 사고방식을 바꾸는 데 있다.

지금까지 설명한 과정들을 좀 더 명확하게 이해할 수 있는 한 가지 방법은 '마음의 목소리'에 대해 알아보는 것이다. 마음의 목소리들 사이의 상호작용은 예기불안과 만성적인 망설임을 극복하려고 노력하는 동안 우리가 어떤 도전과 기회들을 경험하는지 잘 보여준다.

내면에 존재하는 세 가지 목소리

마음속을 흘러가는 생각들에 주의를 기울이면, 머릿속에서 서로 대화를 나누는 수많은 '목소리들'이 있다는 것을 알게 된다. 우리가 종종 동일한 어떤 대상에 대해 다양한 생각과 감정을 동시에 가지는 일은 놀랍다(때로는 혼란스러운 일이기도 하다!). 이런 서로 다른 목소리들 사이의 대화가 어떻게 시작되며, 그것이 어떻게 예기불안과 만성적인 망설임을 악화시키는지 살펴보자. 우선 마음속에 흔히 나타나는 내면의 목소리를 잘 설명해주는 세 등장인물을 생각해볼 수 있다. 예기불안과 그 짝꿍인 만성적인 망설임은 서로 다른 두 등장인물 사이의 상호작용으로 시작되고, 유지되고, 더욱 심해진다. 이때 이 두 등장인물을 각각 걱정하는 목소리와 거짓 위안의 목소리라고 부를 수 있다. 세 번째 등장인물은 지혜로운 마음이라 이름 붙일 수 있는데, 이 목소리는 판단하지 않고 감독하며, 메타인지적인 견해를 제공하고, 두려움에 찬 회피를 극복할 수 있는 길을 알려준다.

걱정하는 목소리

걱정하는 목소리는 예기불안의 목소리다. 걱정하는 목소리는 의심, '만약에 ~하면'이라는 생각, "그래, 그렇지만"이라는 말 따위를 찾아낸다. 그것은 불안을 느끼고 회피하고 싶게 만든다. 걱정하는 목소리는 마음속의 무섭고 과민한 상상력의 목소리다. 그것은 자신의 두려움, 의심, 불안정성 같은 감정을 표현한다. 그리고 중요한 것은 걱정하는 목소리가 매우 색다른 유형의 기억을 지녔다는 점이다. 어떤 일을 100번 정도 하고 99번은 아무 문제가 없었지만 딱 한 번 무언가를 망치거나 나쁜 경험을 했다고 해보자. 걱정하는 목소리의 기억 속에는 일이 잘못되었던 그 한 번의 경험이 깊이 새겨진다. 걱정하는 목소리는 단 한 번의 경험을 절대로 잊지 못하게 만든다. 걱정하는 목소리는 모 아니면 도, 아주 좋거나 끔찍한 일, 재앙 또는 완벽함이라는 이분법적 잣대로 세상을 파악한다. 걱정하는 목소리는 확실성, 안전, 명확성이 보장되기를 원한다. 답할 수 없는 미래에 대한 질문에 답을 원하는 것이다.

거짓 위안의 목소리

거짓 위안은 걱정하는 목소리가 입을 다물게 만들고 싶어 한다. 거짓 위안은 회피의 목소리다. 이 목소리의 유일한 소망은 걱정하는 목소리가 표현하는 불안을 없애는 것이다. 거짓 위안은 걱정하는 목소리가 말하는 공포와 재앙이 너무 두려운 나머지 그런 생각을 계속해서 반박하고, 일축하고, 안심시키고, 회피하고, 주의를 다른 곳으로 돌리고, 경시하려 한다. 또한 거짓 위안은 걱정하는 목소리가 끔찍한 생각을 할 때마다 두려움이 사라지게 만들 만한 것들을 준비해서 돌아온다. 그리고 다양한 '대응 수단'을 시도해보거나, 합리적인 논거를 대거나, 긍정적 태도를 가져야 한다는 조언에 따르면서 정말로 자신이 도움을 주고 있다고 믿는다. 그 목소리는 답할 수 없는 질문들에 대한 '답'을 내놓는다. 거짓 위안은 위험부담을 피할 수 있는 창의적인 방법들을 생각해내거나, 근거도 없이 안심시키는 말들을 내놓는다. 우리가 종종 '공허한 위로'라고 부르는 것을 말이다.

그러나 여기에는 문제가 있다. 거짓 위안이 아무리 능숙하게 안심시킨다 해도, 걱정하는 목소리는 항상 더 불안한 상태가 되어 돌아온다. 걱정하는 목소리와 거짓 위안이 계속해서 옥신각신 말을 주고받는 것은 걱정하는 목소리가 호소하는 예기불안을 악화시킬 뿐이다. 거짓 위안이 주는 일시적인 안도감이 불안을 악화시키는 역효과를 가져오기 때문이다.

특히 강박장애를 겪는 경우라면, 걱정하는 목소리는 불안을 일으키는 강박 사고obsession *로, 거짓 위안은 일시적으로 불안을 낮추는 강박행동compulsion ** 으로 인식될 것이다.

✔ 유용한 사실

걱정하는 목소리는 예기불안의 목소리다. 거짓 위안은 회피의 목소리다.

예기불안을 느끼기 쉬운 상황에서 불안과 싸우고 있을 때, 걱정하는 목소리와 거짓 위안이 어떻게 상호작용을 하는지 살펴보자. 다음은 직장에서 발표를 하는 상황의 예다.

---

*   원치 않는데도 반복적으로 떠오르는 억누르기 힘든 생각(예: '손이 깨끗해야만 해').

**   대부분 원치 않는 강박사고로 인해 생기는 반복적이고 의식적인 행동(예: 화장실 문고리를 잡은 이후 수십 분 동안 손을 반복해서 씻는 행동).

걱정하는 목소리: 직원 미팅에서 발표해야 된다는 걸 알게 됐어. 눈앞이 캄캄해.

거짓 위안: 다음 주에 하는 거잖아, 맞지? 준비할 시간이 많아. 틀림없이 잘 할 거야.

걱정하는 목소리: 발표 전체를 다 대본으로 써서 준비한다고 해도 일주일 내내 불안 때문에 처참한 상태가 되겠지. 잠도 못 잘 거고, 그래서 더 상황이 나빠지고 말거야.

거짓 위안: 글쎄, 발표 전날 수면제를 먹어도 되잖아. 그리고 그냥 줌으로 하는 발표잖아? 설령 네가 손을 떤다고 해도 사람들은 네가 얼마나 긴장했는지 모를 거야.

걱정하는 목소리: 그렇지만 대본을 보고 읽으면 카메라를 보지 못할 텐데 어떻게 하지? 그건 언제 봐도 이상하단 말이야.

거짓 위안: 글쎄, 겨우 5분짜리 발표잖아. 어쩌면 그냥 외울 수도 있지 않을까?

걱정하는 목소리: 아, 안 돼! 그건 할 수 없어. 너무 불안해서 틀림없이 잊어버릴 거야. 창피를 당하겠지. 벌써부터 굴욕적인 느낌이야. 나는 뭐가 잘못된 걸까? 자신감도 없고, 난 패배자야.

거짓 위안: 이거 봐, 넌 지금 문제를 점점 크게 만들고 있어. 언제나 이렇게 된다니까? 그냥 긴장을 좀 풀고 발표에 대해서 생각하지 않는 게 어때? 넷플릭스로 코미디 보는 거 늘 좋아하잖아.

걱정하는 목소리: 이런 식으로 느끼는 상태에서는 절대 집중할 수가 없을 거야. 넌 도움이 되지 않아. 이 상태에서 어떻게 빠져나가지?

우선, 이 대화를 읽는 것 자체로 독자인 당신은 메타인지적인 입장에서 생각할 수 있다. 당신은 '한걸음 물러난' 관점에서 마음의 목소리들을 관찰하고 있다. 그리고 (대화의 내용이 자신의 내적 대화와는 사뭇 다를지라도) 그 목소리들을 자신의 목소리와 어느 정도 동일시할 수 있다면 메타인지의 시점을 경험할 수 있다.

위의 내용을 보면 걱정하는 목소리와 거짓 위안 사이의 대화가 절대 끝나지 않을 것 같다는 점을 알 수 있다. 거짓 위안은 걱정하는 목소리를 침묵시키려고 계속 노력하지만 결국 실패한다. 사실상 거짓 위안은 걱정하는 목소리가 불안을 느껴야 하는 추가적인 이유들을 생각해내도록 자극한다.

걱정하는 목소리와 거짓 위안 사이의 대화는 스스로를 위로해 불안감을 피하려는 시도가 항상 효과적이지 못하다는 기본 원리를 잘 보여준다. 이를 거짓 위안이라고 부르는 이유다. 거짓 위안은 종종 분석, 빠져 나갈 계획, 준비된 각본, 공허한 위로, 경험적·행동적 회피 전략과 같은 전형적인 '대처 기술'을 내놓는다. 하지만 이런 대처 기술은 잠시만 효과를 발휘할 뿐이다. 그리고 이렇게 얻은 안도감은 걱정하는 목소리가 힘을 끌어올려 또 다른 한바탕 논쟁을 준비하게 한다.

그런데 한 가지 구별해야 할 것이 있다. 우리들은 누구나 어떤 일에 대해 스스로를 안심시키려 했던 적이 있고, 그랬더니 바로 기분이 나아져 앞으로 나아갔던 경험이 있다. 예를 들면, '맞아, 내가 문을 잠갔다는 걸 똑똑히 기억해.' '이봐, 난 예전에도 쭉 이걸 해왔고 지금도 할 수 있어!' '나중에 환불하고 싶을 수도 있는 물건이지만 산다고 해서 무슨 문제가 있겠어?'와 같은 생각을 하며 스스로를 안심시키는 경우다. 따라서 이런 방법이 효과를 발휘하는 경우도 물론 있다. 그러나 예기불안 문제에 있어서는 반복해서 자기 위안을 시도하고, 의심과 망설임을 해결하려 하고, 걱정을 떨쳐 버리려 할수록 내면의 갈등은 더욱 심각한 악순환의 고리에 빠질 뿐이다.

중요한 것은 걱정하는 생각의 내용이 아니다. 시간이 지남에 따라 그 생각이 어떤 식으로 떠오르고 느껴지는지가 훨씬 더 중요한데, 걱정하는 생각은 보통 반복적으로 떠오르며 끔찍한 느낌을 준다. 그리고 걱정하는 목소리와 거짓 위안 사이의 내적 대화는 파국적 상상의 내용 안으로 계속 얽혀 들어가 헤어나오지 못한다. 생각의 내용이 아닌, 바로 이런 얽혀 들어감 자체가 문제의 핵심이다. 지혜로운 마음이 일으키는 메타인지적인 전환은 바로 그런 생각의 내용으로부터 한걸음 물러나 과정을 바라보는 것이다.

지혜로운 마음의 목소리

걱정하는 목소리와 거짓 위안 사이의 대화는 오래 머무를수록 불안이 더 심해지고 지속되게 만든다. 이때 둘 사이의 대화에서 벗어나는 길은 지혜로운 마음의 목소리를 듣는 것이다. 사실 우리에게는 모두 지혜로운 마음이 있다. 그러나 불안한 감정에 민감한 사람들은 마음 속의 지혜로운 마음을 보지 못하고 넘어간다. 자기 내면의 지혜로운 목소리를 찾아내고 그 소리를 주의 깊게 듣는 데는 약간의 연습이 필요하다.

지혜로운 마음은 쉽고 간단한 상식의 목소리다. 그 마음은 의심과 걱정을 인지하는 와중에도 분별력을 유지할 수 있다. 또한 지혜로운 마음은 받아들일 수 있는 정도의 위험부담을 기꺼이 견디고 상상이 아닌 현실 세계 속에서 상황을 평가한다. 그 마음은 원치 않는 침투적 사고와 상상의 나래 속으로 얽혀 들어가지 않으며, 끊임없는 자기 위안을 필요로 하지 않는다. 그 마음은 내면의 다른 목소리들, 외부 세계, 현실을 주의 깊고 침착하게 관찰한다. 지혜로운 마음은 의심이 인간 마음의 자연스러운 산물이라는 것을 알며, 건강, 안전, 성공을 보장하지 않는다는 것도 안다. 또한 그 마음은 거짓 경보일 가능성이 있는 것들을 알아본다. 무엇보다 지혜로운 마음은 다른 목소리들을 판단하거나 억누르지 않으며 절대 비판하지도 않는다. 그 마음은 뒤로 한걸음 물러나 싸움에 얽혀 들어가기를 거부해, 비생산적인 예기불안을 멈추게 한다. 마지막으로 지혜로운 마음은 망설임에서 벗어나 자유로워지도록 도와준다.

지혜로운 마음은 그 자체로 예기불안과 만성적인 망설임을 제거하지 않으며, 불안이나 의심을 완화하지도 않는다. 대신 지혜로운 마음은 우리가 불안을 증가시키는 논쟁과 실책을 피하도록 도와준다. 이점을 확실히 이해해야 한다. 지혜로운 마음은 치유를 향한 사고방식으로 전환하고 애쓰기를 멈추어야 한다는 점을 상기시키는 역할을할 뿐이다. 그 마음에 주의를 기울이다 보면 내면의 다른 목소리들은점점 자연스럽게 힘을 잃으며, 우리를 위협해 회피 행동을 하도록 만드는 힘을 잃어버린다.

✔ 유용한 사실

지혜로운 마음은 예기불안과 만성적인 망설임 모두를 극복하는 올바른 방향을 제시할 수 있지만, 그 자체로 예기불안과 만성적인 망설임을 없애지는 않는다.

그러면 걱정하는 목소리와 거짓 위안 사이에서 일어나는 대화의 마지막 부분으로 다시 돌아가서 지혜로운 마음이 어떤 방식으로 이들 대화에 건강한 상식을 불어넣을 수 있는지 살펴보자.

거짓 위안: 이것 봐, 넌 지금 문제를 점점 크게 만들고 있어. 언제나 이렇게 된다니까? 그냥 긴장을 좀 풀고 발표에 대해서 생각하지 않는 게 어때? 넷플릭스로 코미디 보는 거 늘 좋아하잖아.

걱정하는 목소리: 이런 식으로 느끼는 상태에서는 절대 집중할 수가 없을 거야.

이때 지혜로운 마음이 개입한다면 어떻게 대화가 전개되는지 보자.

지혜로운 마음: 지금 이 대화 때문에 너희들의 불안이 오히려 더 심해지고 있어.

거짓 위안: 나는 도와주려는 거야. 걱정하는 목소리가 저렇게 겁먹지 않았으면 좋겠어. 그 고통을 덜어줄 만한 무언가를 찾아야 해.

지혜로운 마음: 무슨 말인지 알겠어. 그런데 내가 보기에는 그 일이 별로 잘 되어가고 있지 않은 것 같아.

걱정하는 목소리: 맞아! 아무 것도 소용없어. 내 발표는 재앙이 되고 말 거야.

지혜로운 마음: 너는 지금 예기불안과 싸워 이기려고 해. 하지만 예기불

안은 위험하지 않아. 단지 고통스러울 뿐이지. 앞으로의 일에 대한 상상은 미래가 실제로 어떻게 펼쳐질지 아무 것도 말해주지 않아. 그리고 예기불안이 느껴지는 건 무언가를 피해야 한다는 긴급한 메시지가 아니야. 너희들은 안심하지 못하는 것은 비정상이고, 더 잘 준비하고 스스로가 느끼는 바를 바꾸지 않으면 실패한다는 잘못된 믿음의 희생양이 되고 있는 거야. 불안한 생각은 굉장히 요란할 수 있지만, 그건 너 자신의 상상력이 만들어 낸 생각에 불과해. 네가 스스로 만들어낸 이야기 때문에 생긴 문제를 해결하는 데 다른 사람이 도와줄 수 있는 일은 없어.

걱정하는 목소리: 그렇지만 만약 내 예기불안이 맞으면 어떻게 해?

지혜로운 마음: 네가 지금 이렇게 편안한 마음을 느끼려고 애쓰면 오히려 역효과를 가져올 뿐이야. 그리고 이토록 괴로운 상태에 빠져 있으면 공허한 위로의 말이나 빠져나가려는 계획이 의심을 더 악화시킨다는 걸 알아차리기 힘들어. 그리고 사실은 말이지, 불편한 감정을 없애려고 열심히 노력하는 것보다 그런 감정들을 예상하고 수용하고 허용하는 일이 더 쉬워. 너의 태도를 불안한 감정을 고치려는 것이 아니라 너그러운 시선으로 관찰하는 쪽으로 옮겨 보면 어떨까? 그러면 의심이 여전히 존재해도 앞으로 나아갈 수 있을 거야.

걱정하는 목소리와 거짓 위안(함께): 이런 대화를 그만 하라는 거야?

지혜로운 마음: 맞아. 현재의 순간으로 시선을 옮겨봐. 사실 너에게 전혀 아무런 문제도 없는 현실 말이야. 그런 겁나는 이야기에 굳이 휘말려 들 필

요 없어. 불편함이 느껴지더라도 그대로 놔두고 개를 데리고 산책을 나가 봐. 너희 개가 15분 동안이나 계속 문을 긁어대고 있었어.

강박장애 전문가인 마이클 그린버그Michael Greenberg는 이와 동일한 대화에 대해 조금 다른 시각으로 접근했다.[30] 걱정하는 목소리가 묻는다. "만약 내가 느끼는 위협이 사실인데 이걸 무시하면 어떻게 하지? 나는 그 재앙에 책임져야 할 거야." 하지만 이때 거짓 위안이 묻는다. "만약 네가 느끼는 위협이 사실이 아닌데 그걸 심각하게 받아들이고 있다면? 그렇다면 불필요하게 고통받을 거야." 각각의 목소리는 이렇게 자신의 관점에서 주장한다. 걱정하는 목소리는 항상 자신이 부정 오류false negative* 를 저지를까 봐 노심초사한다. 그래서 심지어 위협적인 일이 일어나지 않을 것 같은 경우에도 오류를 저지를 수 있는 아주 적은 가능성을 피하기 위해 어쩔 수 없이 걱정한다. 반면에 거짓 위안은 걱정하는 목소리가 긍정 오류false positive** 때문에 고통받고 있다고 항상 주장한다. 거짓 위안은 걱정하는 목소리가 그냥 안심하고 긴장을 풀어야 한다고 생각한다.

그린버그는 걱정하는 목소리와 거짓 위안의 논의로 묘사되고

---

* 존재하는 것을 없다고 진단하거나 참true 인 것을 거짓false 으로 잘못 판단하는 오류.
** 존재하지 않는 것을 있다고 진단하거나 거짓false 을 참true 으로 잘못 판단하는 오류.

있는 이 같은 대화를 검사와 변호인 사이의 법정 다툼처럼 볼 수도 있다고 말했다. 걱정하는 목소리는 최선의 결과를 얻기 위해서 모든 위협의 가능성을 확실히 다루고 심지어 과장하는 검사 같다. 이에 반해 거짓 위안은 검사가 퍼붓는 어떤 혐의도 축소하고자 변론한다.

계속해서 이런 은유를 사용해 표현하면, 판사나 배심원은 지혜로운 마음의 역할에 해당한다. 지혜로운 마음은 논쟁에서 한 걸음 물러나 (여느 판사나 배심원처럼) 상황을 바라본다. 그리고 불확실성을 완전히 제거할 방법은 없으나, 그럼에도 불구하고 유죄인지 무죄인지(또는 행동에 전념할 것인지 아닌지) 결정해야 한다는 것을 깨닫는다. 이때 지혜로운 마음을 발휘하면, 무엇이 현재의 사실이 아닌 창의적인 상상력에 기인한 생각과 감정인지 알아볼 수 있다. 또한 지혜로운 마음은 상식적으로 생각했을 때 어떤 것이 최선의 결정으로 짐작되는지 상당히 정확하게 찾아낼 수 있다. 즉 이때 최선의 결정이란 확신할 수는 없지만 지나친 의심을 품지는 않아도 될 정도의 결정이라는 의미다.

지금 현재 자신의 삶에서 어떤 예기불안이 있는지 생각해보고, 스스로의 내적 대화에서 각각의 목소리에 해당되는 부분을 찾아보라. 그 목소리들이 어떻게 서로 교류하면서 불안을 증가시키는지 그 과정을 따라가보라. 대화의 내용이 아니라 목소리들이 상호작용하는 과정을 지켜봐야 한다. 자기 내면의 지혜로운 마음을 찾아내려 노력하면서 한걸음 물러나라.

치유를 향한 사고방식으로의 전환은 너무나 중요하기 때문에 뒷부분에서 다시 한번 필수 요소들을 살펴볼 것이다. 이번 장에서는 예기불안과 만성적인 망설임에 대처하는 기존의 방식들이 통하지 않는다는 점을 보여주었다. 기존의 방식이 영향을 주는 부분이 조금이라도 있다면, 그것은 오히려 자신의 상상력에 더욱 쉽게 사로잡히도록 만든다는 것이다. 그러나 대상을 판단하지 않는 메타인지적 관점으로 의식을 전환하면, 두려운 상상의 내용에서 스스로를 분리하고 불안한 마음을 계속 자극하는 과정을 관찰하는 위치에 선다.

　　치유를 향한 사고방식은 투쟁을 그만두는 것이다. "잠깐만.

불안한 감정과 싸워서는 안 돼. 이러면 상황이 더 나빠질 뿐이야. 너는 지금 스스로의 상상력에 얻어맞고 있어." 이때가 바로 스스로의 건강한 상식이 지혜로운 마음의 형태를 띠고 개입해야 할 때다. "선택해야만 해. 불안하게 느껴져서 지체하고 회피하고 싶겠지만, 그러면 계속 이러지도 저러지도 못할 뿐이야. 차라리 불편한 감정 쪽으로 다가가 그것을 받아들이고 애쓰기를 내려놓는 것이 불안의 덫에서 벗어나는 길이야." 이러한 태도를 담은 세 가지 단어가 바로 '예상', '수용', '허용'이다.

다음 장에서는 이와 같은 사고방식의 전환을 어떻게 이루고 계속 앞으로 나아갈 수 있는지 탐색한다.

8

내려놓음과 전념

불안을 향해 나아가자

7장까지는 예기불안과 만성적인 망설임을 소개하고, 이 문제들이 어떤 다양한 방식으로 나타나는지 보여주었다. 그리고 상상력이 우리의 몸과 뇌를 장악하는 과정도 설명했다. 불안 민감성, 떨쳐내기 어려운 마음, 노력의 역설, 부적 강화와 같은 중요한 개념들도 다루었다. 이와 같은 개념들을 이해하고 예기불안의 문제에 어떻게 적용할수 있는지를 알면, 자칫 자신의 상상력에 사로잡히기 쉬울 때 이를 알아차릴 수 있다. 또한 이런 개념들에 대한 이해는 불안 앞에서 더이상 나아가지 못하는 습관을 멈추는 과정의 시작이기도 하다. 7장에서는 핵심 개념 두 가지를 더 소개했다. 생각의 내용으로부터 자신을 분리할 수 있도록 도와주는 메타인지적 관점과 '예상'하고, '수용'하고, '허용'한다로 요약할 수 있는, 치유를 향한 사고방식이다.

모든 유형의 불안 문제에서 노출*은 능동적이고 치료적으로 뇌를 재배선하는 요소다. 따라서 자신감을 얻고 경험에서 배우기 위해서는 불안이 느껴진다 할지라도 결정을 내리고 앞으로 나아가야 한다. 즉 예기불안을 극복하기 위해서는 약간이라도 불안이 유발되는 상황에 스스로를 놓아둠으로써, 그 경험을 어떻게 처리하는지 점점 배워나가야 한다. 이와 동시에, 걱정하는 목소리와 거짓 위안 사이의 대화에서 길을 잃을 때도 그런 상황을 메타인지적 관점에서 바라볼 수 있어야 한다. 또한 치유를 향한 사고방식과 연결된 끈을 놓지 않는 법을 배워야 한다.

이 책의 독자들은 아마도 과거에 예기불안을 극복하려고 시도

＊ 심리 치료에서 노출이란 안전한 환경을 조성한 후, 그 안에서 내담자가 두려워하고 회피하는 대상을 직면하도록 돕는 활동이다. 두려워하는 일들을 점진적 또는 주기적으로 접하면 반복적으로 노출되는 대상, 활동, 상황에 반응하는 민감성이 낮아지고 두려움과 불안이 줄어드는 효과를 얻을 수 있다.

한 적이 있을 것이다. 그리고 지금 이 책을 읽고 있다면, 그런 노력이 성공적이지 못했을 것이다. 그렇다면 한 번 더 시도한다고 성공할 수 있을까? 왜 굳이 한 번 더 불안을 향해 나아가는 고통을 겪게 자신을 내버려둬야 할까? 그에 대한 대답은 다음과 같다. 당신은 과거에 용기를 내 매우 열심히 노력했지만, 아마 잘못된 노력을 했을 가능성이 높다. 당신 자신이나 당신이 했던 노력, 당신이 쏟은 에너지에는 아무 문제가 없다. 그렇지만 당신이 사용했던 접근 방식에는 무언가 매우 잘못된 점이 있었을 가능성이 아주 높다.

✔ 유용한 사실

당신에게는 아무 문제가 없다. 다만 사용한 방법과 태도에 문제가 있었을 뿐이다.

반면에 관점과 사고방식의 전환을 추구하는 새로운 접근 방식은 훨씬 더 효과적이고 지속적이다. 또한 회피하고 망설이는 패턴을 정말로 바꿀 수 있는 기회를 가져다준다. 앞에서는 불안에 대처하는 데 있어서 노력이 역효과를 가져오며 행동적·경험적 회피가 장기적으로 오히려 불안을 강화한다는 점을 설명했다. 이제 미래에 대한 불안한 상상이 떠오를 때 어떻게 새로운 관점과 사고방식을 적용할지 논의해보자. 우리는 내면의 불안한 대화로 인해 역효과가 나고 시행착오를 겪는 일을 어떻게 피할지에 특히 주목할 것이다. 그 다음으로

는 열과 성의를 다해 전념하는 태도commitment가 노출에 있어 어떤 역할을 하는지 살펴볼 것이다. 노출은 전념하는 태도를 바탕으로 했을 때 효과적이다. 반면, 관점과 태도의 변화 없이 이루어진 노출은 보통 억지스럽고, 고통스러우며, 역효과를 안겨준다.

회복을 위한 관점과 사고방식의 전환

회복은 불안을 일으키는 상상 속 이야기로 인해 '만약에 ~하면'이라는 생각이 증폭되고 자기도 모르게 그런 상상에 반응할 때, 자신의 이런 반응을 알아채는 일에서 시작된다. 예를 들어, 다음 주에 어떤 새로운 도전을 앞두고 있는데 걱정하는 목소리가 "만약 망치면 어떻게 하지?"라는 생각과 함께 불쑥 나타났다고 가정해보자. 이때 메타인지적 관점을 갖추고 있으면, "걱정하는 목소리의 생각에 내가 매우 불안해하면서 반응했다는 점을 알고 있어"라고 말할 수 있다. 한편, 창의적인 상상력은 자신이 만들어낸 이미지를 더욱 정교화하면서 상상 속의 이야기를 이어나가고 계속 더 큰 불안한 감정으로 반응하도록 밀어붙일 것이다. 파국적인 상황을 더욱 더 정교하게 생각하도록 만드는 상상력의 힘은 매우 강력하다.

　바로 이때 사람들은 자신의 건강한 상식, 또는 지혜로운 마음을 떠나 상상의 세계로 들어선다. 하지만 사실에 기반한 다음과 같은 세계가 있음을 기억해야 한다. "내일 나는 새로운 도전을 할 것이고, 지금 그 일 때문에 불안해." 이것이 사실이다. 반면에 앞에서 언급한 상상의 세계가 있는데, 이 세계에서는 미래에 대한 예측을 바탕으로 상상 속의 이야기들을 창조한다. 이것이 바로 예기불안의 망령을 만들어낸다.

전념은 스스로의 내적 경험을 대하는 태도에 있어서 두 가지 측면의 전환이 일어나는 것을 뜻한다. 바로 관점의 전환과 사고방식의 전환이다.

관점의 전환에는 다음 두 가지 요소가 있다.

1. 거리를 두고 자신의 정서적 삶을 관찰하는 접근.
2. 현재를 소중하게 여기는 것.

사고방식의 전환에는 다음 세 가지 요소가 있다.

1. 판단하지 않고, 자신을 너그럽게 바라보는 자세.
2. 기꺼이 임하는 마음: 불안을 일으키는 도전적인 경험을 멀리하지 않고 그것을 향해 나아가는 태도.
3. 치유를 향한 내려놓음.

내면의 경험을 대하는 태도를 바꿔줄 이 다섯 가지 요소들을 더 자세히 살펴보자.

거리를 두고 생각을 관찰할 것

불안한 생각이 일어날 때 그 생각을 관찰하고 이름 붙이는 것은 상상력에 사로잡히는 것을 막는 중요한 단계이자, 메타인지적 관점으로 전환하는 첫 번째 단계다. 예를 들어, 내일 운전을 해서 다리를 건너야 하는 상황인데 다음과 같은 생각이 든다고 가정해보자. '만약 공황 상태에 빠져서 운전을 잘못하는 바람에 다리 아래로 떨어지면 어떻게 하지?' 바로 이때 이런 생각을 다음과 같은 방식으로 바라볼 수 있다. '내가 불안한 생각을 하는구나. 두려움이 치솟고 심장은 빠르게 고동치고 있어.'

✔ **유용한 사실**

불안한 생각에 관여하거나 그런 생각을 바꾸려는 의도 없이 그저 관찰하라.

여기에서 관찰하라는 말은 생각의 내용을 다루라는 뜻이 아니다. 그저 자신의 생각이 불안을 일으키고 있다(또는 낮추고 있다)거나, 걱정하는 생각들이 계속 반복된다거나 하는 것을 알아차려야 한다. 이런 것이 바로 생각의 내용이 아닌 의식의 과정을 계속 살피는 예다.

예기불안을 겪는다는 것은 삶에서 무언가를 시도하는 것이 오히려 일을 더 악화시키는, 그런 시간을 통과하는 일이다. 이때는 무엇이든 덜 하는 것이 더 좋고, 아예 아무 것도 하지 않는 편이 가장 좋다. 자기 내면의 삶, 불안한 감정, 몸의 감각, 과거에 대한 기억을 관찰하되 그것들에 관여하지 말아야 한다. 이와 같은 거리를 두는 관점을 많은 사람들이 쉽게 오해하므로 좀 더 자세히 살펴보자.

'기차를 탔을 때 공황발작이 일어나면 어떻게 하지?'라는 걱정이 들 때, 그것에 관여한다는 의미는 그 생각에 반응하는 것을 말한다. 앞에서 이렇게 생각하는 것이다. '걱정하지 마. 그렇게 나쁜 일은 일어나지 않을 거야(거짓 위안).' 즉 그 생각에 반응하고, 자신을 안심시키고, 그러다가 의도치 않게 맨 처음에 들었던 '만약에 ~하면'이라는 생각을 강화하는 것이다. 반면, 관여하지 않는 지혜로운 마음이라면 이렇게 말할 것이다. "지금 내가 나를 불안하게 만드는 생각을 하는구나." 이런 접근은 자신의 생각과 그로부터 자동반사적으로 일어나는 불안을 인정하지만 그런 생각이나 감정에 얽혀 들어가지 않는다. 그렇게 함으로써 경보시스템이 문제를 확대시킬 빌미를 제공하지 않는 것이다.

만약 '아, 안 돼. 마지막으로 기차를 탔던 때가 기억 나. 그날 하루를 완전히 망치게 만든 끔찍한 공황발작이 일어났었지. 만약 다시 그렇게 되면 어쩌지?'라는 생각을 했다고 해보자. 이때 관여하지 않는 반응이란 자신의 오래된 기억이 예기불안을 자극했다는 점을 한 번 언급한 뒤 그냥 넘어가는 것이다.

7장까지 다음과 같은 세 가지 개념을 설명했다. (1) 노력의 역설, (2) 회피로 강화된 불안, (3) 불안을 가라앉히려고 애쓰는 것이 궁극적으로 오히려 더 큰 불안으로 이어진다는 사실. 생각의 내용을 다루기 시작하면, 자신의 마음속에 일어나는 의심과 걱정들에 관여할 수밖에 없다. 그것이 바로 '쟁점'이나 '문제'처럼 보이는 것들을 다루지 말고 그저 일어나는 일들을 관찰하는 데 초점을 맞추어야 하는 이유다.

한편 사람들의 흔한 오해와 달리 마음챙김의 자세로 거짓 위안의 내용을 반추하는 태도는 바람직하지 않다. 다시 말하면, 걱정하는 목소리와 대화를 계속하면서 세심하고 주의 깊게 거짓 위안의 내용을 되새기는 행동은 절대 바람직하지 않다. 예를 들면 다음과 같다. "지금 거짓 위안이 빠져나갈 계획을 세우고 있다는 걸 알고 있어. 지금 거짓 위안이 회피를 정당화하는 논거를 대려고 한다는 걸 알고 있어. 지금 거짓 위안이 걱정하는 목소리를 안심시키려 하는 걸 알고 있어." 마음챙김의 자세와 관계없이 거짓 위안은 일체 멀리해야 한다. 대신 현재의 순간으로 초점을 옮기고, 지혜로운 마음이 일깨우는 대로 자신을 내면의 대화와 분리시켜야 한다.

어떠한 거짓 위안도 하지 않는 것이 가장 바람직하다.

이와 비슷하게, '내가 지금 불안하구나', '혐오감이 느껴져', '부끄럽게 느껴지네' 같이 자신의 감정을 단순히 관찰하는 데 그쳐야 한다. 일부 그런 제안을 하는 사람들이 있지만, 이러한 감정들을 '마음챙김의 자세로' 생각하고, 곱씹고, 반박하고, '묵상하고', 그 밖에 어떠한 방법으로든 탐색하는 행위는 바람직하지 않다. 또한 지금 왜 그런 감정을 느끼는지 이유를 파고드는 것도 도움이 되지 않는다. 그저 뒤로 물러나 알아차려야 한다. 어떠한 것도 바꾸려고 의도하지 않을 때 단순히 관찰할 수 있다.

자신이 불안한 이유를 파고들어서 도움이 되는 경우는 거의 없다.

마음챙김의 자세만 가지면 무조건 원하는 변화가 일어날 것이라고 희망한다면, 이 역시 오해다. 마음챙김의 자세로 자신의 생각과 감정을 섬세하고 주의 깊게 알아차리는 메타인지적 전환이 변화의 전제 조건이지만, 그 자체만으로 변화가 일어나지 않는다.

걱정하는 목소리: 우리 아이가 아플 수도 있다는 생각 때문에 참을 수가

없어.

거짓 위안: 우리 아이는 완벽해. 전혀 걱정할 것 없어.

걱정하는 목소리: 그렇지만 영원히 괜찮을 거라고 보장할 수는 없지 않아? 내가 보호할 수 없는 상황이 와서 아이가 죽는다면, 나는 절대로 그 일을 극복할 수 없을 거야.

거짓 위안: 안전하게 지켜달라고 매일 기도하면 되지 않을까? 그러면 기분이 나아질 거야. 그런데 지금 이런 생각을 대체 왜 하는 거야?

지혜로운 마음: 그냥 고통스러운 생각이 든다는 사실을 인정하면 어떨까? 그런 생각을 더 깊이 파고들고 어떻게 대처해야 할지 생각한다고 해서 얻는 것은 없어. 그냥 내버려두자.

현재를 소중하게 여길 것

불안이란 미래에 사는 일이다. 이상한 감각, 두려운 생각, 무서운 기억, 그 가운데 어느 것이나 불안을 일으킬 수 있다. 그러나 '만약에 ~ 하면'이라는 미래에 대한 상상이야말로 경보시스템이 계속 울리게 하고, 일시적으로 솟구친 불안이 지속적인 예기불안으로 바뀌도록 만드는 주범이다. 대부분의 불안한 사람들은 자신이 현재에 주의를 기울이는 시간이 얼마나 짧은지 깨닫고 깜짝 놀라곤 한다.

스스로가 상상 속의 미래에 갇혀 있다는 것을 알아차리는 순간, '만약'이 아닌 '지금' 자신의 상태로 초점을 옮겨야 한다. 이는 자신과 걱정하는 목소리를 부드럽게 분리시키고 바로 지금 실제로 존재하는 현실로 돌아오는 것을 의미한다. 불안할 때 우리의 뇌는 위험한 상황이 다가오는지 계속 망을 보는 상태로 있게 되고 그 결과 과도한 각성상태에 놓인다. 현재의 순간으로 돌아오는 가장 효과적인 방법은 생각의 무대에서 벗어나 스스로의 감각에 주의를 집중하는 것이다. 예를 들면, 이 책을 읽는 동안 주위에서 들려오는 소리, 의자에 앉아 있는 다리의 감각, 손에 느껴지는 종이의 감촉(또는 전자책 기기의 감촉) 등을 말한다. 그리고 감각적 경험에 시시각각 일어나는 변화를 인식해야 한다. 그러다 보면 지금 이 순간 자신이 처한 현실에서 어떠한 나쁜 일도 일어나지 않고 있으며, 외부로부터 다가오는 어떤 시급한 문제도 없다는 것을 깨닫는다. 그리고 미래에 대한 여러 가지 두려운 생각들도 지금 당장 보고 듣고 감각하는 것들에 자리를 내어주고 물러간다. 우리는 그 어떤 것도 반드시 하지 않아도 되며, 그저 존재하면 된다. 그리고 시간이 흘러가도록 내버려두면 된다. 비틀스의 노래 가사를 패러디해 다음과 같이 표현할 수 있다. "그냥 내버려 둬, 그냥 내버려 둬, [미래에 대한 과도한 상상에 대꾸할 필요 없어], 그냥 내버려 둬."

또한 다음을 명확히 이해해야 한다. '만약'이라는 생각에서 '지금' 자신의 상태로 초점을 옮기는 일은 의도와 주의, 모두와 관련이 있다. 우리의 목표는 자신의 주의를 부드럽게 현재의 순간으로 이동시키는 것이다. 이는 걱정하는 목소리를 억누르고, *제거하고, 무시해서* 그것이 사라지게 만들기 위한 것이 아니다. 대신 미래에 대한 불안한 상상을 인식하면서, 그저 단순하게 현재의 감각적 경험을 향해 돌아서는 것이다. 그것은 아무런 의도 없이 주의를 전환하는 일이다.

✔ 유용한 사실
'만약'이라는 생각 대신 '지금' 자신의 상태에 주의를 기울여라.

'만약'이라는 생각에 잠겨 있는 것과 '지금' 자신의 상태에 주의를 기울이는 것의 차이를 이해하면, 현재의 순간을 떠나 있는 상태의 핵심 요소가 무엇인지 명확해진다. 그것은 무언가에 대해 생각하는 상태다. 모든 문제는 상상력으로 인해 일어나는 두려운 생각에서부터 시작된다. 더 간단히 말하면, 예기불안은 *생각이 지나쳐서* 생기는 문제다. 그리고 지나친 생각은 더 많은 생각을 한다고 해결되지 않는다.

자기 내면의 걱정하는 목소리와 거짓 위안 사이의 대화에 스스로가 관여하고 있음을 알아차리는 순간이 있다. 지혜로운 마음은 바로 이런 시점에 나서서 그 대화를 떠나 조용히 현재의 순간으로 되돌아오라고 격려해야 한다. 회피가 가장 최선의 방법으로 느껴질 때, 이러지도 저러지도 못하면서 큰 좌절감을 느낄 때, 빠져나갈 방법을 스스로와 협상하려고 할 때, 일어날 수 있는 재앙에 관한 이야기들을 엮어내느라 바쁠 때, 자신의 생각으로부터 과감히 물러나 현재를 소중히 여기는 태도로 되돌아와야 한다. 이를 실천하는 일은 사실 매우 단순하다. 시간이 흘러가도록 내버려두면서 지금 당장 진정으로 걱정해야 할 비상사태가 없다는 것을 스스로 인식할 때까지 기다리면, 과도한 반응을 보이던 경보시스템도 가라앉을 것이다.

✔ **유용한 사실**

지나친 생각 때문에 생긴 문제들은 더 많은 생각을 한다고 해결되지 않는다.

현재의 감각에 주의를 기울이면서 파국적인 상상에 빠져 있기는 어려운 일이다. 뇌에서 감각을 관장하는 경로와 상상을 관장하는 경로가 서로 다른 회로이기 때문이다. 감각정보는 미래에 대한 창의적인 이야기를 만들어내는 일을 차단하거나 중단하지는 못한다. 그럼에도 불구하고 뒤로 물러나 (자신이 내뿜는 입김의 온도, 지금 들리는 소리, 손가락 관절마다 있는 주름의 느낌, 등을 받치는 의자의 압력 등) 감각에 초점을 맞추면 불안한 상상을 계속 떠올리고, 확장시키고, 정교화하고, 그에 반응하려는 강박적인 욕구를 방해하는 효과가 있다.

걱정하는 목소리: 이 음식을 먹다 보니 다음 주에 손님을 초대한 일이 생각나. 손님을 치를 일이 걱정이 돼. 요리, 집 청소 계획도 짜야 하고, 모두들 좋은 시간을 보낼 수 있게 확실히 준비해야 해.

거짓 위안: 걱정할 것 없어. 항상 잘해왔잖아.

걱정하는 목소리: 그렇지만 일정이 너무 바쁜 데다 요즘 요리에 감을 잃었어.

거짓 위안: 전문 업체에 요리를 주문해도 되잖아. 그리고 사람들이 함께할 수 있는 게임도 좀 준비하면 돼.

걱정하는 목소리: 그렇게 할 수는 없어. 사람들은 내가 요리할 거라고 기대하고 있다고. 그리고 게임은 바보 같아. 뭘 해야 하지? 일주일 동안 잠도 못 잘 거야. 지금도 이렇게 전전긍긍하는데 내가 사람들을 어떻게 즐겁게 해주겠어?

거짓 위안: 정 그러면 사람들한테 '편두통'이 있다고 둘러대면 되잖아.

걱정하는 목소리: 난 내가 이러는 게 정말 싫어.

지혜로운 마음: 내가 보기에는 말이지, 너희 둘 다 마음속에만 있는 일어나지도 않은 문제를 앞다투어 해결하고 싶어 해. 그리고 여태까지 한 제안들은 모두 문제를 회피하고 일을 더 악화시키는 방법들이야. 일단 생각의 속도를 조금 늦춰봐. 상상 속에 있는 끔찍하게 타버린 식사 말고, 지금 먹고 있는 식사의 맛에 주의를 기울이는 것은 어떨까? 파스타 소스에는 소금을 좀 쳐야겠어.

사실 어느 누구도 완벽하게 현재의 순간에만 살 수는 없다. 우리는 모두 하루의 계획을 짜야 하고, 아이들을 학교에 보낼 준비를 해야 하고, 병원 진료 약속을 잡아야 하며, 자동차를 정비소에 맡겨 점검받아야 하고, 여행을 준비해야 하고, 장을 보고 요리할 충분한 시간을 확보해야 한다. 게다가 시간을 내어 운동도 하러 가야 할지 모른다. 따라서 전적으로 현재의 순간만을 살아간다면 골든리트리버 새끼 강아지로서는 훌륭한 인생이겠지만, 성인이 된 인간으로서는 그다지 훌륭한 일이 아니다. 그럼에도 불구하고, 거의 모든 사람의 인생에는 하루하루를 계획하면서도 동시에 현재의 순간에 주의를 기울이는 태도를 가질 만한 여유가 있다.

자기 자신을 판단하지 않는 자세

판단하지 않는 자세를 유지하는 것은 사고방식을 전환하는 데 필수다. 이런 이야기를 하면 내담자들은 때때로 혼란스러워한다. 가장 일반적인 반응은 다음과 같다. "오히려 나 자신에게 좀 더 엄격해져야 해요. 하루하루를 버티고 완전히 무너지지 않도록 도와주는 건 자기수양과 자기통제뿐이니까요!"

하지만 판단하지 않는 자세는 예기불안을 극복하기 위해 노력하는 일을 소홀히 하거나 자기수양이 부족한 것과는 전혀 상관이 없다. 이는 불안을 일으키는 요인에 대한 자신의 반응 방식과 스스로가 자동반사적으로 자신을 판단하는 방식을 자비로운 태도로 관찰하는 일과 관계가 있다. 또한 판단하지 않는 자세는 외부 세계에서 무언가가 달라지는 것에 관한 문제가 아니다. 우리는 오히려 내면의 세계 속에서 자신이 스스로의 행동과 반응을 판단하는 방식을 바꾸어야 한다는 이야기를 하고 있다. 스스로를 너그럽고 자비로운 태도로 대하는 일은 불안하거나 고통스럽게 느껴질 때마다 회피하도록 자신을 내버려두라는 의미가 아니다. '곤경을 모면하는' 문제가 아니라 자신의 고통과 걱정을 친절하게 보살피고, 의심과 두려움에도 불구하고 용기와 힘을 잃지 않는 스스로에게 지지를 보내는 것을 의미한다. 판단하지 않는 자비로운 태도는 그저 자신이 성취한 것들이 아니라, 본질적으로 자신을 소중하게 여기는 자세를 의미한다.

스스로의 불안한 생각을 차분히 관찰하는 일이 잘 되지 않고 걱정하는 내용에 사로잡히거나 돌고 도는 내면의 대화 속에 갇힐 때가 있다. 이럴 때는 불만 가득한 자책과 자기비판을 하는 대신 잠시 뒤로 물러나야 한다. 또한 오래되고 효과적이지 못한 대응 방식에 의지해 불안한 감정을 다루려고 하는 자신을 발견할 때에도 판단하지 않는 자세로 바라보아야 한다. 스스로에게 인내심을 갖기 위해 최선을 다해야 한다. 그러니 연습이 필요하다.

확신하건데, 스스로에게 자비로운 자세는 자기수양과 충분히 공존할 수 있다. 최선을 다해 열심히 노력하면서 어떤 일에 전념했지만 목표에 도달하지 못했을 때도 여전히 스스로를 온화하게 대할 수 있는 여지가 있다. 이런 상황에서 스스로를 부드럽게 대할 수 없다면, 자신이 그렇다는 사실 역시 차분히 알아차리면 된다. 좋고 나쁨의 판단이 없는 현재의 순간으로 조심스럽게 자신을 다시 데려오라. 그리고 계속 나아가면 된다.

기꺼이 임하는 마음

기꺼이 임하는 마음은 불안을 유발하는 사건이나 결정을 피하는 대신, 그것을 향해 나아가는 태도를 말한다. 이러한 태도는 고통과 불편한 감정이 진짜 위험이 아니며 그런 감정을 통과해 나갈 때 예기불안에서 회복될 수 있다는 믿음에서 비롯한다. 기꺼이 임하는 마음은 몸과 마음이 불안을 경험하게 한다. 그리고 해롭지 않은 형태의 각성이 느껴지는 감각이든, 삑삑 울리는 거짓 경보든, 계속해서 불쑥불쑥 떠오르는 두려운 상상이든, 그저 있는 그대로 내버려둔다. 불안을 느끼게 만드는 것들을 피하는 대신 기꺼이 그 경험에 전념해 뇌를 재배선하는 것이다. 이는 단기적인 안도감이 아닌 장기적인 이득을 얻기 위한 노력이기도 하다.

반면 불안을 감내하는 태도는 불안한 감정을 피하고 싶지만, 숨을 멈추고 시간이 얼마나 지났는지 확인하며 힘들게 버티는 것이다. 기꺼이 임하는 자세는 감내하는 자세와는 대조적으로 스스로가 느끼는 바를 통제하려는 노력을 멈추고 일어나는 일들을 단순히 지켜보는 태도다. 기꺼이 임하는 마음을 갖기 위해서는 불안이 어떻게 시작되고 유지되는지 이해해야 한다. 또한 장기적으로 불안을 낮추기 위해서는 단기적으로 더 큰 고통을 기꺼이 받아들여야 할 때가 종종 있다는 것도 깨달아야 한다.

기꺼이 임하는 마음은 자연스럽게 생기는 태도가 아니다. 위험이 감지될 때 그로부터 도망치고 피하려는 태도가 우리의 타고난 본능이기 때문이다. 따라서 두려운 대상을 향해 기꺼이 다가가려면 회복을 위한 열의를 가지고 전념해야 한다. 그러나 일단 이런 자세를 가지면 그 다음은 수월하다. 극심한 공포까지도 기꺼이 경험하고자 마음먹었지만 지나치게 통제하려는 기존의 노력을 그만두었기 때문에 오히려 그런 공포를 경험할 가능성이 낮아진다. 심리적 타격에 지나치게 대비하지 않을 때, 우리는 오히려 더 유연하게 반응할 수 있다. 그리고 그것이 긍정적인 변화를 불러오기 시작한다.

오랫동안 고소공포증을 겪었던 한 내담자는 이제 누군가가 높은 빌딩 꼭대기에서 음료를 마시거나 전망을 즐기자고 할 때, 항상 "네"라고 대답한다. 이런 반응은 기꺼이 전념하는 그의 자세를 보여준다. 그는 가끔 이런 말을 한다. "글쎄요, 거기에 올라가면 풍경이 있겠지요. 내가 그걸 얼마나 즐길 수 있을지는 모르겠지만, 그래도 점점 더 쉬운 일이 되어가고 있어요."

장기적으로 불안을 낮추기 위해서는 단기적으로 더 큰 불안을 기꺼이 받아들여야 할 때가 종종 있다.

걱정하는 목소리: 할머니를 만나러 가고 싶지만 아파트 37층에 사셔. 다시는 절대 그 층계를 올라가지 않을 거야. 심장마비가 올 뻔 했단 말이야.

거짓 위안: 왜 엘리베이터를 못 타는 거야? 엘리베이터 안에는 항상 비상 전화가 있어.

걱정하는 목소리: 엘리베이터에서 공황발작이 일어난 적이 있어. 그건 심장에 엄청난 스트레스를 준다고.

거짓 위안: 하지만 난 네가 엘리베이터를 탈 수 있다는 걸 알아. 그냥 눈 딱 감고 백까지만 세어 봐. 그러면 눈 깜짝할 사이에 37층에 도착할 거야. 아니면 건물 관리인이 같이 가줄 수 있지 않을까? 의사가 너한테 심장 문제는 없다고 한 걸 알잖아.

걱정하는 마음: 그렇지만 엘리베이터가 중간에 멈추면 어떻게 해? 그리고 할머니한테 겨우 간다고 해도 다시 내려올 일을 걱정하느라 거기 있는 내내 제정신이 아닐 거야. 애쓴 보람이 없을 거란 말이지.

거짓 위안: 무슨 말인지 알겠어. 화상 채팅으로 만나는 것이 좋은 대안이긴 하네.

걱정하는 목소리: 할머니가 실망하실 거야. 할머니는 81세인데도 엘리베

이터를 탈 수 있으신데. 그런 생각을 하면 끔찍한 기분이 들어.

거짓 위안: 너는 좋은 사람이야. 그리고 그건 네 잘못이 아니야. 그냥 가지 않아도 돼. 할머니는 널 용서하실 거야.

지혜로운 마음: 지금 예기불안이 네 인생을 좌지우지하게 내버려두고 있다는 거 알고 있니? 공황발작은 견딜 수 없는 일이라는 잘못된 믿음 때문에 너는 할머니를 만나는 즐거움을 빼앗긴 거야. 불안을 피하는 방법을 찾아내려고 몸부림칠수록 상황은 더 안 좋아져. 37층보다 낮은 층까지 엘리베이터를 몇 번 타면서 불안을 연습해보는 것이 어때? 그러면 좀 더 기꺼이 불안을 받아들일 수 있을 거야. 공황발작이 일어나기를 바라는 것도 괜찮아. 그러면 몸이 스스로 진정되는 동안 그저 시간이 흘러가도록 내버려두는 연습을 할 수 있을 테니까. '예상'하고, '수용'하고, '허용'하기를 기억하지? 네 몸의 거짓 경보가 불쾌하게 느껴지는 건 맞지만, 할머니 집에 갈 수 있는 자유를 위해서 그 정도는 해볼 만한 가치가 있어.

치유를 향한 내려놓음

내려놓는 태도를 갖는 것이 회복하는 길이라고 이야기하면 많은 내담자들은 놀라움과 실망감을 드러낸다. 그리고 "뭐라고요?"라고 되묻는다. "그래서 회복하는 비결이 포기하는 거라고요? 지금 느끼는 이 불안감을 영원히 견뎌야 하고 절대 극복할 수 없다는 듯이 말인가요? 좀 더 나은 대처 기술을 알려주실 수는 없나요?" 그러면 우리는 이렇게 대답하곤 한다. "이건 포기하는 것과는 아무 상관이 없어요. 당신이 겪는 괴로움 대부분은 불안과 싸우려는 시도 때문에 생기고, 회피 역시 새로운 신경학적 경로를 만들어 나가는 일을 방해하지요. 이것을 깨달으면 스스로가 불안을 대하는 태도를 변화시켜야 한다는 사실을 알 수 있어요. 그렇게 함으로써 불안이 더 이상 삶을 지배하고 좌지우지하지 못하도록 하는 것이 앞으로 나아가는 가장 효과적인 방법이라는 사실을 알게 됩니다." 스스로의 내면적 경험을 대하는 태도를 변화시키기 위해서는 사고방식의 전환이 반드시 필요한데, 내려놓음의 자세는 그런 전환을 이루는 데 있어서 매우 중요한 요소다. 내려놓음의 자세는 어떠한 대처 기술과 비교해도 더 깊이 있고 지속적인 변화를 일으킬 수 있다.

치유를 향한 내려놓음은 불안과의 싸움을 그만두는 것을 의미한다. 불안과의 싸움은 노력의 역설과 극단적인 회피를 불러온다. 그리고 걱정하는 목소리와 거짓 위안 사이의 점점 심각해지는 대화 속에 갇히게 만든다. 자신의 불안과 줄다리기를 한다고 상상해보자. 불안은 당신을 힘껏 잡아당겨 앞으로 끌려가게 할 것이고, 그러면 당신은 다시 온 힘을 다해 중간 지점까지 줄을 끌어당길 것이다. 당신의 힘과 불안의 힘은 막상막하이기 때문에 이 게임은 절대 끝나지 않을 뿐더러 어느 쪽도 이길 수가 없다. 영원히 계속되는 싸움이다. 이제 한걸음 물러나 이런 경우를 상상해보자. 상대편(불안)이 한창 가장 세게 줄을 잡아끄는 바로 그때, 당신이 갑자기 밧줄을 내려놓고 더 이상 게임을 하지 않겠다고 선언하는 것이다. 그러면 불안은 뒤로 나가 떨어져 엉덩방아를 찧을 것이다.[31] 치유를 향한 내려놓음이란 바로 이렇게 불안과의 게임을 하지 않겠다고 거부하는 것이다.

치유를 향한 내려놓음은 지혜로운 마음 가까이에 머무는 것을 의미한다. 지혜로운 마음은 불안과의 줄다리기를 거부하고, 상상력에 지나치게 사로잡히는 것을 삼가고, 파국적인 결과를 예측하는 상상을 하지 않는다. 또한 치유를 향한 내려놓음의 태도는 건강한 상식을 잃지 않게 도와준다. 이러한 태도를 가지면 파국적 사고와 상상 속의 위험에 휘말리지 않으며, 의심이 들 때 이를 사실이나 예언으로 받아들이지 않는다. 그리고 그렇게 함으로써 앞으로 나아가는 일에 전념하기가 더 쉬워진다. 무엇보다도 좋은 것은 자신의 뇌와 몸을 훈련시키는 경험을 시작하게 해준다. 경험이 쌓이면서 우리의 뇌와 몸은 어려운 상황에 직면해도 과도한 반응을 하지 않는다.

치유를 향한 내려놓음은 통제하려는 노력을 내려놓는 것을 의미한다. 그리고 여러 가지 생각, 감각, 감정이 일어날 때, 잘 다스릴 수 있다고 믿는 것을 의미한다. 또한 자신의 몸과 마음이 시간의 흐름과 함께 자연스럽게 발맞추어 나가도록 허락하는 것을 의미한다. 내려놓음을 위해서는 어느 정도 그저 믿고 시도해야 한다. 즉 잘 된다는 보장이 없더라도 어떤 결정이나 행동에 전념해야 한다. 하지만 내려놓음은 싸움에서 물러나게 해 불안의 힘이 강해지지 못하게 만들기 때문에 좋은 결과를 가져올 확률이 크다.

가속 페달은 있지만 브레이크가 없는 이상한 차를 운전한다고 상상해보자. 당신은 사막 한가운데 있는 평평한 도로를 따라 속도를 내던 중 멈추기로 결정했다. 발을 뻗었을 때 브레이크가 없는 것을 발견하고 겁에 질려 어쩔 줄 몰라 허우적거릴 것이다. 이때 당황한 나머지 실수로 가속 페달을 반복해서 밟을 수 있다. 그리고 도로에서 벗어나 더 심각한 결과가 일어날 수도 있다. 하지만 이때 당신은 모든 것을 그저 내려놓는 선택을 할 수도 있다. 가속 페달에서 발을 떼고 시간이 흘러가게 둘 뿐 아무 것도 하지 않으면서, 차가 그 길을 따라 더 내려가다 서서히 힘을 잃고 안전한 곳에 멈추기를 기다릴 수도 있다.

다음은 걱정하는 목소리와 거짓 위안이 끊임없이 돌고 도는 대화 속에 갇혀 있는 모습을 보여준다. 이때 지혜로운 마음이 나서서 치유를 향한 내려놓음을 권유한다.

걱정하는 목소리: 하이브리드 자동차를 사고 싶긴 한데, 어떤 것이 제일 좋을지 계속 마음이 바뀌고 있어. 이것 때문에 나도 주변 사람들도 다 돌아버릴 것 같아.

거짓 위안: 사람들이 매긴 평점을 살펴보는 건 어때?

걱정하는 목소리: 내가 안 봤겠어? 그렇지만 그 의견을 맹신할 수는 없어. 귀찮은데도 굳이 평점을 매기는 사람들은 무조건 극찬하거나 불평불만인 사람들밖에 없단 말이야.

거짓 위안: 그럼 자동차 판매 사이트에서 올려놓은 좀 더 객관적인 평점은 어때?

걱정하는 목소리: 좋은 방법 같긴 한데, 문제는 매일 새로운 자동차 판매 사이트가 튀어나온다는 거야. 그중에서 11개나 모니터링하고 있어. 그런데 사이트마다 다 다른 소리를 해.

거짓 위안: 그러면 내년에 나올 모델에 대해서 의견 일치가 좀 생길 때까지 미루는 건 어때?

걱정하는 목소리: 올해를 또 이대로 보내라고? 지금 타고 다니는 차가 너덜너덜하단 말이야.

거짓 위안: 음, 그럼 그냥 동전 던지기를 해.

걱정하는 목소리: 그렇지만 그랬다가 차를 잘못 고르거나 비싸게 사면 난 그 상황을 절대 견딜 수가 없을 거야. 너무 너무 원통하겠지.

지혜로운 마음: 이래서는 아무런 진전도 없어. 돌고 돌기만 할 뿐이지. 너는 지금 후회에 대한 불길한 상상이 너를 괴롭히도록 놔두고 있어. 이제 조금 완벽하지 못하더라도 기꺼이 선택하려는 마음을 먹어야 해. 후회할지도 모르지만, 적어도 차는 생기겠지. 선택을 해. 그리고 그 선택을 다시 생각해볼 시간이 생기기 전에 온라인 판매 사이트나 매장으로 가서 행동으

로 옮겨. 신용카드를 주고 서류에 사인을 하는 거야. 그러고 나면 여러 가지 감정에 휩싸이겠지. 그 시간을 잘 넘기되 그 이상은 아무 것도 하지 마.

지금까지 예기불안에 접근하는 새로운 방법을 배우는 데 필수적인 관점과 사고방식의 전환을 설명했다. 이제 매일의 삶 속에서 이들을 어떻게 실행해나갈 수 있는지 알아보자.

DANCE: 치유를 향한 내려놓음의 다섯 가지 원리

우리는 다음의 다섯 가지 원리를 예기불안과 만성적인 망설임을 극복하기 위한 새로운 관점과 사고방식에 적용시킬 수 있다. 새로운 접근법의 구체적인 개념들은 앞에서 모두 검토했다. 이제 이 다른 접근법을 가지고 앞으로 나아가는 연습을 어떻게 하는지 살펴보자. 이를 쉽게 기억할 수 있는 방법이 있는데, 바로 DANCE라는 단어로 기억하는 것이다. 이것은 앞으로 나아가는 일이 불안을 통제하기 위해 싸우는 행위가 아니라, 그런 감정과 함께 부드럽게 춤을 추는 것과 마찬가지임을 기억하는 편리한 방법이다. 다음과 같은 다섯 가지 원리 연습은 삶에서 자연스럽게 예기불안을 마주칠 때마다 어떤 태도를 가질 것인가의 문제와 관련이 있다. 각 글자의 의미는 다음과 같다.

D Discern **-파악하기:** 자신의 예기불안이 상상, 기억, 감각, 기분 가운데 무엇과 관련된 것인지 파악한다. 그리고 그것과 자신을 분리한다.

A Accept **-수용하기:** 의심과 불편한 감정을 기꺼이 수용한다.

N No **-거부하기:** 싸움이나 회피, 안심시키기, 너무 많은 생각을 거부한다.

C Commit **-전념하기:** 행동이나 선택을 하면서 앞으로 나아가는 데 전념한다.

E Embrace **-끌어안기:** 현재를 있는 그대로 끌어안고 그저 시간이 흐르도록 내버려둔다.

DANCE는 예기불안과 만성적인 망설임에 각각 적용했을 때 동일하게 좋은 효과를 보인다. 하지만 이 다섯 가지 원리들을 너무 융통성 없이 적용해서는 안 된다. 행군하듯 혼자 딱딱하게 걷지 말고, DANCE의 원리를 따라 여유롭게 춤을 춰야 한다. 그리고 필요할 때마다 각 항목에 대한 유연하고 유동적인 변화도 허용해야 한다. 그럼 각 원리들을 자세히 살펴보자.

D-파악하기: 자신의 예기불안이 상상, 기억, 감각, 기분 가운데 무엇과 관련된 것인지 파악한다. 그리고 그것과 자신을 분리한다.   어떤 행동을 취해야 할 것 같은 생각이 들거나, 욕구가 생기거나, 필요를

느낀다. 또한 거의 동시에 몸이 각성되는 것을 느끼면서 예기불안이 시작된다. 예기불안 문제를 겪고 있다면, 이러한 느낌이 무엇인지 익숙하게 알 수 있다. 이와 같은 느낌이 바로 시야를 넓혀 메타인지적 관점으로 옮겨야 할 때임을 알리는 신호다.

예기불안을 겪는 경우 이런 느낌은 삶에서 종종 일어나는 패턴일 뿐, 특별한 사건은 아니다. 이때 한걸음 물러나 관찰하다 보면, 자신의 불안이 상상력을 통해 정교하게 만들어진 걱정이나 과거에 경험한 두려움에 대한 기억 때문에 생겼다는 사실을 알아차릴 수 있다. 아니면 현재의 기분, 최근 경험한 스트레스, 또는 특별히 불안을 유발하는 어떤 요인 때문에 자신이 괴로움을 느끼고 있다고 인식할 수도 있다. 이럴 때 회피하고 싶은 마음이 들게 만드는 강한 힘이 존재한다는 것을 인지해야 한다. 그리고 미래에 대한 상상 속에서 두려운 이야기를 만들어 나가면서 자신이 어떻게 점점 더 불안한 감정을 느끼는지 주목해야 한다. 파악하기는 마음챙김의 자세로 그저 세심한 주의를 기울이며 관찰하는 것 외에는 그 어떤 행동도 권유하지 않는다.

A-수용하기: 의심과 불편한 감정을 기꺼이 수용한다. 지혜로운 마음은 예상하고, 허용하고, 수용하라고 조언한다. 하지만 보통은 의심이 자동반사적으로 생긴다. 이것이 잘한 선택일까? 만약 잘못된 선택을 했다면 내가 그 결과를 감당할 수 있을까? 만약 불안이 너무 심해

지면 어떻게 하지? 그냥 취소해야 하지 않을까? 이런 생각들과 함께 달갑지 않은 불확실성이 느껴지고 몸은 각성으로 불편함을 느낀다. 하지만 이런 것들은 경고나 예언이 아니며, 의심은 진정한 힘이 없다. 이는 전에도 여러 번 겪어본 상황에 불과하다.

의심이 들 때는 얽혀 들어가지 않는 관점, 즉 거리를 두고 바라보면서 그런 감정이 생기는 내면의 과정들을 관찰해야 한다는 점을 기억해야 한다. 그런데 이때 의심의 상세한 내용에 지나치게 몰두하지 않는 태도가 중요하다. 그리고 자신이 아직 지혜로운 마음을 지니고 있는지 스스로에게 물어보는 것도 좋다. 만약 그렇지 않다면, 자신이 정확히 어느 시점에 상식을 잃고 상상력에 사로잡혔는지 짚어보는 것도 중요하다. 수용하기는 저항하는 태도에서 기꺼이 임하는 자세로 전환하는 것을 말한다.

N-거부하기: 싸움이나 회피, 안심시키기, 너무 많은 생각을 거부한다. 불편한 감정에 저항해 싸우는 것은 어쩌면 자연스러운 태도다. 그러나 앞에서 이야기했던 것처럼 노력은 역효과를 불러온다. 그리고 오히려 노력을 덜 할수록 더 생산적으로 새로운 관점과 사고방식을 연습할 수 있다. 같은 맥락에서, 회피, 스스로를 안심시키려는 시도, 대응 방법 계획하기 등은 자연스러운 일이다. 그러나 이런 방법들은 불안을 낮추는 데 일시적인 효과만 있다. 그리고 과도하게 생각

을 많이 하고 세세하게 반추하는 것 역시 오히려 더 심하게 돌고 도는 걱정 속에 빠져들게 할 뿐, 아무 도움이 되지 않는다. *거부하기는 흘러가는 대로 내버려두라는 것을 상기시키는 항목이다.*

C-전념하기: 행동이나 선택을 하면서 앞으로 나아가는 데 전념한다. 자신이 불안한 감정을 느끼고 있다고 인식되는 상황이라 할지라도 도전해야 한다. 언젠가 자신감이 생길 때를 기다리거나 딱 알맞은 시점, 또는 확신이 드는 느낌을 만날 것이라고 기대하지 말라. 어떤 감정이 느껴지는지와 상관없이 작은 것부터 앞으로 나아가는 일에 전념해야 한다. 또한 머뭇거리거나 빠져나갈 계획을 세우지 말아야 한다. 스스로의 상상력에 속아 지금 자신이 예기불안 때문에 겪고 있는 고통이 위험, 취약성, 능력의 상실 등을 경고하는 신호라고 여기면 안 된다. 메타인지적 관점과 기꺼이 임하는 태도를 갖추면 어떤 행동과 선택에 전념하기가 가능해진다. 반면, 오락가락하는 망설임과 어떤 것에도 전념하지 않는 애매한 태도는 상황을 더 나쁘게 만든다. *전념하기는 확고하게 전념하는 태도가 상황을 더 좋아지게 만든다는 것을 상기시키는 항목이다.*

E-끌어안기: 현재를 있는 그대로 끌어안고 그저 시간이 흐르도록 내버려둔다. 어떤 선택을 하거나 어떤 활동을 시작하는 것처럼 스

스로가 두려워하는 대상을 향해 나아가고 있을 때는 다음과 같은 것들에 주의를 기울이면 안 된다. 그것은 바로 걱정하는 목소리가 들려주는 '만약에 ~하면'이라는 의심하고 걱정하는 생각과 거짓 위안이 들려주는 회피하고, 싸우고, 안심시키려고 하는 말들이다. 대신 지금의 현실과 지금의 경험을 향해 움직여야 한다. 그리고 지금 이 순간이 비상사태가 아니라는 사실을 알아차려야 한다. 끌어안기는 예기불안이 사라지게 만들기 위한 것이 아니다. 이는 시간이 흘러가게 놔두면서 불안이 저절로 줄어들기를 기다리는 동안 우리가 어떠한 자세로 있어야 하는지에 대한 제안이다. 끌어안기는 *생각하는 상태에서 감각하는 상태 쪽으로 부드럽게 전환해야 함을 상기시키는 항목이다.*

삶에서 DANCE 연습하기

DANCE를 이해하고 그것을 몇 번 적용해보았다면, 이제 반복해서 연습할 시간이다. 춤을 어떻게 추는지에 대한 설명을 읽기만 하고 연습하지 않는다면 제대로 배울 수 없다. 이와 마찬가지로, 생활 속에서 매일 앞의 다섯 가지 원리들을 자연스러워질 때까지 연습해야 한다. 새로운 경험을 쌓는 것과 뇌에서 새로운 회로가 생성되는 것을 도와줄 모든 기회를 붙잡고 받아들이는 데 전념해야 한다. 어떤 경험은 하고 어떤 경험은 피할지 고르고 선택하지 말라. 생활 속의 일상적인 흐름 가운데 어떤 도전적인 일이 나타나든지 다가오는 일들을 그저 순서대로 해나가야 한다. 결정을 내려야 하는 시점이나 새로운 활동을 마주할 때, 이 모두를 연습하는 기회로 생각하고 반갑게 맞이하라. 이런 태도로 전념할 때 놀랄 만한 진전을 이룰 것이다.

✔ 유용한 사실

춤을 배울 때와 마찬가지로, DANCE를 배우는 일도 단계를 밟아 연습해야 한다.

그러면 실생활에서 어떻게 DANCE를 연습할 수 있는지 그 예를 살펴보자. 어떤 행사에 참석해달라는 부탁을 받자마자 두려움이 차올랐다면 빨리 그 감정에서 빠져나와 마음챙김의 의식 상태로 움직여야 한다. 그리고 자신이 상상 속에서 미래에 대한 두려운 이야기를 어떻게 만들어내는지 알아차리고, 회피하고 싶은 충동이 강해져도 기꺼이 두려움을 주는 대상 쪽으로 계속 나아가야 한다. 예를 들어 의사에게 진료를 받으러 가야 하는데, 지난번 병원 방문 전에 일주일 내내 불안에 떨었던 일이 기억나 두렵다고 해보자. 이때가 바로 불안 각성을 받아들이고 허용하는 일을 연습하고 약속 시간을 지키는 일에 전념해볼 좋은 기회다. 또 다른 예로 소득세 신고를 해야 하는 경우, 서류 작성을 잘했는지 딱 한 번만 확인하고 마감 시간에 맞추어 제출하는 연습을 해볼 수도 있다. 그렇게 하고나면 자동반사적으로 떠오르는 의심 때문에 즉각적인 두려움이 치솟으리라고 예상하고 허용해야 한다. 그리고 시간이 흘러가도록 내버려두어야 한다.

두 회사에서 동시에 일자리를 제안받고 고민 중인데 행동하지 않을 경우 양쪽 기회를 다 놓칠 수 있는 상황이라면, 걱정하는 목소리와 거짓 위안 사이의 대화에서 한걸음 물러나 지혜로운 마음의 목소리에 귀 기울여야 한다. 그러면 스스로가 이미 어떻게 해야 할지 알고 있다는 것을 깨달을지도 모른다. 이밖에 만약 어떤 넥타이를 매야 할지 고를 수 없는 경우라면, 넥타이에 문제가 있는 것이 아니라 불확실성이 문제라는 점을 알아차려야 한다. 어서 침대에 넥타이 몇 개를 내려놓고, 눈을 감은 채 그냥 하나를 선택해보라.

걱정하는 목소리: 지금 벌써 이렇게 불안해서 다음 주를 어떻게 살아남을 수 있을까? 준비해야 해!

거짓 위안: 우린 예전에도 잘 살아남았어. 그리고 계획도 세울 거잖아. 또 정말로 필요하면 하기로 한 일에서 빠질 수도 있어.

지혜로운 마음: 지금 공허한 위로의 말을 내놓거나 회피하는 것은 답이 아니야. 잘 된다는 보장이 없더라도 앞으로 나아가는 일에 전념하고 이런 몸부림을 멈추는 것이 답이야. 통제하려는 노력을 중단하고 시간이 흘러가도록 내버려둬. 너는 자신이 생각하는 것보다 강해. 넌 할 수 있어.

지금까지는 자연스러운 상황 속에서 선택을 해야 하는 시점이나 예기불안을 자극하는 활동에 맞닥뜨렸을 때 관점과 사고방식을 전환하는 연습을 어떻게 할 것인지 다루었다. 이와 같은 경우는 생활 속에서 자연스럽게 일어난 상황이 있고, 그 상황으로 인해 부수적으로 어떤 연습들을 할 수 있기 때문에 '부수적인 연습'이라고 부를 수 있다. 그러나 일시적이지 않은, 좀 더 지속적인 회복을 위해서는 또 다른 단계가 필요하다. 그것은 지금 당장 맞닥뜨리지 않은 어떤 선택이나 불안을 의도적으로 유발하기다. 이 이야기를 듣고 이렇게 묻는 사람도 있을 수 있다. 반드시 그래야만 하는 상황도 아닌데 왜 굳이 고의로 자신을 불안의 고통에 노출시켜야 하는가? 그것은 바로 우리의 뇌가 이런 경험들을 통해서 불안을 덜 느끼는 법을 터득하기 때문이다. 다시 말해, 경험이 많아질수록 뇌는 점점 더 예기불안을 극복할 수 있다.

의도적으로 불안에 노출되는 연습

노출은 종종 '치료의 능동적인 구성 요소'라고 불린다. 과거에는 노출을 통한 치료 과정을 서술하기 위해 '둔감화desensitization', '습관화habituation', '소거extinction' 등의 용어를 사용하기도 했다. 반면 오늘

날에는 노출의 치료 효과에 대해 밝혀진 것들을 억제학습이론inhibitory learning theory으로 설명한다. 이 이론에 따르면 올바른 방식으로 시행했을 경우, 반복적인 노출이 뇌에 새로운 억제 회로를 만들어낸다. 그리고 이 새로운 경로가 기존의 자동반사적인 불안 회로를 멈추게 만든다.[32]

그러나 주의할 것은 노출이 반드시 회복을 의미하지 않는다는 점이다. 잘못된 방법으로 노출을 하면 오히려 고통, 무기력, 더 심한 민감성으로 이어질 수 있다. 그러므로 "그냥 하면 된다"는 말은 도움이 되지 않는 조언이다. 앞에서 우리는 DANCE의 접근법이 부수적인 노출을 연습할 때 필요한 요소들을 잘 아우르고 있음을 확인했다. 하지만 DANCE는 계획된 노출에도 적용될 수 있다. 계획된 노출은 자연스럽게 일어난 것이 아닌 의도적으로 만들어진 노출 과제를 준비해 더 많이 연습할 기회를 만든다. DANCE의 원리에 따른 계획된 노출은 특정한 지침을 따를 때 가장 효과적이다. 그 지침에는 감당할 수 있는 범위 안에서 하기, 정확한 촉발 요인에 초점 맞추기, 회피하지 않기, 가변성 다루기, 치유를 향한 사고방식에 전념하기 등이 포함된다. 그러면 각각의 지침들을 살펴보자.

노출은 감당할 수 있는 범위 내에서 이루어져야 한다. 당신의 목표는 스스로를 불안하게 만드는 대상에서 멀어지는 것이 아니라 다가

가는 것이다. 또한 예기불안의 본질이 환상이라는 사실을 알고 이를 환상으로 여기는 것이다. 위험이 감지될 때 우리는 본능적으로 도망치려고 하기 때문에 기꺼이 임하려는 마음을 먹었을 때 당연히 불편함을 느낀다고 앞에서 설명했다. 하지만 이 말은 불편함이 당연하니 설령 자신이 가장 두려워하는 대상이라 할지라도 점진적인 단계를 거치지 않고 성급하게 도전해야 한다는 의미가 아니다. 앞으로 나아가도록 자신을 밀어붙이는 태도가 도움이 되는 경우도 있다. 그러나 자신의 괴로움을 마음챙김의 자세로 관찰하는 능력을 잃을 정도로 밀어붙여서는 안 된다. 반대로 너무 쉬운 결정이나 전혀 도전적이지 않은 활동도 뇌를 위한 학습 경험이 되지 못한다.

✔ 유용한 사실
예기불안의 본질이 환상이라는 것을 알고 이를 환상으로 여겨야 한다.

무언가를 배웠을 때 최고의 결과는 자신이 할 수 있다는 생각이 드는 것이다. 이런 배움은 스스로가 소중하고 중요하게 생각하는 일들을 앞으로 더 많이 해낼 수 있다는 자신감을 심어준다. 이는 불안을 경험하든 그렇지 않든 어떤 선택이나 상황에도 적용되는 원리다. 그러므로 이를 염두에 두면서 자신감을 얻을 수 있을 만한 범위 내에서 불안을 자극하는 사건들에 점진적으로 노출되는 연습을 해야 한다. 다만 모든 사람에게 적용되는 공식이나 노출의 엄격한 위계가 존재하지 않기 때문에 '걸음마 단계'로 할 수 있는 노출로 어떤 것이 있는지 구체적으로 말하기는 어렵다. 그런 공식보다 더 중요한 것은 자신에게 조금 도전적인 일이지만 그 일을 상상했을 때 압도되지 않는 적당한 범위 안의 연습 대상을 고르는 일이다. 생각, 감각, 감정, 기억이 떠오르게 내버려두면서도 기꺼이 임하고 전념할 수 있을 만한 어떤 대상을 골라 노출을 시작해야 한다.

✔ 유용한 사실

계획된 노출의 가장 바람직한 형태는 노출하는 중에도 마음챙김의 자세로 자신을 관찰할 수 있는 정도의, 평소보다 약간 더 앞으로 나아간 경험이다.

노출은 정확한 촉발 요인에 초점을 맞추어야 한다. 때때로 예기 불안을 일으키는 정확한 요인이 무엇인지 가려내기 어려운 경우가 있다. 우선 일반적으로 특정한 물리적 상황이나 활동이 촉발 요인이 되는 경우는 드물다. 그보다는 예기불안 자체가 상상의 산물이기 때문에 촉발 요인도 생각이나 이미지의 형태를 띠기 쉽다. 예를 들어 예전에 레스토랑에서 음식을 먹다가 불안을 느꼈다면, 다시 레스토랑 예약을 할 때 '그런 일이 또 일어나면 어떻게 하지?'라는 생각이 들 수 있다. 이런 경우 레스토랑이라는 장소, 또는 레스토랑에서 먹는 행위가 촉발 요인이라고 생각할 수 있지만, 사실 목표로 삼아야 할 촉발 요인은 예전과 같은 일이 다시 일어날지도 모른다고 걱정하는 생각이다. 이때 노출을 연습한다면 레스토랑에서 하는 경험 중에서도 예기불안에 따른 불안 각성을 일으킬 가능성이 높은 경험을 하도록 계획해야 한다. 다시 말해, 자신이 걱정하는 구체적인 조건을 반드시 포함시켜야 한다. 그 조건은 갇혀 있는 기분일 수도 있고, 메뉴를 고르는 일일 수도 있고, 어떤 특정한 사람과 함께 식사하는 일이거나, 피곤함에 대한 걱정일 수도 있다.

자신을 무엇에 노출시켜야 할지 알아내는 한 가지 방법은 무엇이든 회피하고 싶은 마음이 드는 행동을 대상으로 삼는 것이다. 만약 불확실한 느낌을 회피하고 싶다면, 의심이 들고 확실하지 않은 일들에 노출되어야 한다. 그런 다음 스스로가 불확실성과 불안을 느끼고 있다고 인정하는 가운데, 결과는 보장하지 않더라도 의도적으로 고른 어떤 중요한 행동을 계속 한다. 예를 들어 조사를 많이 하지 않은 상태에서 덜 신중하게 결정해본다. 이와 달리 불안을 느끼는 이유가 실수할 가능성 때문이라면, 어떤 일을 하고 난 다음 자신이 한 일을 검토하지 않기를 연습해본다. 만약 후회하는 일을 피하고 싶다면, 후회할 수 있다는 사실을 인정하는 가운데 어쨌든 결정하는 연습을 한다. 만약 갇혀 있는 것 같은 느낌을 피하고 싶다면, 갇혀버린 느낌 경험하기를 목표로 해야 한다. 자신의 예기불안이 특히나 갇혀버린 느낌을 감당할 수 없어서 도망쳐야 하는 상황에서 도망칠 수 없을 것 같은 두려움이라면, 그러한 상황을 경험할 방법을 찾아본다. 그 방법은 엘리베이터가 될 수도 있고, 집에 있는 벽장이 될 수도 있고, 교통이 마비된 상태일 수도 있고, 회의 같은 사회적 '덫'이 될 수도 있다.

회피하지 않으려는 노력은 노출을 효과적으로 만든다. 이것은 DANCE에서 N~No avoidance~에 해당하는 중요한 부분이다. 계획된 노출은 예기불안을 느끼기 위해 의도적으로 상황을 만든다. 그리고 그런 상황이 마련되는 즉시 당신은 자동반사적으로 회피, 협상, 자기 위안, 내면의 논쟁, 반추하고 싶은 충동을 느낄 것이다. 그러나 이때 회피하면, 심지어 아주 미묘해서 감지하기 어려운 경험적 회피조차도 노출의 효과를 약화시킨다. 그러니 이를 삼가기 위해 4장으로 돌아가 때로는 명백하고 때로는 미묘한 회피 행동의 일반적인 목록을 다시 한번 살펴보는 것이 좋다. 기꺼이, 그리고 의도적으로 불안을 경험하고, 불확실성을 인식하고, 결과가 보장되지 않는 상황 쪽으로 나아가다 보면 당신은 다음과 같은 충동을 느낄 것이다. 즉 주의를 다른 쪽으로 돌리고, 불편한 상황을 일부만 경험하려 하고, 빠져나갈 계획을 짜고, 과거에 했던 다른 안전 행동들을 함으로써 일을 좀 더 쉽게 만들고 싶을 것이다. 심지어 심리치료를 받으면서나 다른 심리학 실용서를 읽으면서도 위와 같은 행동들을 '대처 기술'로 사용하라고 배웠을 수도 있다. 그런 행동들이 실제로 일시적으로 불안을 완화시키기 때문이다. 그러나 앞부분에서 설명했듯이, 궁극적으로 이러한 유형의 행동들은 역효과를 내고 부적 강화 요인으로 작용한다. 그리고 장기적으로는 긍정적인 뇌 회로를 새로 만들어내는 데 기여하지 못한다.

경험의 다양성은 노출 효과를 높인다. 예기불안을 일으킬 만한 서로 다른 무대에서의 다양한 상황을 준비해 스스로에게 도전 과제를 부여하는 것이 좋다. 예를 들면 계획된 오늘 할 일이나 다음 달에 하기로 한 일 등 다양한 미래의 시점에 일어날 일 가운데서 의도적으로 불안에 노출시킬 수 있는 상황 몇 가지를 고른다. 그리고 노출에 전념하기로 한다. 또한 어떤 계획된 노출을 했을 때 얼마만큼 심하게 갇혀버린 것 같고, 궁지에 몰린 것 같고, 역겨운 느낌일지 예상해보고, 다양한 강도의 감정을 느낄 수 있도록 노출을 계획한다. 여러 가지 상황을 준비해 자신의 상상력이 다양한 종류의 이야기를 만들어내도록 한다. 그리고 휘말려 들지 않는 연습을 한다. 지난주 또는 10년 전과 같이 다양한 과거의 시점에 자신이 했던 일 중에서 결과가 불확실해 불안을 일으킬 만한 기억을 의도적으로 떠올려본다. 마지막으로 너무 많이 조사하거나 확인하지 않은 상태에서 다양한 유형의 결정을 내려본다. 이와 같이 예상되는 불안의 강도나 얼마나 먼 미래의 시점에 대한 계획인지 같은 요인에 다양한 변화를 주는 것은 뇌가 새로운 경로를 더욱 튼튼하게 만들도록 돕는다.[33]

노출뿐 아니라 치유를 향한 사고방식으로의 전환에 전념하라. 잘못된 태도를 갖고 있다면 노출을 꾸준히 연습해도 큰 도움이 되지 않을 수 있다. 성공적인 노출이란 레슬링 경기 같을 필요가 없다. 즉 쉽지 않은 일을 해내려고 애쓰는 상황 속에서 의심을 거두고, 침착함을 유지하며, 어려움을 '이겨내는' 태도까지 고수하라고 자신을 몰아세우지 않아도 된다는 뜻이다. 대신 불안을 느끼는 자신에 대한 자비로운 마음과 불안이 느껴지는 일들을 향해 기꺼이 다가서는 자세를 동시에 가져야 한다. 지금 당장 어떻게 느껴지는가에 따라서 일을 진행하지 말고 노출을 연습하기로 계획했을 때 어떻게 다짐했는지에 따라 앞으로 나아가야 한다는 것을 기억해야 한다. 예기불안에 속아넘어가 할 수 없다는 생각을 할 수 있기 때문이다. 이것이 바로 다짐하고 전념하는 태도가 우리에게 큰 힘을 실어주는 이유다.

확고한 태도로 앞으로 나아가기

불안을 일으키는 행동과 결정을 향해 의도적으로 다가가는 동안, 자신이 불안과 싸우거나, 감내하거나, 회피하거나, 걱정하는 목소리와 거짓 위안 사이의 반추하는 대화에 가담하고 있음을 알아차릴 수 있다. 이럴 때마다 DANCE의 구성 원리들을 다시 한번 살펴봐야 한다.

예기불안이 가져오는 몸과 마음의 불편함을 적극적으로 허용하면서, 내면적으로는 스스로에게 친절하게 대하는 동시에 확고한 태도로 앞으로 나아가는 일에 전념해야 한다. 의심이 생기더라도 불안의 게임에 참가하기를 거부하면서 다른 한편으로는 스스로를 부드럽게 일깨워 전념하기와 내려놓기를 연습해야 한다. 이러한 연습 뒤에 우리는 자유를 얻는다.

스스로 해보기

앞으로 며칠 동안 생활 속에서 DANCE의 원리를 적용해보자. 회피하고 싶은 충동이 나타날 때마다 불안을 향해 나아가기를 선택하자. 이 책에서 설명하는 사고방식과 관점의 전환을 점점 더 이해하고 그것에 익숙해질 때, 차츰 계획된 노출 상황을 조성해 더 많은 연습을 하면서 배운 것을 굳혀 나가면 된다.

이 책은 우리가 여러 상황에서 느끼는 각각의 예기불안이 사실은 더 근본적이고 더 큰 하나의 과정에서 발생했다는 관점과 마음가짐을 전달한다. 만약 만성적인 망설임으로 고통받는다면, 이제 매일의 삶에서 각각의 선택에 전념하는 일을 어떻게 연습해야 하는지 이해했을 것이다. 또한 이 책에서는 때로는 미묘하고 때로는 명백한, 자동반사적 회피의 여러 패턴을 알아보는 법을 살펴보았다. 이제부터는 그런 회피의 패턴을 멈추려고 노력할 수 있을 것이다.

예기불안이나 만성적인 망설임을 불안과의 끊임없는 전투로 바라볼 필요는 없다. 뇌가 학습해나가면서, 관점을 바꾸는 일은 점점 더 쉬워질 것이다. 또한 DANCE의 원리와 함께하는 걸음걸이 역시 더욱 자연스러워질 것이다. 불안해지거나 앞으로 나아가지 못할 때마다 자신과 자신의 몸, 그리고 마음을 대하는 태도를 간단히 전환할 수 있을 것이다.

다음 장에서는 회복을 향한 여정에서 흔히 일어나는 문제들을 살펴보고 그에 대한 답을 정리한다.

9

자주 묻는 질문과 답변

노력해도 나아지지 않는다고 느낄 때

지금까지 우리는 예기불안에서 벗어나기 위해 필요한 태도, 관점, 행동의 변화에 대해 살펴보았다. 9장에서는 사람들이 이런 변화를 이루고자 노력하는 동안 흔히 겪는 혼란과 좌절을 다룬다. 변화를 위해 많은 에너지와 노력을 쏟았음에도 불구하고 계속해서 망설임의 문제를 겪고 오래된 비생산적인 습관에서 벗어나지 못하는 경우가 충분히 있을 수 있다. 최선을 다해 노력한다고 해도 그런 에너지와 노력이 자기도 모르게 엉뚱한 방향으로 향하기 쉽기 때문이다.

이때 가장 중요한 것은 스스로에게 자비로운 마음과 인내심 갖기다. 평생 지속될 수도 있는 몸과 마음의 습관을 바꾸기 위해서는 시간을 들여 노력하고, 반복해서 연습하는 것, 실수에서 배우는 능력이 필요하다. 또한 그동안 살아온 경로에서 벗어나 방향을 바꾸고자 결심한 시점은 무언가 새로운 것을 배우기에 가장 좋은 때이므로, 실망하지 말고 새로운 배움의 기회로 삼기 바란다. 다음은 독자들이 가장 흔하게 묻는 질문들 가운데 일부다.

질문: 저는 동네를 벗어나서 멀리 운전을 해야 할 때 심한 예기 불안을 느낍니다. 그럴 때 저는 운전하면서 어떤 상황을 마주할지 정확히 알기 위해서 남편과 함께 그 전날 '시운전'을 합니다. 심지어 그렇게 하고 난 후에도 여전히 운전하기 전날 밤에는 잠을 이루지 못합니다. 어떻게 해야 나아질 수 있을까요? 저의 이런 예기불안을 낮추기 위한 단계적인 계획을 세워주실 수 없나요?

답변: 질문자는 지금 스스로 예기불안을 다루는 자신의 방법이 효과가 없다고 인정하고 있습니다. 이렇게 인정하는 태도는 이미 회복으로 가는 첫 번째 단계를 밟은 것이나 마찬가지입니다. 문제를 해결할 실마리는 사실 질문 자체에 담겨 있어요. 앞으로 어떤 상황을 만날지 '정확히' 알고 싶은 욕구를 이해합니다. 하지만 그런 확실성은 시운전을 한다고 해도 얻을 수가 없습니다. 그래서 시운전을 했는데도 불구하고 전날 밤 침대에 누워 '만약에 ~하면'이라는 상상을 멈출 수가 없는 겁니다. 여기에서 가장 중요한 것은 앞으로 겪을 일을 확실히 모르는 상황을 연습하는 일입니다. 처음에는 작은 일들부터 시작하면서, 점점 더 그때그때 기지를 발휘해 상황을 헤쳐 나가는 유연성과 기꺼이 임하는 태도를 가져야 합니다.

질문자가 시도해볼 수 있는 여러 가지 방법 가운데 한 가지 예를 들어보겠습니다. 동네를 벗어난 지역에서 혼자 찾아갈 만한 장소를 한 군데 골라 연습해보는 겁니다. 이때 위험부담이 적은 연습으로 구성해야 합니다. 시간에 맞춰 도착해야 하는 일정이 아니어서 그 장소에 도착하는 데 얼마가 걸리든 문제되지 않는 것이 좋습니다. 또한 주차할 곳을 찾는 임무도 없는 것이 좋고, GPS를 사용하기도 괜찮아야 합니다. 중요한 것은 그 일을 혼자서 하는 것입니다. 회피하고 싶은 마음이나 무언가가 잘못될 것이라는 상상이 불러오는 불편함을 온전히 느껴보세요. 그렇지만 어떤 느낌이 들더라도 앞으로 나아가는 일에 계속 전념해야 합니다.

그런 다음에는 더 많은 연습 계획을 짜보고 차츰 여러 측면에서 난이도를 높여보세요. 어디에 주차할 것인지 같은 확실히 알 수 없는 요소들을 점점 더 많이 포함시키는 겁니다. 그리고 연습 계획을 짠 시점부터 목적지를 향해 출발하기까지 예기불안을 느끼면서 통과해야 할 시간을 늘려보세요. 아니면 특정한 시간까지 목적지를 찾아낸 후 전화를 걸어야 하는 임무를 추가할 수도 있습니다. 또한 스스로 편안하게 느끼는 영역 밖으로 나가는 거리를 점점 더 증가시키세요. 몸과 마음이 다양한 방식으로 거짓 위안을 내놓으려 한다는 것을 계속 알아채려 노력해야 합니다. 스스로가 부여한 과제를 앞두었을 때는 불편함이 느껴지는 일에 기꺼이 임하는 자신을 칭찬해야 합니다. 어떤 일을 망치거나 해내지 못할 수도 있는 위험부담, 그리고 불확실성에 스스로를 노출시키는 동안 몸과 마음이 보이는 반응도 예상하고, 수용하고, 허용해야 합니다. 그러면서 DANCE의 관점과 사고방식을 연습하세요. 어떤 일에 끝까지 전념해 결국 해낸다면 그 과정에서 불안감을 느낀 것과는 상관없이 한 단계 성장한다는 사실을 기억해야 합니다. 각 연습을 끝낼 때마다 경기에서 우승하고 트랙을 한 바퀴 도는 선수처럼 자축하세요.

그런데 이런 연습을 할수록 늘 점점 더 쉬워지지는 않습니다. 연습에는 잘 될 때와 그렇지 못할 때의 기복이 있고 예상치 못한 시행착오로 길을 둘러가는 경우도 생깁니다. 그리고 이제껏 해온 방식대로 불안과 싸우거나 불안을 회피하는 대신, 내려놓음의 자세를 터득하려면 여러 번 반복해야 합니다. 하지만 확고한 태도로 계속 연습에 전념한다면 틀림없이 해낼 수 있다는 사실을 점차 이해할 것입니다.

질문: 저는 어떤 일에 대해 예기불안을 느껴도 절대 회피하지 않습니다. 그런데 연습을 아무리 많이 해도 전혀 수월해지지가 않아요. 아무리 주의를 다른 곳으로 돌리려고 해도 불안한 감정에 사로잡히고 극복할 수가 없습니다. 저는 항상 자신에게 '괜찮을 거야'라고 이야기해요. 하지만 효과가 없습니다. 스스로를 아무리 많이 타일러도 제 안의 비이성적인 자아가 이성적인 자아를 항상 이깁니다.

답변: 우선 절대 회피하지 않고 전념하는 자세와 용기를 가진 것

을 축하합니다! 질문자는 엄청난 칭찬을 받아 마땅합니다. 하지만 때로는 용기와 전념만으로 충분하지 않을 때가 있습니다. 그토록 열심히 노력하고도 아무런 성과를 얻지 못해 분명 좌절감을 많이 느끼고 있을 겁니다.

질문을 들어보았을 때 질문자는 이 책에서 '감내하기'라고 부르는 것을 하고 있다고 생각합니다. 감내하기를 하면 노력의 역설 때문에 불안이 계속 사라지지 않습니다. 즉 온 마음과 에너지를 다해 전념하며 노력하지만 효과적이지 못한 방식으로 노력하는 것입니다. 게다가 질문자가 좀 더 나은 기분을 느끼기 위해서 하는 일들은 사실 불안이 점점 더 심해지게 만들고 있어요. 또한 질문자는 각각의 경험을, 어렵게 통과해나가야 할 새로운 시련으로 느끼고 있습니다. 예기불안을 일으키는 각각의 사건들을 억지로 감내해야 하는 시련으로 바라보지 말고 축적되는 학습 경험으로 바라보면 어떨까요? 그러면 그 뒤에 다시 예기불안을 일으키는 사건들이 다가올 때 그런 경험을 좀 더 효과적으로 다룰 수 있을 겁니다.

질문자는 자신이 하는 몇 가지 안전 행동을 이야기했습니다. 그런 안전 행동들이 단기적으로는 문제를 좀 더 다루기 쉽게 만들 수 있지만 결국 예기불안이 지속되게 만든다는 것을 기억해야 합니다. 그리고 질문자는 이성적인 자아의 역할을 자처하면서 스스로가 주의를 다른 쪽으로 돌리게 만들려고 노력하고, 공허한 위로를 하기도 한다고 했습니다. 하지만 이것은 이성적 자아와 비이성적 자아 사이의 싸움이 아닙니다. 사실 우리가 나아가야 할 길은 싸움은 아예 하지 않는 방향입니다. 걱정하는 목소리와 거짓 위안 사이의 대화를 되돌아보십시오. 그런 식으로는 어떤 진전도 얻지 못하기에, 질문자의 과제는 스스로의 지혜로운 마음을 찾아내는 일에 있습니다. 지금 질문자에게 더 필요한 것은 내려놓음의 자세, 특히 순간순간의 불편함을 기꺼이 경험하겠다는 (그리고 그것을 있는 그대로 내버려두고 바꾸려 하지 않는) 자세입니다. 이와 같은 기꺼이 임하는 자세 없이는, 추측컨대 열심히 노출을 연습한다 해도 치료에 도움이 되는 학습 효과를 누리지 못할 것입니다.

두려움을 회피하는 대신 마주하기로 한 선택은 정말로 매우 중요합니다. 그러나 노출이 가장 좋은 치료 효과를 발휘하기 위해서는 세심하게 자신을 관찰하는 관점과 내려놓음의 태도를 모두 유지해야만 합니다.

질문: 너무 심한 불안을 느낄 때는 필요에 따라 언제든 약을 먹을 수 있고, 딸과 계속 통화할 수 있고, 대안적인 계획에 의지할 수 있다는 사실을 아는 것이 저에게 정말 큰 도움이 됩니다. 그런데 선생님은 이런 대처 기술들을 쓰지 말라고 하는 건가요? 도대체 왜 이런 제안을 하는 거죠? 이런 것들에 의지할 수조차 없다면, 저는 불안

을 일으키는 어떤 일도 전혀 할 수 없을 겁니다.

답변: 질문자의 목표는 안전 행동에 해당하는 이런 유형의 '대처 기술'을 궁극적으로 사용하지 않겠다가 되어야 합니다. 이런 방법들은 단기적으로는 불편함을 피하게 해주지만 역설적이게도 장기적으로는 예기불안이 더 심해지게 만듭니다. 처음에는 이런 대처 기술을 포기하라는 말이 비합리적으로 보일 수 있습니다. 특히 예기불안이 유지되는 과정을 이해하기 전까지는 그럴 겁니다. 그러다가 그 과정을 이해하면 안전 행동을 하지 말라는 이유를 완벽하게 납득하지요. 차선책에 불과한 방법으로 얻는 부분적이고 일시적인 안도감은 불안이 더욱 심해지게 만듭니다. 또한 그런 방법들을 쓰다 보면 지금 피하려고 안간힘을 쓰고 있는 일들이 알고 보면 자신이 정말 잘해낼 수 있는 일들이라는 사실을 경험할 수 없습니다. 안전 행동을 하는 것은 목발 사용과 비슷합니다. 두 가지 모두 회복의 시작 단계에서는 혼자 힘으로 활동할 수 있게 돕습니다. 그러나 목발을 사용하는 경우처럼 안전 행동을 너무 오래 하다 보면 더 이상 발전하지 못하고 그런 행동을 하지 않아도 충분히 괜찮다는 사실을 경험하고 터득할 수 없습니다.

질문: 호흡을 하는 것은 어떤가요? 저는 항상 불안을 낮추기 위해 호흡 요법을 사용하라고 배웠습니다. 호흡 요법도 책에서 이야기

해주시면 안 되나요?

답변: 지난 수년간, 호흡 요법을 추천하는 사람들이 많이 있었지요. 틀림없이 여러분 가운데 상당수가 불안을 낮추기 위한 호흡 요법을 배웠을 것입니다. 우선 호흡의 종류를 나누어보고, 호흡 요법을 가장 효과적으로 사용하기 위해서는 어떻게 해야 하는지 알아보겠습니다.

경미하거나 중간 정도 수준의 예기불안을 느끼는 경우, 호흡을 침착하게 해 신경계를 느긋하게 가라앉히고 신체적인 각성을 줄일 수 있습니다. 이와 관련해서는 천천히 숨을 내쉬는 호흡 패턴을 연습할 수 있는 여러 가지 유용한 기법과 어플리케이션들이 있습니다. 아마 복식호흡이 중요하다는 조언을 들었을 테지만 사실은 복식호흡보다 자연스럽고 리드미컬하게 호흡하고 숨을 들이마시기 전에 완전히 내쉬는 것이 더 중요합니다. 숨과 숨 사이에 잠깐씩 멈추는 것은 도움이 됩니다. 그러나 특정한 숫자를 다 셀 때까지 억지로 호흡하려고 하지는 마세요. 공기를 많이 들이마셨다가 깊이 한숨을 내뱉는 호흡은 추천하지 않습니다.

호흡에 주의를 기울이는 기법을 반대하지는 않습니다. 호흡을 매일 규칙적으로 훈련하거나 예기불안이 심해진 시기에 훈련하는 것 모두 괜찮습니다. 그러나 그야말로 효과적이지 않은 방식으로 호흡 요법을 사용하려고 하는 내담자들을 주기적으로 한 번씩 만나곤

합니다. 그래서 이에 대해서만큼은 독자들에게 경고하고 싶습니다. 일단 많은 이들이 호흡에 초점을 맞추다 보면 지나치게 호흡을 의식해서 오히려 호흡을 잘 조절하지 못하고 불안이 심해진다고 이야기합니다. 이런 일이 일어나면 과다호흡증후군으로 인한 증상이 더 심해질 수도 있습니다.

호흡 요법을 사용한다면 그 목적이 무엇인지가 핵심이라고 생각합니다. 불안이나 다른 원치 않는 감정을 경험하는 동안 느긋하고 자연스러운 태도로 호흡할 수 있다면, 절박감을 낮추는 데 도움이 됩니다. 또한 호흡을 하며 그 순간의 경험으로부터 움츠러들거나 회피해서는 안 된다는 것을 기억할 수도 있겠지요. 호흡 요법은 자신의 마음, 감각, 감정을 있는 그대로 존재하도록 허용하는 동시에, 지금 이 순간의 감각적 경험에 발붙일 수 있는 좋은 방법입니다.

그러나 만약 자신의 불안한 감정을 바꾸거나, 고치거나, 그로부터 빠져나가려는 목적을 가지고 호흡에 초점을 둔다면 이는 또 다른 안전 행동이나 경험적 회피가 되고 맙니다. 그리고 새로운 학습을 방해하지요. 그런 호흡 요법은 일시적인 효과만 있고 불안을 부적으로 강화하는 결과를 가져옵니다. 그러므로 호흡 요법은 심한 공황발작을 다루는 데 효과적인 방법이 아닙니다. 다시 한번 말하지만, 불안을 낮추는 목적으로 사용되는 어떤 도구나 기법도, 다급한 상황에서 사용하는 경우 역효과를 불러오기 쉽습니다.

미묘한 차이처럼 보일 수 있지만 호흡을 가라앉히는 훈련이 DANCE를 적용하는 연습의 일부가 되는가, 아니면 DANCE의 자세에 완전히 반하는 일이 되는가 하는 것은 호흡에 대한 개인의 태도에 달려 있습니다. 비슷한 맥락으로, 호흡을 진정시키는 훈련은 기꺼이 임하는 자세와 치유를 향한 내려놓음을 실천하는 방법이 될 수 있지만, 그런 자세와 내려놓음을 약화시키는 역할을 할 수도 있습니다.

질문: 책을 읽다 보면 마치 충동적으로 결정을 내리고 어떤 결과를 얻든 그냥 받아들이고 살아가라는 이야기처럼 들립니다. 하지만 저는 경솔하게 결정하고 미리 막을 수 있었던 어떤 나쁜 결과에 책임을 지는 위험을 기꺼이 감수할 생각이 없어요. 저 자신이 용서되지 않을 것 같으니까요. 제가 만약 결과를 걱정하지 않는다면 도대체 무엇이 제가 실수하는 것을 막아줄까요?

답변: 실생활에서 사람들은 누구나 실수를 합니다. 그리고 누구나 최대한 실수를 줄이고 싶어 하고, 처참한 결과를 최대한 피하고 싶어 합니다. 하지만 인생에서 앞으로 계속 나아가려면 합리적인 수준의 위험부담을 기꺼이 감당하고 상식적으로 결정하려고 노력해야 합니다. 그와 동시에 어느 누구도 미래를 예측할 수 없기 때문에 저 또한 합리적인 수준의 조사와 계획을 권장합니다. 합리적인 수준으

로 조사한 다음 합리적인 수준의 위험부담을 지는 일은 충동성과 아무 관련이 없습니다.

한편 질문자는 잘못된 결정이 가져올 수 있는 부정적인 결과들에 지나치게 초점을 맞추는 것처럼 보입니다. 삶에는 많은 불확실성이 있고, 나쁜 일이 절대 일어나지 않는다고 보장하는 방법은 없습니다. 따라서 어느 정도 조사를 한 다음에는 스스로의 상식적이고 건강한 판단에 따라 무엇이 가장 좋은 선택인지 최선을 다해 짐작하는 수밖에 없습니다.

어떤 것이 충분한 조사라고 여기는지 저마다 자신만의 기준이 있습니다. 그러나 같거나 비슷한 정보를 반복적으로 검토하거나, 조금만 더 정보를 모으겠다며 마감시간을 늦추거나, 완전히 마비되어 어떤 선택도 내리지 못하는 경우라면, 이런 조사는 분명 더 이상 도움이 되지 않습니다. 이는 사실 조사가 아닌 망설임이기 때문이지요. 또한 우리는 행동하지 않아서 생기는 위험부담과 대가도 고려해야 합니다. 다시 말해, 선택하기를 거부하거나 지체하는 것, 마감시간을 넘기는 것, 시기적절하게 결정하지 못하는 것 때문에 어떤 일이 심각하게 잘못될 가능성을 생각해야 합니다.

충분한 조사를 바탕으로 계획을 잘 짜서 사려 깊은 선택을 하는 것은 충동적인 행동과는 반대입니다. 그러나 이렇게 충동성을 완전히 배제한 선택을 한다 해도 실수할 가능성, 심지어 아주 큰 실수를 할 가능성이 완전히 사라지지는 않습니다. 지금 질문자는 자신이 나쁜 결과를 책임지는 상황을 만난다면 절대로 살 수 없다고 상상하고 있어요. 이것은 사실 질문자가 스스로에게 주입시키고 있는 생각인데, 질문자는 그것이 진실이라 믿고 휘둘리고 있습니다. 하지만 잘 생각해보면 과거에 있었던 일들 가운데 지금 알고 있는 것들을 그때도 알고 있었다면 방지할 수 있었을 후회, 실수, 달갑지 않은 경험들을 꽤 찾아볼 수 있습니다. 그럼에도 불구하고 질문자는 그런 일들을 충분히 잘 감당해왔고 계속 다음 단계로 넘어갈 수 있었습니다.

질문: 저는 계획을 잘 세우는 사람입니다. 그래서 일이 잘 풀리지 않는 경우 차선책으로 무엇을 하거나 어떤 말을 할지 항상 계획을 세웁니다. 또 저는 어려운 대화를 시작하기 전이나 무언가 불안을 일으키는 일을 시작하기 전에 마음속으로 최대한 많은 각본을 검토해야 훨씬 편안해집니다. 그리고 그렇게 하면 자신감도 생깁니다. 그런데 이런 행동에 무슨 문제가 있다는 건가요? 저는 이런 방법이 저에게 도움을 준다고 믿고 있습니다.

답변: 계획하고 준비하는 것과 나쁜 결과가 일어날 수 있다는 생각에 사로잡혀 강박적으로 그런 일을 피할 방법을 찾는 것을 혼동해서는 안 됩니다. 심한 예기불안으로 힘겨워하고 있다면, 처음에는 합리적인 수준의 준비를 시작했다가도 어느 시점부터 머릿속에 떠오

르는 생생한 상상에 사로잡힐 가능성이 높습니다. 특히 쉽지 않은 어떤 일을 시작할 때는 이렇게 지나칠 정도로 생각을 해야지만 좀 더 안전하게 준비하고 대비할 수 있다고 느낄 수 있습니다. 하지만 장기적으로 그것은 어떤 일에 순간적으로 대처하고, 상황에 유연하게 적응하고, 생각지 못했던 일들을 처리할 수 있다는 자신감을 잃게 만듭니다. 지나치게 계획을 세울수록, 앞으로도 계속 그렇게 해야지만 안심하는 것이지요.

앞으로의 일에 대한 시나리오를 상상하거나 대본을 계획하는 태도는 어떤 일이 일어날지 확실히 알 수 없다는 인식에서 도망치려는 시도입니다. 그것은 미래를 알 수 있다는 착각을 하게 만듭니다. 즉 미래의 일을 알고 확실히 준비했다는 잘못된 느낌을 불러옵니다. 이 책에서 말하고자 하는 것은 모든 준비가 다 비생산적이라는 이야기가 아닙니다. 앞으로의 일에 대해 최선의 계획과 차선의 계획까지 세우는 것은 도움이 될 수 있습니다. 그러나 모든 가능성을 다 대비하려는 것은 불가능하고 소모적인 일입니다. 그렇게 되면 계획을 충분히 하지 못한 것 자체가 걱정거리가 되고 더 많은 의심을 낳을 수 있습니다. 또한 가능성이 있는 모든 시나리오에 대비하려다 보면 오히려 갑자기 문제가 생겼을 때 미리 상상해놓은 몇몇 경직된 해결책 안에 갇히기 쉽습니다. 우리에게 더 필요한 것은 정말로 문제가 생겼을 때 그에 걸맞은 새로운 아이디어를 찾아내기 위해 기꺼이 노력하겠다는 자세입니다.

질문: 저는 매일 운동을 하고, 마음챙김 명상을 하고, 밤마다 카모마일 차를 마십니다. 그런데도 여전히 민감한 상태를 벗어나지 못하고 있어요. 저는 매번 새롭고 색다른 것을 마주할 때마다 예기불안을 느낍니다. 이런 스트레스를 관리하기 위해 더 할 수 있는 다른 일이 있을까요? 건강보조식품의 효과를 믿으시나요? 침술이나 요가는 어떨까요? 아니면 직업을 바꾸어야 할까요?

답변: 예기불안은 확실히 스트레스의 영향을 민감하게 받습니다. 갈등, 질병, 수면 부족, 그 밖의 신체적, 심리적 스트레스가 불안 민감성을 높이고 생각이나 감정을 잘 떨쳐내지 못하게 만든다는 의미입니다. 그러나 스트레스는 예기불안의 원인이 아닙니다. 따라서 스트레스를 줄인다고 해서 예기불안이 사라지지 않습니다. 그러므로 회복을 향하는 길에 들어서기 위해서는 스트레스보다 예기불안을 유지시키는 요인들을 다루어야 합니다. 불안한 경험을 대하는 태도를 바꾸는 것, 잘못된 메타인지적 신념을 버리는 것, 노력의 역설을 피하는 것, 불확실성을 기꺼이 경험하려는 자세, 불편함을 다루기 위한 전략으로 회피를 사용하지 않는 것 등이 바로 질문자가 관심을 가져야 할 요인들입니다. 건강한 습관을 갖는 일은 언제나 반갑지만, 총력을 기울여 스트레스를 피하는 일에만 열중하는 모습이 오히려

질문자를 잘못된 방향으로 이끌고 있습니다.

질문: 저는 관심의 초점을 다시 맞추기가 무엇인지 헷갈립니다. 이는 주의를 딴 곳으로 돌리는 것 아닌가요? 그리고 주의를 딴 곳으로 돌리는 것은 회피고요. 관심의 초점을 다시 맞출 때는 자신이 현재 느끼고 있는 감각들에 초점을 맞추어야 하나요, 아니면 마음을 차분하게 만드는 무언가에 초점을 맞추어야 하나요? 스스로가 해변에 있다고 상상하는 것처럼 말이에요. 마찬가지로 이름 붙이기labeling도 헷갈립니다. 스스로에게 '지금 하는 걱정은 내가 만들어낸 이야기일 뿐이야'라고 말한다면, 이것은 안심시키기 아닌가요? 그리고 안심시키기는 하지 말라고 하셨고요. 그리고 떠다니기floating와 무시하기ignoring는 무슨 차이가 있습니까?

답변: 좋은 질문입니다. 책을 아주 주의 깊게 읽고 생각도 많이 한 것 같군요. 질문자가 궁금한 것들은 보통 독자들이 가장 많이 추가적인 설명을 요청하는 부분이기도 합니다. 세상에는 수많은 심리학 실용서가 있는데 그중 일부는 불안에 대처하기 위한 훌륭한 방안들을 제시합니다. 그러나 어떤 때는 그 방법이 서로 충돌하는 것처럼 보일 수 있습니다. 그러니 도움이 되는 방법과 그렇지 못한 방법을 한번 나누어 봅시다. 불안을 관리하기 위한 방법으로 흔히 추천되는 것들 중 일부는 문제가 있습니다. 예를 들어, 긴장을 풀기 위해 노력

한다든지 긍정적인 생각을 한다든지 하는 것은 지속적인 결과로 이어지지 못합니다. 또한 어떤 기법들은 근본적인 태도의 측면을 다루지 않은 채 주의를 딴 곳으로 돌리거나 회피해 불안을 통제하는 일에만 초점을 맞춥니다. 이런 기법들은 효과가 매우 제한적일 수밖에 없습니다. 이처럼 과정을 고려하지 않고 기법만 생각하다 보면, 문제가 개선되어도 그 효과가 아주 일시적일 수 있습니다.

무엇을 하느냐가 아니라 어떤 의도로 하느냐가 더 핵심적인 문제일 때가 많습니다. 이런 관점에서 볼 때, 질문자가 만약 자신의 예기불안을 낮추려는 의도를 가지고 관심의 초점을 다시 맞춘다면 그것은 주의를 딴 곳으로 돌리려는 시도입니다. 즉 이것은 불안을 회피하려는 의도를 가진 행동이고 거의 대부분 역효과를 불러일으킵니다. 예를 들어 질문자가 스키장에서 리프트 탑승을 기다리면서 불안을 느꼈다고 생각해봅시다. 이때 질문자가 그 불안의 감정을 계속 허용하면서 관심의 초점을 현재 경험하는 현실에 다시 맞춘다면, 그것은 장기적으로 훨씬 더 치료 효과가 클 수 있습니다.

현재의 경험에 주의를 집중한다고 해도, 파국적인 미래를 상상하는 일은 계속됩니다. 우리의 목표는 이런 미래에 대한 파국적 상상을 더 이상 하지 않기가 아닙니다. 대신, 파국적 상상 외에 현재의 감각 현실에도 주의를 기울여서 관점을 넓히려는 것입니다. 이렇게 하면 불안한 상상에 대한 이야기는 의식 가운데 존재하는 여러 다양한 주파수 채널 가운데 하나에 불과한 상황이 되는 것이지요.

이름 붙이기에 대한 답변도 관심의 초점과 비슷합니다. 이름 붙이기의 원래 목적은 불안 낮추기가 아닙니다. 그러나 질문에서 서술한 방식대로 불안을 가라앉히려고 이 방법을 사용한다면 ("그건 내가 만들어낸 이야기일 뿐이야. 그러니 걱정하지 마"), 이는 스스로를 안심시키는 행위로 볼 수 있어요. 알다시피 반복적인 안심시키기는 장기적으로 예기불안의 원동력이 되곤 합니다. 그러므로 이름 붙이기를 이런 식으로 잘못 적용하면 거짓 위안을 주는 강박적인 의식행위에 그치고 맙니다. 그러고 나면 틀림없이 걱정하는 목소리가 다시 나타나지요. 자신이 걱정하는 일은 정말로 일어날 수 있다고, 주의해야 한다고 항의하기 시작할 것입니다. 돌고 도는 순환의 고리에 다시 빠지는 겁니다.

이름 붙이기를 하는 가장 주된 목적은 생각의 내용에서 *자신을 분리시키는* 메타인지적 관점을 발달시키고 유지하는 것입니다. 이렇게 발달한 메타인지적 관점은 우리가 한걸음 물러나 "이것은 생각이야"라고 알아차릴 수 있게 해줍니다. 그러나 이 관점이 하는 역할은 이것이 전부입니다. 메타인지적 관점은 위에서 말한 생각이 참인지, 그 생각의 내용이 무엇인지 등은 전혀 상관하지 않습니다. 이 관점은 자신이 지금 마음의 산물에 반응하고 있다는 점을 상기시킬 뿐입니다. 이것은 단순히 불안을 관리하기 위한 기법이 아니라 우리에게 반드시 필요한 관점의 전환입니다.

　마지막으로 떠다니기와 무시하기 사이의 차이를 살펴보겠습니다. 여기에서는 허용하는 태도와 밀어내려고 하는 태도를 구별하는 것이 중요합니다. 떠다니기[34]는 내려놓음의 태도를 서술하는 은유적 표현입니다. 불안을 느낄 때 우리가 할 수 있는 최선은 세상에서 가장 하기 어려운 일 가운데 하나인 아무 것도 하지 않는 일입니다. 맞아요. 예기불안은 불안의 감정을 그냥 내버려두고 스스로의 몸이 저절로 차분해질 때까지 놓아두면 꽤 빠르게 가라앉습니다. 떠다니기는 마치 코르크 마개가 물과 함께 일렁이며 움직이는 것처럼 전적으로 수동적인 경험이지요.

　반면에 무시하기는 노력과 에너지가 필요합니다. 그것은 어떤 것의 존재를 인식하고 밀어내서 없애려고 하는 행동입니다. 이것은 노력의 역설을 일으키고 궁극적으로 예기불안이 심해지게 만듭니다. 불안을 다루는 데 있어서는 노력이 역효과를 불러온다는 점을 한 번 더 기억하세요. 불안을 없애려고 더 많은 노력을 기울이면 불안은 더 강해지고 떨쳐내기 어려워집니다.

　질문: 어떤 결정을 내리면, 저는 곧바로 제가 실수했을지도 모른다는 걱정에 사로잡힙니다. 이런 의심은 큰 일, 작은 일, 어제 했던 일, 거의 기억도 나지 않는 몇 년 전에 했던 일까지 가리지 않고 일어

나면서 저를 괴롭힙니다. 어떻게 해야 모든 일이 다 괜찮을 거라고 스스로를 안심시킬 수 있을까요?

답변: 잘못된 결정을 내렸을지도 모른다는 두려움은 만성적인 망설임에 시달리게 하는 강력한 연료입니다. 만성적으로 망설이는 사람들 가운데 일부는 선택해야 할 때 얼어붙은 상태에서 전혀 앞으로 나아가지 못합니다. 반면 질문자는 선택을 할 수 있지만 선택 후 특별한 유형의 예기불안을 느끼는 것 같습니다. 바로 후회에 대한 두려움이지요. 상상에 사로잡히고 조금 전에 한 결정으로 인해 일이 잘못될 수 있는 모든 경우를 생각합니다. 물론 그러면서 그와 같은 선택을 하면서 사라진 다른 모든 선택지를 아쉬워합니다.

질문자는 어떻게 해야 모든 일이 다 괜찮을 것이라고 스스로를 안심시킬 수 있는지 물었습니다. 하지만 스스로를 안심시킬 방법을 찾아나서는 일은 잘못된 방향으로 가는 여정을 시작하는 것과 같습니다. 스스로를 안심시켜 의심이 사라지게 만들려고 노력하는 대신 반대로 해보십시오. 의심이 들 것이라고 예상하고, 허용하고, 의심을 반가이 맞이하세요. 매번 결정을 내리고 난 후에는 분명히 의심에 사로잡힐 것이라는 사실을 알아야 합니다. 6장에서 제안했던 것처럼 도대체 얼마나 많은 의심을 할 수 있는지 그 숫자를 세어보고 자신이 창의성 넘치는 사람임을 기뻐하세요. 그리고 불확실성을 좀 더 편안하게 받아들이는 연습을 해보세요. 미래를 확실하게 아는 것은 불가능하다는 사실을 인정하고 내려놓아야 합니다. 또한 DANCE의 원리들을 적용해보세요. 자신의 인생을 계속 살아가면서 의심과 걱정이 서서히 자연스럽게 뒤로 물러나도록 내버려두세요.

10

유연함과 자신감

회복은 어떤 모습으로 일어나는가

9장까지의 내용을 통해 예기불안이 무엇인지, 어떻게 발생하는지, 이를 대하는 태도를 어떻게 바꾸어야 하는지에 대해 많이 이해했기를 바란다. 그리고 그런 이해를 바탕으로 이제 더 이상 당신의 삶이 예기불안에 지배당하거나 선택에 영향받는 일이 없기를 바란다. 회복은 '더 이상 예기불안을 겪지 않음'을 의미하지 않는다. 앞의 내용들을 잘 이해했다면 이 이야기가 놀랍지 않을 것이다. 클레어 위크스는 수십 년 전 "증상이 더 이상 문제되지 않을 때" 바로 회복되었다고 할 수 있다고 말했다.[35] 참으로 혁신적인 말이다. 이 말이 사실이라면 불안 각성과 걱정하는 생각을 반드시 제거하지 않아도 되기 때문이다. 불안 증상이 계속 남아 있다고 해도 부정적인 영향을 받지 않고 삶을 살아갈 수 있다.

우리는 예기불안이나 망설임을 언제든지 느낄 수 있는데, 특히 예민해지거나 압박감을 느낄 때 그러기 쉽다. 그러나 예기불안과 망설임을 고통의 이유, 자기비판의 계기, 또는 앞으로 취해야 할 행동에 대한 지침으로 받아들일 필요는 없다. 예기불안에 생산적인 방식으로 대처할 수만 있다면 불안 때문에 생기는 제약에서 벗어나고 자신의 길을 선택할 수 있다. 물론 그렇게 된 후에도 앞으로 어떤 일이 일어날 수 있고, 이미 일어났을 수 있는지는 계속 상상할 수 있다. 그러면서 잠깐씩 속상하고, 짜증나고, 황당하고, 터무니없고, 심지어 웃기기까지 한 기분을 느낄 수도 있다. 하지만 스스로의 창의성에 잠시 감탄하고는 한걸음 물러나 다시 일상적인 현실로 돌아온다.

이와 더불어 예기불안에서 회복되면 매사에 좀 더 유연하고, 완벽주의를 덜 추구하게 된다. 그리고 불확실성과 의구심을 있는 그대로 바라보면서, 결정도 더 단순해진다. 또한 후회할 수도 있다고 인정하면서도 그런 가능성 때문에 마비 상태에 빠지지 않는다. 끝없는 조사, 자신을 안심시켜줄 만한 것들을 찾는 일, 주저함은 서서히 사라진다. 이러지도 저러지도 못하던 상태에서 벗어나, 최선을 다해 짐작한 미래를 바탕으로 앞으로 나아간다.

회복은 불안을 일으키는 상상의 내용과 자신을 분리시키고 불안한 생각, 감각, 감정이 나타나도 동요하지 않는 것을 의미한다. 그리고 과거에 느꼈던 불편함을 인정하면서도 그 기억 때문에 스스로 멈추도록 내버려두지 않는 것이다. 또한 회복은 절대로 불안을 일으키는 상상을 하지 않거나 선택을 망설이지 않는 것을 의미하지 않는다. 더불어 걱정의 영향에서 완전히 벗어나는 것을 뜻하지도 않는다.

마지막으로 회복은 충동적으로 행동하거나 지나친 모험가가 되는 것을 의미하지 않는다. 회복이 일어난 뒤에는 예기불안을 느낄 때 자신의 내면에서 어떤 일이 일어나고 있는지를 충분히 인식한다. 그리고 불안을 느끼는 자신을 친절히 대하며, 회피하고 싶은 충동이 자신의 삶에 한계를 만들도록 내버려두지 않는다.

DANCE는 예기불안이 일어날 때 신속하게 작동시키기 위해 고안된 일련의 행동들이 아니다. 또한 공구함에 담긴 공구처럼 불안을 뚝딱뚝딱 고쳐 없애기 위한 기법도 아니다. 기억, 상상, 기분, 혹은 마음의 조건화된 자동반사적 습관은 불안한 생각, 감정, 감각을 일으킨다. DANCE는 이런 불안함에 반응하는 우리의 태도에 근본적인 변화를 가져온다. 연습을 하면 할수록 이러한 변화는 자연스러운 과정이 된다. 그러한 변화가 이루어지면서 DANCE는 삶을 살아가는 하나의 방식으로 자리 잡을 것이다.

예기불안이 사라지고 난 자리

정신분석학의 아버지인 지그문트 프로이트 Sigmund Freud 는 심각한 불안에 시달리는 사람들을 빈틈없이 관찰했다. 그 결과 사람들이 어떤 대상에 불안을 느끼기 전까지 동일한 대상에 대해 오히려 기쁘고 신나는 감정을 느끼는 경우가 많다는 점을 발견했다. 이를 바탕으로 프로이트는 흥분감과 불안 사이의 관계를 주목해야 한다고 언급했다.[36]

여러 해 전, 볼티모어에서 불안 문제를 겪고 있는 한 무리의 내담자들이 두려움에 직면하는 훈련을 했다. 훈련은 치료사와 모든 내담자들이 함께 유리벽으로 된 고속 엘리베이터를 타는 것이었다. 호텔 로비에서 기다리는 동안 이들은 엄습하는 두려움으로 아무도 말을 하지 않았다. 서로의 손을 움켜쥐며 마침내 도착한 엘리베이터에 겨우 탔을 때, 주차장에서 올라온 한 남자가 이들을 반가이 맞이했다. 남자는 엘리베이터가 출발하자마자 이들을 향해 돌아서더니 빛나는 미소를 지으며 말했다. "지금 느껴지는 이 희열감, 정말 좋지 않나요?"

그렇다. 미래를 예측하는 일이란 때로는 그저 견딜 만한 수준을 넘어 굉장히 즐거울 수도 있다. 이때의 '희열감'은 신나고 흥분되는 느낌이다. 우리는 수상자 발표를 기다릴 때, 데이팅 앱에 로그인하려 할 때, 아니면 같이 여행을 하자는 제안을 받았을 때도 이런 감정을 느낄 수 있다. 그것은 틀림없이 생리적인 각성인데도 불구하고 고통스럽게 느껴지지 않는다. 사람들이 롤러코스터를 탈 때나 열렬히 응원하는 스포츠 팀의 경기에 갈 때 돈을 지불하는 이유는 바로 이런 감정을 느끼기 위해서다. 또한 결혼식장으로 들어서는 통로를 걸어갈 때나, 길모퉁이에 서서 데이트 상대를 기다릴 때도 사람들은 이렇게 신경계가 잔뜩 활성화되는 경험을 한다.

✔ 유용한 사실
미래를 예측하는 일은 '기대감을 갖게' 만들고, 신나고 재미있을 수 있다.

거짓 경고에 낙담하지 말 것

불안장애와 강박장애에서 회복되는 동안 여러 증상 가운데 예기불안을 '가장 늦게까지' 경험하는 사람들이 많다. 다시 말해, 공황발작, 심한 두려움, 강박적인 의식 행위, 거짓 위안 등에서 벗어난 지 몇 달이 지난 후에도 계속해서 남아 있는 예기불안을 느끼는 경우가 아주 흔하다.

젤다 밀스타인Zelda Milstein은 광장공포증으로 10년 동안이나 바깥 출입을 못하다가 클레어 위크스가 제안한 방법들의 도움을 받아 비로소 회복할 수 있었다.[37] 그 후 그는 치료 보조원으로 앞장서 활동했는데, 이때 내담자들에게 자신이 현관 문턱을 넘을 때마다 급격히 불안을 경험하는 경우가 많다고 고백했다. 그리고 이러한 경험을 할 거라고 미리 예측한다고 말했다. 그는 문턱을 넘을 때 일어나는 급격한 불안 증가를 "툭 튀어나온 혹"이라고 부르면서 거짓 경고의 잔재라고 이야기했다. 이런 조건화된 반응이 사라지기까지는 매우 오랜 시간이 걸린다. 그것은 몸에 남은 기억이자, 자신이 극복한 일들을 기록하는 증거다.

하지만 이런 거짓 경고나 다른 불안 증상이 나타날 때 낙담하지 않는 것이 중요하다. 이를 회복 과정의 한 부분으로 여겨야 한다. 또한 이런 일이 일어날 때 '왜' 그런지 묻는 질문에 빠져 길을 잃지 말아야 한다. 자동반사적인 각성과 순간적으로 떠오르는 불안한 상상을 그냥 자신이 경험하는 일들의 배경에 존재하도록 허락해도 괜찮다. 그런 상상의 내용으로부터 자신을 분리할 수만 있다면, 당신은 애쓰지 않아도 된다. 또한 그 모든 것을 스스로가 그동안 많은 성과를 거두었고, 아직 회복하는 중에 있으며, 자신의 뇌 회로가 재배선되고 있는 중이라는 증거로 받아들이게 된다.

✔ 유용한 사실

불안이 다시 느껴질 때, '왜' 그런지 묻는 질문에 사로잡히지 말아야 한다.
조용하고 부드럽게 다시 DANCE를 적용하는 일로 돌아오면 된다.

다시 말하지만, 회복은 예기불안을 경험하지 않는 것이 아니라 예기불안을 대하는 태도가 변화하는 일이다. 회피하고 싶지만 그렇게 하지 않은 것을, 더 쉬운 길을 택할 수 있지만 불편한 감정들을 기꺼이 받아들인 것을, 불확실한 느낌이 드는 가운데서도 선택한 것을

기뻐하고 자랑스러워해야 한다. 어려운 상황 속에서 파국적인 예상을 다시 할 때 오히려 효과가 가장 오래 지속되는 진전을 이룰 수 있다. 퇴보가 일어나고 예전의 패턴이 다시 나타날 때가 이제까지 배운 것들을 다시 한번 굳히는 훈련을 할 최고의 기회다.

자신감 쌓아나가기

불안 전문가인 조나단 달튼Jonathan Dalton은 자신이 진행하는 워크숍에서 이런 이야기를 들려주었다.[38]

높은 나뭇가지에 독수리가 앉아 있다고 상상해봅시다. 독수리는 나뭇가지에 갈라진 틈이 있다는 것을 알아차렸습니다. 그런데도 독수리는 겁을 먹지 않았습니다. 왜 그럴까요? 갈라진 틈이 별로 크지 않다든지, 자기 몸무게가 나뭇가지에 별다른 영향을 주지 않는다고 스스로를 다독였기 때문일까요? 아니면 나뭇가지가 오늘 당장 부러질 확률은 매우 낮다고 혼잣말을 했기 때문일까요? 그렇지 않습니다. 독수리는 자신이 날 수 있다는 것을 알기 때문에 겁을 먹지 않았습니다.

예기불안을 충분히 이해하는 일은 회복을 위한 전제조건이다.

그러나 불안이 느껴지는 경험을 직면하면서 불편한 감정을 무사히 통과해내는 스스로의 모습을 보는 일만큼 자신감을 키우고 앞으로 나아갈 동기를 부여하는 일은 없다. 따라서 예기불안을 이해하는 일과 더불어 행동이 뒤따라야만 동기, 자신감, 편안함을 얻을 수 있다는 점을 기억해야 한다. 우리에게 나쁜 일이 일어나지 않는다는 보장은 어디에도 없다. 또한 우리가 거절당하지 않고, 실수하지 않고, 결정을 후회하지 않는다는 보장도 없다. 그러나 자신이 날 수 있다는 것을 아는 독수리처럼, 어떤 일이 일어난다 해도 그 상황을 다룰 만한 능력이 자신에게 있음을 알아야 한다.

앞에서 말한 것처럼, 스스로가 용감하게 앞으로 나아가는 모습을 보는 것만큼 자신감을 키우는 일은 없다. 성공할 수 있다는 '확신'이 들지 않더라도 행동하며 앞으로 나아가야 비로소 자신감을 키울 수 있다. 매번 회피하고 싶은 충동을 극복해낼 때마다 우리는 자신을 대하는 새로운 태도를 만들어나간다. 그런 태도를 바탕으로 현재의 순간에 충실한 삶을 살 수 있고, 불안을 느끼는 자신에게 친절할 수 있으며, 불안한 감정을 느끼더라도 해낼 수 있다는 것을 증명할 수 있다. 예기불안과 만성적인 망설임은 더 이상 우리를 괴롭힐 수 없다. 그런 문제가 나타난다 해도 우리가 그들에게 힘을 부여하지 않을 것이기 때문이다.

자신에게 보내는 회복의 편지

당신이 어떤 큰일을 앞두고 심한 예기불안을 느꼈음에도 불구하고 결국 그 일을 성취했다면, 이때 꼭 해야 할 아주 중요한 일이 있다. 우리는 매우 쉽게 상상력에 사로잡힌다. 그리고 우리의 마음은 예기불안의 고통만 기억할 뿐, 성공한 경험은 잊어버리곤 한다. 그러므로 미래의 자신에게 편지 쓰기를 추천하고 싶다(만약 편지가 아닌 다른 방법을 선호한다면, 동영상을 찍거나 블로그에 일기를 쓰는 방법도 있다). 이 방법은 예기불안을 느끼는 와중에도 당신이 무엇을 해냈고, 무엇을 결정했고, 어떤 도전에 직면했는지를 스스로에게 전달한다. 그리고 DANCE의 태도를 갖기 위해 변화하는 과정이 쉽지 않았지만 노력할만한 가치가 있었다는 점도 명확하게 적어둔다.

또한 편지에서는 어떻게 자신이 앞으로 나아갈 수 있었는지 이야기해야 한다. 미래의 당신은 어쩌면 파국적인 상상, 반추, 회피의 괴로움에 빠져 편지를 볼 수도 있다. 편지를 써서 머릿속에 떠오르는 생각을 다 믿으면 안 된다는 점을 상기시켜야 한다. 스스로 만들어낸, 가능성은 있지만 확률은 낮은 상상 속 이야기들에 휘말리지 말라고 이야기하라. 그리고 자신이 느끼는 불안을 경고나 예언 같은 것으로 여겨서는 안 된다는 점을 이야기해야 한다. 스스로가 불안을 견딜 수 없다고 믿었지만, 사실은 굉장히 잘 다루었다고 말하는 것이 중요하다. 그러니 불안 때문에 무언가를 그만둘 필요가 없다는 것도 써야 한다. 이런 모든 일들 뒤에 누리는 자유와 유연함이 어떤 느낌인지도 이야기해볼 수 있다. 그 후, 이 편지를 당신이 자주 지나는 장소에 두어서 도움이 될 만한 미래의 어떤 시점에 편지의 존재를 기억할 수 있게 해야 한다.

완벽하지 않아도 된다

예기불안에서 회복 중일 때 경험적이고 행동적인 회피를 하면 회복이 더디고 불안이 심해진다. 그러므로 이 시기에는 어떤 방식으로든 회피하지 않는 것이 중요하다. 그러나 따지고 보면 예기불안이 심하지 않은 사람들도 일상생활 속에서 어떤 대상이나 일을 회피하는 경우가 종종 있다. 따라서 예기불안을 심하게 겪던 사람이 회복 후에 상황에 따라 회피를 선택하는 경우가 생기더라도 이를 자연스럽게 받아들이는 것이 좋다.

예를 들어 슈퍼마켓에서 계산대 점원과 이야기를 나누는 일에 예기불안을 느끼는 사람이 있다고 해보자. 아직 회복하는 과정에 있을 때는 의도적으로 줄이 길게 늘어선 계산대 쪽을 고를 수 있다. 점원과 이야기 나눌 일에 예기불안을 느끼며 줄을 서서 기다리는 것을 연습하기 위해서다. 하지만 예기불안에서 회복하면 점차 이런 연습은 하지 않아도 된다. 사실 대부분의 사람들은 할 수만 있다면 줄이 짧은 쪽을 고른다. 동시에 이들은 자신이 긴 줄도 어떻게든 기다릴 수 있다는 것을 안다. 그래서 긴 줄 끝에 서는 것밖에 다른 선택의 여지가 없는 경우 너무 오래 기다릴 수 있다는 불안이 잠시 스쳐지나가더라도 어쨌든 스스로를 믿고 줄을 설 수 있다.

그러므로 완벽하게 회복되고 싶은 마음이 들 수 있지만, 어떤 경우에도 절대 회피하지 않으려는 완벽주의적인 태도는 오히려 방해가 된다. 그리고 예전보다 개선된 점들을 충분히 기뻐하지 못할 수 있다. 다음은 이미 충분한 회복을 이루어 충실한 삶을 살고 있는 어떤 사람에게서 일어날 수 있는 내적 대화다.

걱정하는 목소리: 나는 예기불안을 극복했다고 생각했어. 이제는 내가 하고 싶은 것을 절대로 회피하지 않거든. 그런데 지금 갑자기 여태껏 계획해온 휴가를 갈지 말지 망설이고 있어. 생각해보니 휴가가 마침 허리케인이 발생하는 시기라서 말이야. 날씨가 모든 것을 망치면 어떻게 해? 그래도 휴가를 가기로 마음을 다잡아야겠지? 만약 이런 걱정 때문에 포기하면 어떻게 하지? 여태까지 예기불안에서 회복되기 위해 노력한 모든 일이 수포로 돌아가 버리는 것일까? 내가 또 이런 고민을 하다니, 뭐가 잘못된 걸까?

거짓 위안: 허리케인이 오면 며칠 전부터 알 수 있어. 그리고 그 호텔은 새로 지어서 튼튼해. 우리는 그냥 눈 딱 감고 돈을 보내야 해. 한번 회피하기 시작하면 점점 더 회피하고 말 거야. 이건 틀림없이 잘하는 일이야. 우리가 가진 두려움을 마주해야겠지? 어떻게 느껴지든지 간에 말이야, 그렇지? 그냥 전념하기만 하면 다 괜찮아질 거야.

걱정하는 목소리: 좋아. 그런데 허리케인이 오는 시기에는 환불 가능한 표를 사도 될까? 아니면 환불 가능한 표를 산다는 건 문제가 재발된다는 신호일까?

지혜로운 마음: 잠깐 내 생각을 이야기해볼게. 회복에는 엄격한 규칙이 있지 않으니까 그때그때 융통성 있게 생각해야 해. 마음의 오랜 습관이 이따금씩 다시 튀어나오는 경우는 아주 많아. 그리고 너희들은 불쑥 나타나는 걱정에 너무 많은 관심을 보이는 습관이 있고 말이야. 그래서 잘 회복하다가도 파국적인 상상 때문에 주기적으로 한 번씩 궤도에서 벗어나는 일이 있을 거야. 그런 일이 아주 빈번하지 않지만 말이야. 그런데 그렇다고 해서 의심이 들 때 절대로 그런 생각을 하면 안 되는 것은 아니야. 너는 완벽하지 않아도 돼.

마음속에 어떤 의심이 든다는 것을 알아차리자마자 너희들은 자신이 걱정한다는 사실 자체를 걱정하기 시작했어. 걱정하는 목소리는 "내가 또 이렇게 걱정을 하다니 뭐가 잘못된 걸까?", "만약 문제가 재발되면 어떻게 하지?"라는 생각에 빠져들었지. 또한 거짓 위안은 안심시키려고 공허한 말을 남발하는 예전 습관으로 되돌아갔고 말이야. 하지만 사람은 누구나 가끔 어떤 예기불안을 느끼기도 하고 의심을 품기도 해. 이건 인생의 일부나 마찬가지라고 할 수 있어. 스스로를 자비롭게 대하면서 그런 예기불안과 의심을 알아차리고, 다루고, 수용하고, 어떻게 할지 결정하고, 그리고 다음으로 넘어가면 되는 거야.

다음은 예기불안에 관한 몇 가지 핵심적인 사실들이다.

우리는 자신의 상상, 기억, 걱정으로 인해 마음속에 떠오르는 이야기들을 심각한 경고나 예언으로 받아들이지 않아도 된다. 그리고 떠오르는 생각들을 전부 다 믿지 않아도 된다.

우리는 어떤 대상을 판단하지 않으면서 있는 그대로 관찰할 수 있다. 따라서 스스로를 비판하는 내면의 목소리를 그냥 지나칠 수 있다. 또한 생리적인 각성과 거짓 경보음이 삑삑 울리는 소리를 느끼면서도 정말로 중요한 일을 향해 나아갈 수 있다.

우리는 의심, 불완전함, 후회할 가능성 등에 대해 알면서도 적당히 쉽게 결정하고 선택할 수 있다. 마음 한 편에 불안함이 느껴진다고 해서 망설임, 과도한 조사, 미루기의 패턴 속에 계속 갇혀 있어야만 하는 것은 아니다.

어떤 일을 하지 않고 기다리기만 하면 자신감을 쌓을 수 없다. 즉 자신감은 스스로를 시험하는 일들에 도전하면서 점차 올라간다. 이렇게 할 때 진정으로 삶의 유연성과 자유를 누릴 수 있다.

걱정하는 목소리: 나는 이제 매일같이 불안해하지 않아. 얼마나 놀라운 일인지 몰라!

거짓 위안: 그리고 걱정하지 않아도 괜찮아.

지혜로운 마음: 정말로 그래.

추신

드디어 회피하지 않고, 유연성과 자신감을 가지고 DANCE의 원리를 응용할 수 있게 되었다면, 이제 예기불안과 만성적인 망설임의 문제에 역사 소설가 E. L. 닥터로Edgar Lawrence Doctorow의 지혜를 적용해볼 수 있다. 소설가이자 논픽션 작가인 앤 라모트Anne Lamott가 자신의 책 《쓰기의 감각》에서 인용했듯이, 닥터로는 이렇게 말했다. "소설 쓰기는 밤에 차를 운전하는 일과 같습니다. 우리는 자동차 헤드라이트가 비추어주는 만큼밖에 볼 수 없지요. 하지만 그렇게 조금씩 나아가 전체 여행을 다 끝마치는 겁니다."[39]

이에 덧붙여 라모트는 이렇게 말했다. "어디로 가고 있는지 그 목적지를 미리 볼 필요는 없어요. 길을 가는 동안 지나칠 모든 것을 미리 다 볼 필요도 없지요. 그저 자신 앞에 놓인 약 1미터만을 봐야 할 뿐입니다. 이것은 글쓰기와 인생에 대해 내가 들은 가장 최고의 조언입니다."[40]

책을 쓸 때마다, 나는 이번이 틀림없이 마지막 책이 될 거라고 선언하곤 한다. 하지만 원고 작업이 끝날 때쯤이 되면 마티가 바로 다음 책에 대한 새로운 아이디어를 가지고 작전을 짜기 시작한다. 지난 몇 년간 우정을 나눈 친구였을 뿐 아니라, 함께 글을 썼다 지웠다 하며 편집하고, 서로의 생각과 말을 명확하게 다듬어나가는 공동 작업을 해준 마티에게 감사의 말을 전한다. 또한 이 책을 쓰면서 기계나 기술적인 부분을 다루어야 하는 경우가 생겼을 때, 내가 의도적으로 배우기를 회피한 탓에 그 모든 일을 마티 혼자 다 처리해야 했다는 사실을 말씀드리고 싶다.

불안·스트레스 장애 연구소가 잘 운영될 수 있도록 내가 해야 할 일들까지 함께 해준 마이클 헤디와 사라 크롤리에게 특히 감사의 말을 전한다. 그리고 연수 책임자인 칼 로빈스 감독에게도 감사드린다. 그와의 대화는 늘 무언가를 배우는 소중한 기회였다. 또한 책을 펴내기까지의 모든 단계마다 열정적으로 전문성을 발휘해주신 뉴하빙거 출판사에도 감사드린다.

이 책의 원고는 코로나19 팬데믹으로 우리 모두가 매일매일 불확실성과 불안한 상상을 마주해야 했던 시기에 작성되었다. 화상으로 지속적으로 연락하며 그렇게라도 '정상적인 생활'을 해나갈 수 있다는 자신감을 심어주었던 주변의 전문가들, 친구들, 가족들에게 감사드린다. 나의 세 딸 가운데 두 명은 국경이 폐쇄된 타국에 있었다. 하지만 다른 한 명과 그 가족은 가까이에서 왕래할 수 있는 행운을 누릴 수 있어 감사한 마음이다. 나에게 식료품을 배달해준 분들과 과학적인 사회정의와 공중보건의 목표를 위해 힘쓰며 우리 모두를 돌봐준 이들에게 큰 감사를 드린다.

- 2021년 6월 샐리 윈스턴

이 책은 샐리와 함께 쓴 3부작 시리즈 가운데 마지막 책이다. 우리가 처음 침투적 사고에 대한 책을 쓰기 시작했을 때는 불안이 각각 책 한 권으로 펴낼 만한 세 가지 독립적인 요소로 이루어진 경험이라는 점을 분명히 깨닫지 못했다. 그 후 3부작 완성은 혼자서는 도저히 할 수 없는 일이었기에 샐리를 설득하는 것이 나의 임무가 되었다. 나는 이 오래된 우정과 서로를 아끼는 마음, 심지어 우리가 언쟁하는 방식까지 매우 감사함을 느낀다. 내가 이른바 전자기기광이라면, 샐리는 보나 창의적이고, 사려 깊고, 아는 것이 많은 사람이다. 그러니 우리는 상대에게 없는 것을 서로 제공할 수 있는 훌륭한 한 팀이다. 우리가 쓴 책이 수많은 사람들을 도울 수 있었으며, 앞서 출판된 책 두 권이 지난 한 해 동안 11개 언어로 번역되었다는 사실에 전율을 느낀다.

올해는 모두에게 얼마나 힘든 한 해였는지 모른다. 코로나19 팬데믹과 정치적 혼란이 있었지만, 신의 가호로 주변에는 좋은 친구들과 가족이 있었다. 언제나 지지해주고, 관심과 사랑을 베풀어주는 루타, 그리고 새로 가족이 된 에바에게 감사드린다. 내가 속한 싸이클링 소모임은 최악의 고립을 견뎌나갈 수 있게 도와주었다. 계속 활동적으로 열심히 지낼 수 있게 도와준 캐시, 이본느, 피터, 미셸, 존에게 감사드린다. 특히 이런 시기에 책으로 배울 수 있었던 어떤 지식보다 훨씬 더 많은 것을 가르쳐준 나의 내담자들에게도 감사드린다. 몇몇 중요한 문제들을 설득력 있게 설명해준 칼에게도 감사의 인사를 전한다. 또한 이 책이 완성될 때까지 항상 시기적절한 도움을 주었던 뉴 하빙거 출판사의 제스, 비크라지, 그레텔에게도 감사드린다.

– 2021년 6월 마틴 세이프

1   Fried, R., and J. Grimaldi. 1993. "Respiration, Hyperventilation, and Mental Disorders." In *The Psychology and Physiology of Breathing. The Springer Series in Behavioral Psychophysiology and Medicine.* Boston, MA: Springer. Tavel, M. E. 2017. "Hyperventilation Syndrome: A Diagnosis Usually Unrecognized." *Journal of Internal Medicine and Primary Healthcare* 2, no. 1: 1–4.

2   Singh, P., S. S. Yoon, and B. Kuo. 2016. "Nausea: A Review of Pathophysiology and Therapeutics." *Therapeutic Advances in Gastroenterology* 9, no. 1: 98–112.

3   Seif, M. N., and S. Winston. 2019. *Needing to Know for Sure: A CBT-Based Guide to Overcoming Compulsive Checking and Reassurance Seeking.* Oakland, CA: New Harbinger Publications.

4   Eaton, W. W., D. A Regier, B. Z. Locke, and C. A. Taube. 1981. "The Epidemiologic Catchment Area Program of the National Institute of Mental Health." *Public Health Reports* 96, no. 4: 319–325.

5   Winston, S., and M. Seif. 2017. *Overcoming Unwanted Intrusive Thoughts: A CBT-Based Guide to Getting Over Frightening, Obsessive, or Disturbing Thoughts.*

Oakland, CA: New Harbinger Publications. (《자꾸 이상한 생각이 달라붙어요》, 샐리 M. 윈스턴·마틴 N. 세이프 지음, 정지인 옮김, 교양인, 2021)

6 Kerr, E. 2020. "Colleges with the Highest Application Fees." US News Education, November 24. https://www.usnews.com/education/best-colleges/the-short-list-college/articles/colleges-with-the-highest-application-fees.

7 Rajmohan, V., and E. Mohandas. 2007. "The Limbic System." *Indian Journal of Psychiatry* 49, no. 2: 132−139. https://doi.org/10.4103/0019-5545.33264.

8 Hoare, J. 2019. "Face, Accept, Float, Let Time Pass: Claire Weekes' Anxiety Cure Holds True Decades On." *Sidney Morning Tribune.* September 21, 2019. https://www.smh.com.au/lifestyle/health-and-wellness/face-accept-float-let-time-pass-claire-weekes-anxiety-cure-holds-true-decades-on-20190917-p52s2w.html.

9 Garrido, M. I., G. R. Barnes, M. Sahani, and R. J. Dolan. 2012. "Functional Evidence for a Dual Route to Amygdala." *Current Biology* 22, no. 2: 129−134.

10 Freeston, M. H., M. J. Dugas, and R. Ladouceur. 1996. "Thoughts, Images, Worry, and Anxiety." *Cognitive Therapy and Research* 20, no. 3: 265−273.

11 Helbig-Lang, S., T. Lang, F. Petermann, and J. Hoyer. 2012. "Anticipatory Anxiety as a Function of Panic Attacks and Panic-Related Self-Efficacy: An Ambulatory Assessment Study in Panic Disorder." *Behavioural and Cognitive Psychotherapy* 40, no. 5: 590−604.

12 Weekes, C. 1969. *Hope and Help for Your Nerves.* New York: Hawthorne Books.

13 Straube, T., S. Schmidt, T. Weiss, H. J. Mentzel, and W. H. Miltner. 2009. "Dynamic Activation of the Anterior Cingulate Cortex During Anticipa-

tory Anxiety." *Neuroimage* 44, no. 3: 975–981.

14 Arco, A. D., and F. Mora. 2009. "Neurotransmitters and Prefrontal Cortex–Limbic System Interactions: Implications for Plasticity and Psychiatric Disorders." *Journal of Neural Transmissions* 116: 941–952.

Wu, M., D. S. Mennin, M. Ly, H. T. Karim, L. Banihashemi, D. L. Tudorascu, H. J. Aizenstein, and C. Andreescu. 2019. "When Worry May Be Good for You: Worry Severity and Limbic-Prefrontal Functional Connectivity in Late-Life Generalized Anxiety Disorder." *Journal of Affective Disorders* 257: 650–657.

15 Seif, M. N., and S. Winston. 2014. *What Every Therapist Needs to Know About Anxiety Disorders: Key Concepts, Insights, and Interventions.* New York: Routledge.

16 Kensinger, E. A. 2009. "Remembering the Details: Effects of Emotion." *Emotion Review* 1, no. 2: 99–113.

17 Koffka, K. 1935. *Principles of Gestalt Psychology.* New York: Harcourt, Brace, and Company.

18 Amir, N., M. Freshman, B. Ramsey, E. Neary, and B. Brigidi. 2001. "Thought-Action Fusion in Individuals with OCD Symptoms." *Behaviour Research and Therapy* 39, no. 7: 765–776.

Salkovskis, P. M. 1985. "Obsessional-Compulsive Problems: A Cognitive-Behavioural Analysis." *Behaviour Research and Therapy* 23, no. 5: 571–583.

19 Pittman, C. M., and E. M. Karle. 2015. *Rewire Your Anxious Brain: How to Use the Neuroscience of Fear to End Anxiety, Panic, and Worry.* Oakland, CA: New Harbinger Publications.

20 Wang, Y., A. Luppi, J. Fawcett, and M. C. Anderson. 2019. "Reconsidering Unconscious Persistence: Suppressing Unwanted Memories Reduces Their

Indirect Expression in Later Thoughts." *Cognition* 187: 78−94.

21 Carbonell, D. A. 2016. *The Worry Trick: How Your Brain Tricks You into Expecting the Worst and What You Can Do About It.* Oakland, CA: New Harbinger Publications.

22 Chesterton, G. K. 1956. *What's Wrong with This World.* New York: Sheed and Ward.

23 Robbins, C. Personal communication. March 2016.

24 Hewitt, P., C. Chen, M. Smith, L. Zhang, M. Habke, G. Flett, and S. Mikail. 2019. "Patient Perfectionism and Clinician Impression Formation During an Initial Interview." *Psychology and Psychotherapy Theory Research and Practice* 94, no. 1: 45−62.

Davis, W. E., S. Abney, S. Perekslis, S-L. Eshun, and R. Dunn. 2018. "Multidimensional Perfectionism and Perceptions of Potential Relationship Partners." *Personality and Individual Differences* 127: 31−38.

25 Grupe, D. W., and J. B. Nitschke. 2013. "Uncertainty and Anticipation in Anxiety: An Integrated Neurobiological and Psychological Perspective." *Nature Reviews Neuroscience* 14, no. 7: 488−501.

26 Grayson, J. 2014. *Freedom from Obsessive-Compulsive Disorder: A Personalized Recovery Program for Living with Uncertainty.* New York: Berkley Books.

27 Harris, R. 2019. *ACT Made Simple: An Easy-to-Read Primer on Acceptance and Commitment Therapy.* Oakland, CA: New Harbinger Publications.

28 O'Connor, K., F. Aardema, and M-C. Pélissier. 2005. *Beyond Reasonable Doubt: Reasoning Processes in Obsessive-Compulsive Disorder and Related Disorders.* Hoboken, NJ: John Wiley & Sons.

29 Scott, E. 2020. "What Is the Law of Attraction?" Very Well Mind. https://www.verywellmind.com/understanding-and-using-the-law-of-attraction-3144808.

30 Greenberg, M. J. 2021. "Why Rumination Is a Continuous Loop." https://drmichaeljgreenberg.com/why-rumination-is-a-continuous-loop/.

31 Harris, R. 2017. "Nuts and Bolts of Creative Hopelessness." https://www.actmindfully.com.au/upimages/Nuts_and_Bolts_of_Creative_Hopelessness_-_May_2017_version.pdf.

32 Craske, M. G., M. Treanor, C. C. Conway, T. Zbozinek, and B. Vervliet. 2014. "Maximizing Exposure Therapy: An Inhibitory Learning Approach." *Behaviour Research and Therapy* 58: 10–23.

33 Sewart, A. R., and M. G. Craske. 2020. "Inhibitory Learning." In *Clinical Handbook of Fear and Anxiety: Maintenance Processes and Treatment Mechanisms*, edited by J. S. Abramowitz and S. M. Blakey. Washington, DC: American Psychological Association.

34 Weekes, C. 1969. *Hope and Help for Your Nerves.* New York: Hawthorne Books.

35 Weekes, C. 1969. *Hope and Help for Your Nerves.* New York: Hawthorne Books.

36 Freud, S. 1964. *The Standard Edition of the Complete Psychological Works of Sigmund Freud,* edited by J. Strachey. New York: Macmillan.

37 Milstein, Z. Personal communication. September 1983.

38 Dalton, J. 2021. "The Use of Metaphor in Translating Complicated Clinical Concepts into Relatable Language." ADAA. March 19, 2021 (virtual workshop).

39 Lamott, A. 2019. *Bird by Bird: Some Instructions on Writing and Life, 25th edition*(first published in 1994). New York: Anchor Books.

40 Lamott, A. 2019. *Bird by Bird: Some Instructions on Writing and Life, 25th edition*(first published in 1994). New York: Anchor Books.

옮긴이 **박이봄**

미국 코네티컷 주립대학교에서 언어 발달을 주제로 심리학 박사 학위를 받았다. 유학 전에는 소아정신과에서 놀이치료사로 근무했다. 한국 독자들에게 양질의 심리서를 소개하고 싶은 마음에 번역일을 시작했다. 현재 영국에서 살고 있다.

오늘도 망설이다
하루가 다 갔다

첫판 1쇄 펴낸날 2023년 6월 23일
4쇄 펴낸날 2024년 2월 5일

지은이 샐리 M. 윈스턴, 마틴 N. 세이프
옮긴이 박이봄
발행인 김혜경
편집인 김수진
책임편집 조한나
편집기획 김교석 유승연 문해림 김유진 곽세라 전하연 박혜인 조정현
디자인 한승연 성윤정
경영지원국 안정숙
마케팅 문창운 백윤진 박희원
회계 임옥희 양여진 김주연

펴낸곳 (주)도서출판 푸른숲
출판등록 2003년 12월 17일 제2003-000032호
주소 서울특별시 마포구 토정로 35-1 2층, 우편번호 04083
전화 02)6392-7871, 2(마케팅부), 02)6392-7873(편집부)
팩스 02)6392-7875
홈페이지 www.prunsoop.co.kr
페이스북 www.facebook.com/simsimpress   **인스타그램** @simsimbooks

ⓒ 푸른숲, 2023
ISBN 979-11-5675-418-3(03180)

심심은 (주)도서출판 푸른숲의 인문·심리 브랜드입니다.